Da pizza
ao impeachment

CONSELHO EDITORIAL
Ana Paula Torres Megiani
Eunice Ostrensky
Haroldo Ceravolo Sereza
Joana Monteleone
Maria Luiza Ferreira de Oliveira
Ruy Braga

Da pizza ao impeachment

Uma sociologia dos escândalos
no Brasil contemporâneo

Roberto Grün

Copyright © 2018 Roberto Grün

Grafia atualizada segundo o Acordo Ortográfico da Língua Portuguesa de 1990, que entrou em vigor no Brasil em 2009.

Edição: Haroldo Ceravolo Sereza
Editora-assistente: Danielly de Jesus Teles
Projeto gráfico, diagramação e capa: Mari Ra Chacon Massler
Revisão: Alexandra Colontini
Assistente acadêmica: Bruna Marques
Imagem da capa: *Batalha dos Deuses do mar,* de Andrea Mantegna (1431circa-1506).

CIP-BRASIL. CATALOGAÇÃO NA PUBLICAÇÃO
SINDICATO NACIONAL DOS EDITORES DE LIVROS, RJ

G935d

Grün, Roberto
Da pizza ao impeachment : uma sociologia dos escândalos no Brasil contemporâneo / Roberto Grün. - 1. ed. - São Paulo : Alameda.
: il. ; 21 cm.

Inclui bibliografia
ISBN 978-85-7939-409-6

1. Corrupção na política - Brasil. 2. Brasil - Política e governo. 3. Poder (Ciências sociais. I. Título.

17-45648

CDD: 320.981
CDU: 32(81)

ALAMEDA CASA EDITORIAL
Rua Treze de Maio, 353 – Bela Vista
cep 01327-000 – São Paulo – SP
Tel. (11) 3012-2403
www.alamedaeditorial.com.br

Sumário

Prefácio	7
Introdução	13
Definir e trabalhar um tema fugidio	
I	43
Os espaços para os escândalos	
II	69
A Configuração do campo dos escândalos	
III	93
Os escândalos e a blogosfera brasileira	
IV	143
Escândalos e mitologia política	
V	183
Os escândalos, seus atores, suas agendas	
e seus resultados	
Conclusão	231
Posfácio	241
Bibliografia	257

Prefácio

Escrever um livro sobre sociologia dos escândalos não foi o desenvolvimento interno de uma libido científica. Pelo contrário, foi uma tentativa de resposta intelectual a um problema nacional de imensas proporções, suscitado diretamente da vida política e cultural do Brasil. Em princípio, não um bom início para um trabalho que se quer primeiramente científico.

Técnica e institucionalmente, teria sido mais adequado continuar o caminho da sociologia das finanças, em cuja bibliografia e questões navego com muito mais segurança. Mas essa experiência política singular que foi a chegada à presidência da República de um partido vindo da esquerda do espectro político e, ao meu ver, tendo mantido parte significativa do seu vigor e programa, acabou me dirigindo para a tentativa de explicar sistematicamente as fontes que poderiam alimentar essa configuração e aquelas que a cerceiam e que terminaram por encerrar essa experiência com o impedimento de Dilma.

Intelectualmente, o tema é difícil porque não consagrado e assim não há bibliografia consistente para balizar a análise. O assunto nele mesmo também parece inconsistente, já que "escândalos" parecem a espuma de movimentos de maré muito mais profundos, fenômenos superficiais sem importância intrínseca. Não concordo com essa apreciação do senso comum e pretendo demonstrar no livro a importância intrínseca do tema e a oportunidade de trata-lo no Brasil contemporâneo. Primeiro pela sua importância direta nessa segunda década do século XXI. Segundo, pela possibilidade de o caso do Brasil contemporâneo revelar regularidades importantes que podem ajudar na constituição mais abstrata do problema e do seu uso na análise de outros países ou conjunturas.

Os escândalos, enquanto tema de análise, surgiram na minha frente quando tive de dar conta do seu papel na constituição do campo financeiro brasileiro, profundamente tocado pela configuração política daqueles anos e, especialmente, sacudido pela relação tempestuosa entre o banqueiro Daniel Dantas e os petistas membros do governo e dirigentes dos fundos de pensão das empresas estatais. A minha abordagem dos escândalos tem por isso uma dependência de caminho em relação aos investimentos anteriores em sociologia das finanças. É claro que há outros caminhos que também poderiam levar ao objeto atual. Esses, provavelmente, tornariam perceptíveis outras nuances, diferentes daquelas que apresento nesse livro. Com ele espero, principalmente, provocar novos autores e abordagens que enfrentem o objeto e confiram maior robustez à sua análise, ajudando a sociedade a controlar melhor os efeitos dos escândalos nos seus diversos espaços.

Ainda que os escândalos revelem problemas da sociedade, eles não oferecem nenhum tipo de tratamento razoável das questões que apontam, muito menos na priorização de agenda que produzem e obrigam a sociedade a acatar. Pelo contrário, a sequência sistemática de escândalos acabou conferindo uma vida própria para essa forma de apresentar e discutir as questões da sociedade, tornando praticamente automáticos tanto a alimentação de novos temas para criar escândalo como também tornou sistemático o aparecimento de novos agentes que se dedicam a produzir escândalos de maneira recorrente. Proverbialmente, nos acostumamos a esperar que "um escândalo só acaba quando começa o próximo". E, poderíamos acrescentar: "nunca ninguém perdeu dinheiro provocando um escândalo no Brasil".

Da pizza ao impeachment 9

O ponto normativo é que essa configuração que se solidificou nos anos de governos federais petistas produz e mantém a polarização cultural e política, um ambiente péssimo para deliberações minimamente razoáveis. Mais do que isso, leva setores cada vez mais amplos da sociedade a imaginar saídas menos democráticas para os impasses que vão surgindo, e cada vez mais frequentemente.

Cientificamente, um dos pontos do livro é tentar demonstrar que muito embora os escândalos políticos no Brasil são tão antigos quanto a história do país, houve uma mutação durante os governos petistas. Antes, os escândalos constrangiam os políticos e os governos, mas não determinavam o destino da sociedade. No início do século XXI, o que era recorrente mas intermitente se tornou permanente e criou-se o que chamo de "campo dos escândalos": um conjunto de engrenagens sociais, cada uma delas representando espaços até então segmentados e dotados de autonomia, como o do judiciário, da política e da imprensa e que passam a funcionar cada vez mais de maneira sincronizada, perdendo a autonomia e convergindo para estigmatizar o governo que destoava, ainda que nem tanto, das habitualidades políticas e culturais dos grupos dominantes na sociedade.

O resultado nós já conhecemos: num enredo do tipo "água mole em pedra dura tanto bate até que fura", os escândalos foram limando progressivamente a legitimidade dos governos petistas até que no segundo governo Dilma, aconteceu o impeachment por maioria expressiva do Congresso nacional, mesmo se as evidências específicas para justifica-lo legalmente tenham sido tão pouco convincentes para boa parte da população.

A versão atual da pesquisa que aparece no livro ganhou muito de diversas discussões sobre o tema, desde a apresentação do primeiro paper, em 2010. Muitos colegas e amigos me ajudaram diretamente na discussão dos trabalhos intermediários, quanto indiretamente, argumentando sobre esse assunto que tem o dom de interessar a praticamente toda a população do país.

As inúmeras nuances e sensibilidades que os escândalos suscitam ou revelam aparecem cotidianamente nas interações sociais e tudo leva a crer que estamos imersos permanentemente no trabalho de campo. Característica ao mesmo tempo interessante do tema, mas também inquietante, já que a vigilância epistemológica fica permanentemente enfraquecida. Qual é o estatuto das "evidências" que recolho no cotidiano? Como elas se coadunam com o levantamento de dados e trabalho de campo sistemáticos? Devo deixar de me levar pela curiosidade despertada nas indignações e justificações de todos aqueles que palpitam cotidianamente sobre o "descalabro do país", ou a "conspiração das elites tradicionais que querem impedir o progresso das camadas mais humildes da população"? Como relativizar as portas da percepção abertas por essa vivência diária e permanente no campo da pesquisa?

A habitualidade científica, e principalmente, a vigilância direta e indireta dos pares nos ajudam a tentar dar boas respostas a essas questões e dificuldades. O percurso investigativo e analítico que levaram à versão final em livro ganhou muito de diversas críticas e sugestões de colegas em situações informais e também em eventos organizados através da ANPOCS e da SBS no Brasil. Dezenas de colegas e estudantes me ajudaram tanto a afinar a análise especificamente, como também me encorajaram a perseverar. E esse último incentivo, menos evidente, é mais importante do que o habitual quando enveredamos por sendas ainda não muito conhecidas. É assim que agradeço mais enfaticamente meus jovens colegas em formação, especialmente aqueles abrigados no NESEFI da UFSCar, que muito têm me animado a procurar novidades. É assim que agradeço especialmente Edmilson Lopes Jr e Mário Grynzpan, com os quais dialoguei diretamente em mesa redonda sobre o tema na reunião da ANPOCS de 2014 e às minhas orientadas Ana Ca-

Da pizza ao impeachment   11

rolina Bichoffe e Karina Gomes de Assis, que me ajudaram diretamente a desenvolver o tema através, respectivamente da dissertação de mestrado de Carolina e da tese de doutoramento de Karina. As duas principais "provas de estado" do livro foram apresentadas em seminários, debatidos por Julien Duval e Afrânio Garcia no Centre Européen de Sociologie et Science Politique, onde fui acolhido como Directeur d'Etudes Invité em 2015 e no Center of Latin American Studies da Stanford University, no qual estive como Joaquim Nabuco Chairman of Brazilian Studies em 2016. Nessa última instituição redigi o essencial da última versão do livro, fui particularmente bem recebido pelo pessoal da CLAS – Center for Latin American Studies, onde estive em 2016 como "Joaquim Nabuco Chairman for Brazilian Studies". Agradeço os colegas dessas instituições, especialmente, em Stanford, Elizabeth Sáenz-Ackermann, Laura Quirarte, Laura Schilling e Molly Aufdermauer, bem como Rodolfo Dirzo, Harry Makler e Zephyr Frank pelo diálogo e apoio no transcurso do trabalho. O CNPq e a Fapesp estiveram presentes em diversas fases do trabalho, dispondo apoio material que vai além da materialidade, pois fornece também um incentivo moral derivado pela aprovação dos pares que julgam os apoios fornecidos. Maria Regina Pinto Pereira esteve comigo o tempo todo, como referência fundamental para orientar meus caminhos. Pessoais e intelectuais.

Enfim, o trabalho intelectual e científico é coletivo, existe apenas por que está baseado numa longa cadeia de apoios mútuos que nos ajuda a corrigir os erros e excentricidades excessivas. Ela oferece tanto conforto material e moral quanto segurança científica, mas a responsabilidade pelo produto final é individual.

Introdução
Definir e trabalhar um tema fugidio

O que quer dizer "escândalo"? Uma primeira impressão nos encaminha para o reino do efêmero, de uma expressão de uso cotidiano que se insinua no debate científico como um conceito bastardo, inapelavelmente distante do rigor necessário para lhe dar consistência sociológica. Como tal, os escândalos seriam um tema a ser evitado, ainda que a menção a esse fenômeno seja onipresente na realidade brasileira dos últimos anos.

Entretanto, ao perscrutar a sociologia internacional contemporânea, encontraremos várias tentativas de definições "positivas" de escândalo. Independentemente do conteúdo intrínseco delas mesmas, a atenção ao tema revela a relevância internacional do problema de que estamos nos ocupando e suscita o seu tratamento sistemático pelas ciências humanas brasileiras. Conforme pretendemos demonstrar, nossos escândalos recorrentes não são mais uma "jabuticaba" que nos envergonha diante das nações desenvolvidas, mas um fenômeno recorrente das sociedades complexas da contemporaneidade e, principalmente, produto mesmo dessa complexidade.

As definições coletadas, correspondendo ao esforço internacional de dar consistência ao objeto, se revelam úteis, mas, como veremos, não esgotam nosso problema dos escândalos políticos e financeiros do Brasil regido por quatro governos sucessivos oriundos da esquerda do espectro político. Diversos tipos de ação direta ou indiretamente políticas, como os chamados "movimentos sociais", ou sindicalismo, ou formas de ação, como as técnicas ditas "objetivas" de perscrutação e comunicação políticas receberam a atenção das ciências humanas brasileiras. Mas aos escândalos não foi conferida nenhuma especificidade ou momento de abstração necessários para objetivar o tema e entender as razões e as consequências de tantos atores se mobilizarem para produzir ou se defender de escândalos. Muito menos se indagou sobre as consequências dessa forma de expor os dilemas do país sobre os destinos dos contenciosos e dos processos decisórios que ocorrem na sociedade brasileira contemporânea. Assim, temos também uma questão de ordem mais epistemológica que é a indagação sobre a pouca repercussão que os escândalos adquiriram na produção brasileira em Ciências Sociais, malgrado a sua onipresença na cena pública.

Falo aqui portanto mais do escândalo enquanto forma de expor e tentar resolver os dilemas da sociedade brasileira e menos dos temas específicos que se tornaram objeto de escandalização. Afirmo aqui, hipoteticamente, que o uso continuado do termo "escândalos" nos debates políticos cotidianos é, ele mesmo, produtor de uma consistência fática que nos permite avançar na sua análise, encarando os escândalos como objetos sociológicos de pleno direito, ainda que sua definição direta seja fugidia. Em princípio, minha hipótese é que podemos sair da dificuldade terminológica reconfigurando o objeto.

Para realizar essa operação, nossa definição será contextual e, sob alguns aspectos, interacionista. Na medida que eventos catalogados como escândalos foram se tornando cada vez mais frequentes e previsíveis, a sociedade brasileira produziu uma configuração estável que chamarei de "campo do escândalo", dotada de uma objetividade própria e passível de análise direta a partir de conceitos extraídos da tradição e de desenvolvimentos intelectuais recentes da sociologia.

Grupos de indivíduos se alinham, se tornam coesos na medida em que cerram fileiras e ganham estrutura ao combaterem outros grupos e nesse embate surgem diversas regularidades e entidades que podem ser objetivadas. Alternativamente, se defendem das

Da pizza ao impeachment 15

acusações de que são objeto, propondo outras versões da realidade contrárias àquela lançada pelos indignados e, eles também, tratam de convencer a sociedade da justeza de suas ponderações.

Nas interações sucessivas, a definição mesma do termo "escândalo" será aquela produzida e validada no espaço social e cultural produzido pela fábrica de significados que é o campo do poder brasileiro da atualidade. Esses encontros vão deixando marcas nos seus contendores e também acostumam a sociedade a um padrão bem definido de exposição dos seus dilemas e alternativas. Expectativas sobre as intervenções dos intelectuais, políticos e demais produtores culturais vão se definindo e esses agentes tendem a satisfazer a demanda. Do outro lado, as possibilidades concretas de alcançar visibilidade e mesmo as feridas narcísicas dos atingidos pelos escândalos também os predispõem a responderem num tom equivalente àquele em que foram direta ou indiretamente indigitados. Nossa máquina de produzir escândalos tende assim a se autonomizar em relação a um conceito normativo de "debate racional" e um corolário importante é que diminuem drasticamente as possibilidades de participação no jogo cultural e político de quem não se adequar às suas exigências.

Quanto aos produtos da nossa "máquina", de produzir eventos, mas também de pensar a realidade, podemos criar uma escala na qual um extremo do espectro político e ideológico falará de "verdadeiro escândalo" e o seu oposto de "escandalização inconsequente". No espaço analítico assim criado nossa tarefa não será, como poderia ser inferido do cotidiano diretamente político do país, arbitrar quais são os "escândalos genuínos", mas examinar as estratégias recíprocas de ataque e defesa e, a partir delas, desvelar os recursos sociais e culturais que cada grupo de agente dispõe para atuar na sociedade brasileira. Em princípio, esse caminho nos leva a perscrutar os capitais simbólicos e culturais de que os grupos de agentes dispõem e sua mudança no tempo. E os resultados dos escândalos, que a realidade brasileira mostra serem algumas vezes contraintuitivos, nos levarão, quase obrigatoriamente, a fazer perguntas sobre as transformações morfológicas ocorridas nos últimos anos na sociedade em que eles se desenvolvem.

Na sua generalidade histórica, seguindo a bibliografia internacional, podemos dizer que os escândalos, na definição aproximativa que estamos empregando, são um resultado quase automático do alargamento do espaço democrático da sociedade. Ele seria uma conjunção de transformações em vários espaços: de um lado a ampliação ao mesmo tempo do seu corpo eleitoral, das suas opções de escolha política e das estratégias empregadas pelos agentes políticos para fazer esse eleitorado prestar atenção e ponderar suas alternativas eleitorais e políticas no mercado alargado. Do outro, da sua condição recíproca de consumidores de informações sobre a política e sobre a sociedade em geral as quais, em princípio, se constituiriam nas informações básicas necessárias para as decisões políticas e especificamente eleitorais da população.

Na especificidade da situação brasileira, podemos lembrar da história recente, especialmente da configuração que se substancializa a partir da redemocratização dos anos 1980, na qual a liberdade de imprensa ganha um estatuto de "liberdade maior" que não pode ser relativizada por argumentos construídos por lógicas de proteção a direitos particulares. Como em outros momentos da história da nossa imprensa e também de outras latitudes e longitudes, esses tempos de abertura são amplamente instrumentalizados pela mídia na busca de fidelizar e aumentar sua clientela, bem como ganhar ou manter o seu protagonismo na agenda política da sociedade, além de promover os interesses mais amplos de seus proprietários e aliados.

As transformações nos espaços da política e do direito também têm peso na configuração, já que dinâmicas ao mesmo tempo geracionais, institucionais e econômicas soldam o destino de diversos grupos de agentes à deflagração e continuidade dos escândalos

Da pizza ao impeachment 17

como forma de construção, exposição e tratamento dos dilemas da sociedade. Finalmente, mas não de menor importância, veremos que a escandalização permanente ao mesmo tempo se ancora e retroalimenta uma antropologia filosófica negativa sobre o destino do Brasil que prega a ascese social para a cura dos males "seculares" do país. Não é difícil perceber a sua funcionalidade para a pregação do rigor orçamentário, que se tornou a base das políticas econômicas identificadas com a financeirização e o neoliberalismo. E um dos nexos mais interessantes dessa investigação são que os escândalos se tornaram o canal privilegiado que liga essa invocação constante do pessimismo quanto à situação e destinos do país no presente com o infinito repositório de negativismo presente na tradição do pensamento social brasileiro.

Os escândalos, sua história e as suas sociologias

Ao menos duas sociologias se ocupam sistematicamente dos escândalos. A primeira delas é a política, na qual os escândalos são, em geral, conotados negativamente e considerados como sintomas de anomia no funcionamento do sistema político, muitas vezes sugerindo ou coonestando dúvidas sobre a integridade moral dos atores. Corolariamente, as técnicas de escandalização são vistas como recursos extremos da atividade política cujo uso costuma denegrir seus perpetradores. Já na sociologia da cultura o sinal se inverte e os escândalos são, na maioria das vezes, considerados sintomas de novidades importantes. E nessa "positivização", os seus deflagradores costumam ganhar o estatuto invejado de grandes inovadores, um valor praticamente supremo nos espaços artísticos.

Evidentemente, "transgressão" e "inovação" podem ser pontos de vista possíveis da mesma realidade. Dependendo dos pontos de vista, das sensibilidades e preferências de cada observador, o mesmo fenômeno ganha uma ou a outra estatura. Mas essa sutileza analítica da bifrontalidade só é possível quando o nosso objeto deixa a arena quente das disputas sociais e sobe para a temperatura fresca, e o ar rarefeito, da torre de marfim acadêmica. Não é assim por acaso que nossos escandalizadores se considerem como fazendo parte do segundo segmento acima enquanto seus objetos de acusação os classifiquem no primeiro grupo, mas sem que apareça nenhum sinal de consenso no horizonte.

Escandalizar é também um processo que exige e mobiliza recursos culturais e simbólicos que são distribuídos desigualmente na sociedade. Consequentemente, não é difícil percebê-los na cena brasileira recente como um recurso usado principalmente pelas elites tradicionais, portadoras de capitais culturais e simbólicos mais reconhecidos do que aqueles possuídos pelos membros dos "baixos cleros" político e cultural que fazem parte ou sustentam os governos vindos da esquerda do espectro político.

A capacidade de seleção e formatação das situações potencialmente escandalizadoras se torna um recurso importante nos diversos espaços sociais que compõem o campo do poder na sociedade brasileira recente. Arbitrar e controlar esse poder se torna assim uma necessidade imperiosa para diversos grupos privilegiados ou com pretensões dessas distinções.

A relação de forças entre os diversos grupos e indivíduos acaba sendo medida através da capacidade diferencial em produzir ou se defender dos escândalos. Observamos então a importação abstrata e a aclimatação concreta de ferramentas culturais específicas para essas disputas no campo do poder. E elas acabam sendo selecionadas pela sua capacidade de exprimir, reforçar e reiterar uma determinada ordem simbólica sob a qual, sempre é bom lembrar, repousa o essencial da ordem social. Não é assim por acaso que assistimos nos anos recentes o fenômeno da instalação e reiteração do sistema simbólico [alto clero/baixo clero e o corolário "lição de casa"] que se generalizou na sociedade brasileira. Tanto que, ao utilizarmos essas expressões no cotidiano e no texto acima, qual-

Da pizza ao impeachment 19

quer interlocutor brasileiro contemporâneo saberá "exatamente" do que estamos falando.

É bom termos presente que o sistema é decalcado da tradição ocidental de construir formas de controle sobre a ação intelectual e política dos membros mais humildes das profissões religiosas e culturais. Nos termos das polêmicas que atravessam o espaço público do Brasil recente, estamos diante do direito de dizer o que é e o que não é um escândalo, se tratando, portanto, de uma propriedade intrinsecamente cultural, ainda que seus efeitos principais se espraiem na esfera da política. Ao fornecer as referências para classificar os produtores culturais e reiterar as hierarquias produzidas nessa esfera, o conjunto [alto/baixo clero & lição de casa] ordena o jogo social que pretendemos desvendar. Não é assim por acaso que investigar a instalação e nuances de funcionamento desse sistema simbólico se tornou uma das facetas mais importantes da sociologia dos escândalos suscitada pela cena política do Brasil contemporâneo. Afinal, ainda que novo nos seus usos sociais brasileiros, ele já se naturalizou na nossa sociedade, produzindo efeitos não só no ordenamento do mundo cultural, mas também consequências nos processos cognitivos e diretamente políticos condicionando, na sutileza dos impensados, todas as esferas de decisão social.

Escândalos políticos fustigavam também os governantes anteriores aos petistas. Assim, num olhar mais superficial e numa dimensão que poderíamos chamar de "operacional", pensando os escândalos exclusivamente como técnicas de publicidade e de mobilização, podemos dizer que não há grandes diferenças entre o período petista e aqueles que os precederam. Mas, conforme pretendo demonstrar, principalmente no período Fernando Henrique Cardoso (FHC), imediatamente anterior, a conformação do espaço que produzia escândalos era diferente, ainda não autônoma e portanto não poderia ser caracterizada como "campo" no sentido da sociologia de Bourdieu. E, não por acaso, seus efeitos sobre outras esferas da vida social e política tinham menor impacto.Grosso modo, adianto que o "alto clero" dispõe dos recursos culturais, seus capitais cultural e simbólico, necessários para controlar ou diminuir os desdobramentos negativos desses eventos para a sua agenda. Em linguagem cotidiana, dispõe da capacidade de convencer os produtores e propagadores de escândalos, da pequena importância ou necessidade sistêmica de suas pretensas faltas, diminuindo tanto a sua incidência quanto os efeitos nefastos sobre sua reputação e as restrições que eles poderiam produzir na sua atuação pública.

Na pragmática dos tempos iniciados com a redemocratização de 1985, as tentativas de nomear como escândalos eventos associados a membros do alto clero costumam fracassar e tais acontecimentos são considerados contingentes, "acidentes de rota" que não devem empanar a biografia dos agentes. Já aqueles escândalos que têm por objeto os membros do baixo clero, petista ou não, acabam referendando o caráter intrinsecamente negativo dos indigitados.

A partir da sugestão da "sociologia da crítica", haveria uma razão positiva, num nível de generalização mais elevado e inacessível para as mentes simples, que explicaria os atos provisoriamente considerados negativos perpetrados por aqueles que consideramos ser do alto clero. Já os atos dos membros do baixo clero, quando apontados como negativos, são simplesmente isso mesmo.

Cruamente, nosso alto clero mostrou dispor da capacidade de intimidar os produtores e propagadores de escândalos, diminuindo tanto a sua incidência quanto os efeitos nefastos sobre sua reputação e as restrições que eles poderiam produzir na sua atuação pública. A falta de efetividade "garantida" da escandalização naquele período impediu que essa conduta se automatizasse, como veríamos no período posterior.

Teoricamente, poderíamos dizer que, tendo o alto clero como ocupante direto do poder político, a autonomia do "campo do escândalo" não se realiza integralmente. Operacionalmente, essa po-

Da pizza ao impeachment   21

tência do alto clero apareceu na inscrição de um sistema simbólico paralelo ao principal, mas convergente, que lhe conferia o poder de dizer quem ou o quê era moderno, ou era ultrapassado. Em grandes linhas, o alto clero era considerado o "dono do moderno", relegando para a condição de "atrasados" os argumentos e razões dos seu adversários. E é então que os termos "jurássico" e "dinossauro" passaram a frequentar as conversas cotidianas do país e não havia nenhuma dúvida sobre quem era o mestre dessas palavras, o juiz supremo que conferia contemporaneidade ou anacronismo a um argumento, a um indivíduo, a uma situação ou a um grupo.

Nossa proposta se arredonda justamente na análise dos escândalos do período "pré-petista", deflagrados em geral por agentes identificados como petistas ou próximos. A capacidade de escandalizar que esses atores demonstraram no período 1985-2002, entre as presidências Sarney e Cardoso revela, já nesse intervalo, a relevância deles na distribuição dos capitais culturais e simbólicos operacionais na sociedade brasileira. Ainda que reduzida, ela não pode ser subestimada, inclusive porque precisa ser considerada uma espécie de "acumulação primitiva" desses trunfos. Pela grade de análise aqui engajada, a primeira eleição de Lula em 2002 é a reveladora em última instância da existência e magnitude dos capitais do agrupamento num período em que tais saliências pareciam inexistentes ou pelo menos irrelevantes.

Os escândalos e a distribuição social do capital cultural

Mas se todos os trunfos estavam nas mãos do nosso alto clero identificado diretamente com o Presidente Cardoso, como foi possível a reversão? E, olhando retrospectivamente, como foram possíveis diversas subversões da ordem simbólica que observamos nos anos subsequentes? Veremos que o processo de construção da hegemonia cultural do grupo identificado com a presidência Cardoso é uma configuração afeita à esfera das elites e do campo do poder, que afeta as demais esferas da sociedade somente quando consegue desmobilizar seus adversários, inibindo-os de advogar suas causas junto à população em geral e assim impedindo que a população avalie efetivamente as alternativas políticas de que dispõe. A sutileza desse jogo é que quem está dentro dele imagina que todos estão, já que a libido nele investida sugere que os destinos do país dependem dos resultados do contencioso em que apenas as elites estão integralmente imersas. E, mais do que isso, que os afetos e desafetos deflagrados na esfera das elites, unindo ou dividindo grupos "para sempre", seria uma característica da sociedade como um todo.

Em termos mais teóricos, lançaremos a hipótese de que a janela de oportunidade para os resultados eleitorais que parecem desafiar a lógica da dominação cultural foi aberta num paradoxo. Durante o período Cardoso o mesmo grupo de indivíduos enfeixou o poder político e o poder cultural instrumentando, inclusive, esse poderio para alterar as linhas de força da própria distribuição de capital econômico. A legitimidade oriunda do espaço cultural foi o principal trunfo inicial de FHC e seu grupo nas esfera política e econômica e acabou sendo utilizada ao extremo para controlar o espaço intelectual e seus críticos de dentro desse espaço. O campo intelectual, submetido a esse estresse externo do uso cumulativo de armas legítimas do se interior com outras heteronômicas, acabou funcionando como um aparelho e vivemos um período de intensa violência simbólica: "convença-se, cale-se ou será inapelavelmente ridicularizado", a versão cultural do "crê ou morre". O resultado dessa compressão inédita foi que todos os insatisfeitos com a ordem cultural imposta pelo grupo se aliaram à oposição política, fortalecendo-a nesse quesito decisivo para desafiar o predomínio de seus adversários. E fundamentalmente, fornecendo legitimidade cultural aos adversários políticos de Cardoso.

Dentre as dificuldades que nosso tema engendra, um desafio epistemológico de monta, possivelmente o mais complexo, é o de

Da pizza ao impeachment

transitar da esfera moral e da prática política para a esfera científica. Dicotomizando a sociedade em torno dos grupos antagônicos que eles engendram, os escândalos do presente não deixam de despertar a libido política e moral dos analistas que os encaram como desafio científico. Fazer-se de observador externo que apenas recolhe as evidências dos artefatos e dos informantes é aqui uma operação particularmente difícil e provavelmente enviesada, por maiores que sejam os cuidados explícitos e os calos profissionais obtidos na prática continuada de pesquisa. Os eventos estudados acabam sendo marcadores identitários da posição dos agentes na cena política e cultural da realidade e "se desengajar" ou pelo menos não participar diretamente deles, práticas salutares para o analista de quaisquer objeto e tema é aqui praticamente impossível.

Outra dificuldade específica do tema é uma decorrência indireta desse engajamento. A literatura internacional sobre guerras culturais sugere efetivamente que os "grandes temas que dividem a sociedade" dizem respeito mais às disputas internas das elites do que as percepções dos agentes nelas envolvidos deixa perceber. As elites combatem entre elas, investem suas próprias identidades nesses engajamentos e por isso tendem a crer que seus contenciosos são vividos da mesma maneira pela população em geral.

No espaço empírico brasileiro contemporâneo, os resultados das três eleições presidenciais que confirmaram o mandato petista apesar desses agentes estarem acuados no espaço público, corroboram que a guerra cultural deflagrada ou intensificada pelos escândalos é um fenômeno mais afeito às elites. Evidentemente que a escandalização chega nas camadas mais distantes do campo do poder. Mas não sabemos direito nem como nem quando, nem com qual intensidade. O nosso desenho "a jusante" permite algumas inferências, mas o espaço empírico certamente merece muita pesquisa. Sobretudo porque ele é encantado pelas disputas que travamos e que certamente nos marcam, chamando inadvertidamente nossa

24 Roberto Grün

atenção para determinados aspectos da realidade e nos afastando do que "não queremos ver".

Cautela e salvaguardas intelectuais

Sobra, então, a lembrança de que a prática intelectual é antes de tudo um esforço coletivo no qual cada indivíduo reconhecido como ponto no campo controla e é controlado pelos seus colegas. Diretamente através da crítica ao nosso trabalho e indiretamente através da figura salutar do interlocutor ou do adversário imaginários. Esses cuidados devem, é claro, estar sempre presentes, mas no canteiro temático que cultivo no momento, o mundo encantado das paixões políticas e que nos movem no cotidiano dessa segunda década do século XXI, têm ainda maior relevância.

A literatura internacional sobre escândalos, especificamente sobre a relação entre a denúncia sistemática da corrupção política e a resposta da venalidade midiática como motivo inconfesso das denúncias, com seus respectivos caudais conspiratórios, nos serve duplamente: de um lado como artefato profissional que nos fornece instrumentos e ajuda a pensar a realidade brasileira. Do outro, mais diretamente, mostrando que o quê assistimos recentemente no Brasil faz parte de um conjunto de regularidades que acompanha o desenvolvimento de diversas sociedades, por nós consideradas "de I Mundo".

Um resultado palpável da configuração cultural que estamos descrevendo "indica" que os escândalos aos quais nos acostumamos seriam manifestações da nossa inferioridade ontológica em relação aos países que nos servem de modelo. Uma trama quase conspiratória se insinua aí: haveria realmente uma essência negativa que nos condena ao atraso permanente? Estaríamos exagerando na avaliação negativa da sociedade brasileira? Haveria interesses inconfessos produzindo e reiterando essas avaliações depreciativas?

Da pizza ao impeachment 25

Pelo lado da análise das energias mobilizadas para produzir ou para diminuir os impactos de um evento, nossa sociologia dos escândalos é, em grande parte, uma sociologia dos intelectuais. Nesse tópico, a filtragem bem definida das evidências internacionais demonstra a capacidade de nos convencer de que nossos escândalos são únicos. Na chave explicativa, a demonstração cabal da nossa dificuldade permanente de aceder ao estatuto de sociedade plenamente desenvolvida é um feito a ser registrado, uma ação cultural relevante porque demonstra a capacidade de instituir as categorias de pensamento e o enquadramento cognitivo através dos quais construímos e pensamos a realidade.

A filtragem seria um processo consciente de mistificação visando algum tipo de domínio? Seria o simples e randômico resultado de interações sucessivas entre grupos de agentes políticos e culturais? As convenções das ciências humanas contemporâneas nos conduzem a rejeitar teses conspiratórias que fazem menção a combinações explícitas e conscientes entre grupos de agentes sujeitos a condicionantes distintos e a ritmos de funcionamento de suas respectivas esferas também diferentes. Ainda que possa haver conspiradores e conspirações, a possibilidade delas serem eficientes na consecução de seus objetivos explícitos é considerada estatisticamente muito improvável, dada a complexidade das sociedades contemporâneas e de seus campos do poder em especial. Mais do que isso, se algum cientista social ou comentarista midiático endossarem teses conspiratórias, seu capital científico ou profissional serão depreciados.

Mas as explicações conspiratórias estão presentes e, mais do que isso, se tornam correntes conforme o ambiente político e cultural se polariza, impactando a construção da realidade social. Assim, qualquer explicação compreensiva da sociedade brasileira contemporânea precisa enfrentar as teorias conspiratórias senão como realidades substantivas, pelo menos como questões contextuais que produzem impactos sobre a cultura e os enfrentamentos políticos e ideológicos que assistimos no presente.

Verdadeiras ou falsas quando enunciadas pela primeira vez, as narrativas conspiratórias acabam ganhando vida quando ajudam a produzir e manter a coesão dos grupos que se digladiam nas esferas política e cultural. As saliências da realidade que realçam esse diagnóstico mesmo que, em princípio, a habitualidade escolástica nos faz catalogar como fantasiosas, são realçadas sistematicamente, enquanto que aquelas que colocam em dúvida o enredo anunciado se tornam imperceptíveis. E, conforme o ambiente social se polariza, nossas narrativas simétricas ganham, progressivamente, ares de realidade "evidente".

Para dar conta dessa realidade social escorregadia, uma saída é tratar esses eventos, normalmente catalogados na esfera das curiosidades culturais do tempo, como mitologias políticas. Dessa maneira, existindo ou não na substância os fatos que teriam engendrado as crenças, nosso tratamento como mitologias nos permite olhá-las a partir dos seus efeitos sociais. Trata-se, então, de tornar a crença independente da constatação da sua realidade intrínseca, numa linha que é mais praticada na sociologia das religiões do que na da política ou da cultura.

O tratamento que propomos pretende também neutralizar, ou pelo menos diminuir o efeito das preferências culturais e políticas do analista, construindo uma grade de catalogação a partir da produção e dos efeitos das crenças, a jusante, na qual a análise ganha vida própria, independente dos prejulgados de quem a efetua. Evidentemente que o enunciado da intenção não garante a sua execução, mas serve de mnemônico para o analista e também para o seu leitor. A realidade contemporânea polarizada pode ser comparada a um mar turvo no qual o olhar atento do navegante é mais do que necessário, mas não é suficiente para evitar os perigos. A ajuda dos outros membros da tripulação, e mesmo dos passageiros, também

Da pizza ao impeachment 27

é imperiosa. Sem a resposta da crítica esse trabalho não anda ou, pior ainda, não sabe nem por onde anda, muito menos aonde chega. Em suma, a possibilidade mesma de desencantamento da realidade política e cultural da contemporaneidade é dependente da crítica sistemática aos resultados obtidos provisoriamente por cada um dos seus analistas.

Uma boa sociologia dos intelectuais diria que sempre foi assim. Mas também esse é um resultado a jusante, obtido *post factum*. E o simples vislumbre dos eventuais usos sociais desse tipo de análise no "julgamento" dos escândalos do presente ou do passado imediato torna insensato esperarmos demasiado da crítica imediata e espontânea. Daí a necessidade de invocá-la explicitamente.

Políticos e intelectuais

Mobilizaremos os aportes tanto da sociologia dos escândalos políticos quanto daquela que tem a arte e a cultura como temas. E como já deixamos insinuado, ao tratarmos nossos agentes políticos como intelectuais estaremos operando uma convergência entre essas duas correntes. Dado o baixo prestígio que a atividade explicitamente política goza nos tempos que correm, não é intuitivo pensarmos nos seus praticantes como membros importantes do espaço intelectual, e sim como bastardos ignaros. Mas, no seio do nosso campo dos escândalos, eles constroem e disseminam categorias cognitivas que fazem a sociedade brasileira refletir sobre ela mesma. Ao fazê-lo, cumprem a tarefa mais clara dos intelectuais, a de selecionar, produzir e disseminar essas categorias.

O automático da negação da política nos leva a crer que os homens políticos mais em evidência não costumam ser os produtores diretos desses sistemas classificatórios que ordenam a sociedade brasileira contemporânea. Mas, o que dizer de Fernando Henrique Cardoso e seu grupo de seguidores mais próximos, que "importou" os conceitos de alto/baixo cleros e também contextualizou o uso brasileiro dos termos "dinossauro" e "jurássico"? Além desse exemplo forte, temos que os políticos fazem parte do espaço cultural que as seleciona, difunde e acaba por instituí-las. Verificamos assim uma relação de contiguidade entre os políticos e os intelectuais no senso estrito que produzem senão os conceitos, pelo menos as nomenclaturas. E essa constatação, óbvia nela mesma, mas não nas suas consequências para a análise sociológica, é reveladora da existência de uma cadeia de cumplicidades, de uma configuração social muito mais ampla e nuançada do que aquela que, intuitivamente, nos leva a opor o sistema político às outras esferas da vida.

Assim, a configuração que nos atrevemos a chamar de "campo dos escândalos" nos remete ao já conhecido campo do poder, aquele em que os diversos setores das elites se encontram, cooperam na produção e reprodução da dominação social e também competem pela proeminência da consagração dos seus trunfos específicos na identificação do recurso decisivo, aquele que subordina todos os outros. Em princípio a intuição induzida pelos tempos em que vivemos faz crer que se trata do velho e seguro capital econômico. Os donos do capital, ou seus prepostos imediatos, comandam o espetáculo. Talvez o façam num horizonte mais imediato. Mas a análise mostra o papel fundamental dos recursos culturais e coloca alguma dúvida naquela "obviedade". Não que o dinheiro não seja um recurso essencial. Mas, procuraremos mostrar, a possibilidade de usá-lo de maneira eficiente nas contendas que descrevemos é um trunfo derivado de processos de legitimação da sua posse, e que transcorrem na esfera da cultura.

Desafiar o óbvio em relação às formas de atuação da dominação econômica é um privilégio suscitado pela minha trajetória pessoal e intelectual, percorrida em grande parte no espaço das finanças e da economia em geral. A constatação das fontes culturais da dominação econômica exercida pelas finanças no mundo contemporâneo foram se impondo a partir da análise das situações em que esse pre-

Da pizza ao impeachment 29

domínio era questionado. Os escândalos recentes que sacudiram a sociedade e os governos vindos da esquerda do espectro político brasileiro foram analisados primeiramente nas suas consequências para o espaço financeiro. A sua centralidade nos processos políticos foi progressivamente empurrando o fio e a libido intelectuais para a tentativa de dar conta desses fenômenos recorrentes da vida cotidiana do país.

Mas o privilégio é também uma dependência de caminho. Ele empurra a análise e lapida a sensibilidade intelectual para alguns aspectos da realidade e provavelmente obscurece outros que são tão ou mais relevantes. Daí se mostra, de novo, como a atividade intelectual é inexoravelmente coletiva. Sem a crítica direta e outros trabalhos que incidam não só sobre as inconsistências intrínsecas desse trabalho, mas também apontando outros caminhos e variáveis pertinentes que ficam mais claras a partir de outros pontos de vista, o viés desse tema espinhoso continuará presente.

Aportes analíticos e teóricos: as "guerras culturais"

O registro sistemático da análise e teorização a partir de panoramas sociológicos nacionais que nos são acessíveis permite não só uma reflexão sobre como tratar a nossa temática brasileira, mas também para pô-la em perspectiva internacional, desanuviando uma ideia de que a situação brasileira é sui generis e, implicitamente, marca da sua inferioridade em relação ao que seria um paradigma de contemporaneidade exitosa. Num alto grau de generalidade podemos dizer, ainda que com reservas a serem explicitadas no decorrer do texto, que no Brasil do início do século XXI estamos diante de guerras culturais nas quais a afirmação dos escândalos como uma peculiaridade nacional se torna uma arma retórica eficiente.

A substância, as formas de tratamento público dos temas levantados e a veemência com que os contenciosos são tratados na esfera pública brasileira sugerem que estamos diante de uma versão nacional da temática das "guerras culturais" norte-americanas. Trata-se de uma vertente de contribuições, pelo menos na sua genealogia atual, inaugurada nos Estados Unidos por Hunter e cada vez mais caudalosa (Hunter 1991). Ela enxerga uma polarização entre as elites daquele país em torno de temas que poderíamos chamar de "morais". Ou talvez, mais precisamente, discutindo em torno dos aspectos morais de questões econômicas, sociais, étnicas e de gênero, e a polêmica se trava em torno da extensão e proveniência da divisão. É uma querela interna das elites daquele país ou se trata mesmo de uma divisão política e moral profunda que atravessa a população do país como um todo? (Williams 1997).

Nas diversas posições do debate, a disputa é anunciada e "comprovada" na sua maior ou menor abrangência de acordo com concepções de cultura e de elites nem sempre coincidentes. Mas, para uso em nossa pesquisa podemos dizer que na sua generalidade teríamos de um lado um aglomerado que poderíamos chamar de "conservador" reunido em torno de valores tradicionais em relação à estrutura familiar e gênero, bem como favorecendo soluções "de mercado" para os problemas sociais e dilemas econômicos. Do outro, maior liberdade para os arranjos familiares e comportamentos sexuais não convencionais e soluções baseadas na ação estatal para problemas econômicos e sociais. Do lado conservador, mais brancos, mais masculinos, mais idosos, mais frequentadores assíduos de serviços religiosos; do lado "liberal", mais não-brancos – latinos, negros, asiáticos no meio – mais mulheres, mais jovens, menos enquadrados por organizações religiosas.

Na esfera das normas e crenças da população em geral as pesquisas empíricas apontam uma certa continuidade de opiniões (DiMaggio, 2003), mas entre os operadores culturais a divisão é considerada bem nítida (Hunter and Wolfe, 2006). A pergunta mais genérica que podemos fazer àquela literatura a partir da observação da cena brasileira contemporânea é se a ação sistemática dos think tanks e ór-

Da pizza ao impeachment 31

gãos de difusão cultural e "formadores de opinião" não acabarão por produzir na população mais ampla uma polarização análoga àquela encontrada no que poderíamos chamar de campo do poder.

É razoável esperar que, no longo prazo, a população continuará menos visceralmente dividida do que suas elites? A não polarização da sociedade como um todo é suposição razoável como constatação primária e como base de propostas políticas para evitar o avanço subsequente da polarização que dilacera o tecido social. Dificilmente intelectuais responsáveis pelo efeito de sua prática na sociedade poderiam evitar esse "warning". Mas parece que a situação brasileira fez a roda avançar mais. Assim, se nos coloca especialmente a questão de como avaliar os anos em que vivemos presidências da República oriundas do Partido dos Trabalhadores. De um lado a sua forte e persistente mensagem dita "antagônica às elites". E do outro, a também persistente, e cada vez mais eficiente, barragem contrária fazendo entender que as realizações ocorridas no governos sob comando do PT são ou o resultado de tendências seculares da sociedade brasileira. Ou ainda, a simples consequência de atitudes populistas que visam a continuidade daquele grupo no poder, de maneira a continuar satisfazendo sua volúpia de poder e de enriquecimento econômico.

Num outro plano, surge a pergunta sobre se devemos ou não utilizar a palavra "guerra" para descrever a forma que devemos entender as disputas culturais em curso. Como sabemos a propósito dos enunciados sobre a sociedade, descrever significa, sub-repticiamente, prescrever. E se realmente assim for, ao usar metaforicamente o termo "guerra" não estaríamos deflagrando sequências cognitivas perversas? Não estaríamos contribuindo para aumentar a animosidade entre os contendores, dizendo-a "sociologicamente inevitável"? E assim fazendo, não estaríamos flertando perigosamente com os riscos que a oposição absoluta provoca na continuidade da normalidade institucional?

A questão ganha mais concretude direta e instrumentação operacional quando é apropriada pela Ciência Política. A polarização política chega ao mesmo tempo como objeto de estudo sistemático e como perigo social e político rondando a sociedade e que deve ser conjurado.

De um lado o estudo das evoluções tecnológicas e organizacionais que induzem a polarização. Do outro, os efeitos dessa tendência nos processos decisórios e mesmo em outras esferas da sociabilidade que não a política. O consenso geral nas sociedades era baseado num conjunto de valores comuns recebidos na socialização primária e reiterados na comunicação social. A mudança da base tecnológica da comunicação de massa vai sendo progressivamente capaz de identificar e ser direcionada para grupos ideológicos ou de estilo de vida cada vez mais específicos e, nessa focalização, acaba contribuindo para sedimentar as fronteiras antes menos expressivas ou definidas entre os diversos grupos e tipos de afinidade. Como numa volta às comunidades autárquicas pré-capitalistas, identidades específicas obtém mais referências para serem construídas do que aquelas mais gerais, oriundas da instauração do Estado-nação e da panóplia normalizadora que ele trouxe consigo (Iyengar, S., et al. (2012); Skocpol, T. and V. Williamson (2012); Groeling, T. (2013); Prior, M. (2013).

Evidentemente que sobra a questão da seleção das referências identitárias que são escolhidas e que prevalecem no mar imenso de possibilidades abertas pela contemporaneidade. Mas essa questão é situada e será tratada na segunda parte do livro, que trata especificamente da guerra entre os intelectuais que propõem seus produtos às parcelas da população.

As ciências cognitivas

(Lakoff, 1996) oferece uma leitura paralela da cena política e especialmente moral dos Estados Unidos contemporâneo. No

Da pizza ao impeachment 33

veio das ciências cognitivas, ele mostra a coerência lógica e, principalmente, metafórica das construções ideológicas de cada grupo. Cada visão de mundo está construída cognitivamente a partir de uma metáfora sobre a estruturação da família e especificamente do papel do pai, que irão estruturar a ideia central sobre como deve ser o governo da nação como um todo.

O lado conservador se estrutura em torno da figura do "pai severo", que prepara a família para viver num mundo impiedoso e que, portanto, todos devem estar preparados para enfrentar adversidades sem esmorecer, contando consigo mesmo ao invés de esperar a compaixão dos outros. O caráter "forte" criado nesse nicho cultural através da reiteração da autoridade como elemento principal para a tomada de decisão e a severidade diante das faltas dos jovens será a maior herança para os filhos, que através dessa pedagogia implícita estarão preparados para "o que der e vier". Nem parece necessário lembrar que a antropologia filosófica que se depreende dessa construção é praticamente coincidente com aquela que emana e baseia o ramo atualmente ortodoxo da teoria econômica. Difícil encontrar outra base filosófica para justificar a arbitragem financeira, o principal mecanismo de regulação dos tempos que têm sido chamados da financeirzação e do neoliberalismo.

A construção dita liberal, no sentido norte-americano do termo, é produzida em torno da ideia do "pai cultivador (nurturant)". Nessa narrativa, os pais devem sobretudo valorizar as boas ideias e iniciativas dos filhos, fomentando a construção de caráteres que confiem ao mesmo tempo em si mesmos e nos próximos, criando empatias que seriam autorrealizantes. Em cada uma das duas construções, o Estado assume papéis ideais bem distintos. No primeiro, o traço fundamental deve ser o de garantidor da ordem pública através da vigilância e punição sem falhas das faltas e dos faltosos. No segundo, deve ser o de garantidor do progresso dos indivíduos através da educação e do apoio a iniciativas ousadas.

Depreende-se facilmente que cada um dos lados irá criar uma família ideológica bem definida que constrói preferências claras para os problemas mais divisivos das sociedade contemporâneas como os dilemas "escola x cadeia"; maior ou menor intervenção do Estado na economia; formas e extensão dos serviços sociais, direitos reprodutivos e tolerância a estilos de vida diversificados e etc... E, fundamentalmente para nossos propósitos do momento, , a exploração da lógica mnemônica de cada uma das construções explica bem tanto os alertas quanto os olvidos despertados pelas diversas políticas públicas e estratégias de comunicação. Aliás, na pegada de Lakoff, o somatório de atividades públicas é tudo, menos diverso. Na realidade cada ponto faz parte de famílias ideológicas bem instaladas nas consciências individuais e grupais. E uma crítica constante do autor – atuante também nos debates públicos dos Estados Unidos - aos agentes políticos menos tradicionais é a sua incapacidade de dar consistência mnemônica à sequência das políticas e propostas que emitem (Iyengar, 2005).

A galáxia bourdieusiana

Em Bourdieu e no conjunto dos autores por ele influenciados encontramos vários insights que ajudam nossa compreensão da problemática dos escândalos no Brasil contemporâneo. Primeiramente nos escritos individuais do autor sobre a chamada "metapolítica", a disputa cognitiva que constrói visões e mundo dissonantes e enquadra e subsome as disputas políticas visíveis. A dominação política é sobretudo uma dominação cultural, mas o lócus de análise da cultura não é aquele mais tradicional das normas e valores prevalecentes numa sociedade e sim nos critérios implícitos e pouco transparentes de divisão do mundo. A problemática mais geral, desenvolvida a partir da apropriação do conceito de worldmaking da filosofia analítica está desenvolvida em (Bourdieu, 1997). A aplicação fática mais sugestiva está na análise da dominação masculina

Da pizza ao impeachment

que, não por acaso, o autor considera ser a dominação original e paradigmática no sentido da precedência, mas também da lógica simbólica e do obscurecimento das fontes que a alimentam (Bourdieu, 1990). E dentre os recursos intelectuais mobilizados pelo autor na formulação da sua ideia de "metapolítica" um dos centrais é justamente a noção de espaços mentais de cognitivistas como Lakoff (cit.) e (Fauconnier, 1984).

Nos seus últimos anos de atividade, Bourdieu realça seu papel de intelectual "público", a partir do diagnóstico da perda da autonomia do trabalho intelectual que estaria ocorrendo no final do século XX (Bourdieu and Haacke, 1994). O Estado e o capitalismo contemporâneo em geral estariam restabelecendo diversas formas de mecenato cultural que, criando demanda direta e irreflexiva de produtos culturais, tenderiam a fazer refluir a autonomia conquistada a partir do final do século XIX. Caberia aos intelectuais e universitários se unirem em torno da afirmação da "república das letras", movimento extremamente dificultado pelas tensões que o "sponsorato" estaria produzindo no espaço cultural (Editor, 2010).

Aproximando-se do nosso tema do momento aparece a tentativa de entender sobretudo os escândalos que sacudiram os governos Mitterrand nos anos 1980. Um governo vindo da esquerda do espectro político "não poderia dar certo": nem na esfera econômica e nem, muito menos, na esfera política. Na primeira porque os ensaios de sair da quadratura ortodoxa eram "aventureiros": utopias, talvez bem intencionadas, mas distantes da dura realidade do mundo real. No segundo porque "faltava moral" aos membros desse conjunto preliminarmente considerado ilegítimo. Daí a escandalização permanente, a busca da "bala de prata" que provaria o caráter ao mesmo tempo nefando e utópico da transgressão socialista. Um dado indiciário dessas digressões para nosso problema específico do Brasil é a demonstração de que os escândalos, neles mesmos, talvez sejam incapazes de derrubar governos presidencia-

36 Roberto Grün

listas, mas são instrumentos importantes para "chamar à razão" os socialistas ansiosos para se instalarem definitivamente no campo do poder, contribuindo para infletir a trajetória do grupo em direção ao comportamento "dóxico" (Garrigou, 1992; Garrigou, 1992; Garrigou 1993).

Outro eixo é aquele percorrido fundamentalmente por Champagne, que analisa a microssociologia das mobilizações políticas. Nele encontramos a relação entre as formas de mobilização inventadas ou recuperadas e as propriedades sociais, os "capitais" daqueles indivíduos ou grupamentos que as lançam ou utilizam no espaço político condicionado pela necessidade de boa cobertura midiática. Um dado decisivo passa a ser como assegurar uma cobertura da mídia ao mesmo tempo intensa e favorável às causas dos demonstradores (ou escandalizadores). Especificando uma análise mais geral de (Bourdieu, 1979) sobre as novas pequenas burguesias, é aí, no uso e na invenção de técnicas de publicidade compatíveis, empáticas em relação ao novo espaço da mídia, que se revela a "boa estrutura" de capitais dos agentes capazes de se fazerem ouvir e entender na contemporaneidade. E, também, corolariamente, que se explica a decadência social de causas e de grupos de indivíduos que não conseguem se fazer ouvir ou não conseguem afirmar a justeza de seus reclamos. As mudanças sutis nos diversos segmentos das classes médias e das burguesias, com o aparecimento de diversos setores sem as credenciais tradicionais que os levariam a posições de destaque na sociedade acabam gerando uma dinâmica na qual a busca de reconhecimento dos trunfos dessas novas camadas produz novas profissões, novas conexões e novas tecnologias sociais. O espaço que esses novos agentes constroem para eles mesmos só se constitui desvalorizando grupos e tecnologias mais antigos, especialmente daqueles que operam na esfera pública, como na militância, no jornalismo e em spin-offs das profissões tradicionais. Não é por acaso que nos anos 1980 começamos a escutar expressões

Da pizza ao impeachment 37

neológicas como "profissionais da mídia", "marqueteiros" e "RPs", denotando a reconfiguração do espaço (Champagne, 1984; Champagne, 1990). E, corolariamente, começamos a nos acostumar com a "obsolescência do comunismo" e das formas de manifestação política mais tradicionais, especialmente aquelas que caracterizavam os movimentos operários e socialistas.

Dentre os historiadores influenciados por essa tendência, podemos destacar os desenvolvimentos de Noiriel em torno da ideia do alargamento progressivo do espaço democrático a partir do século XIX e suas consequências tanto para a atividade política propriamente dita quanto para as demais ocupações da esfera pública, como o jornalismo e, em menor medida, o ensino superior. O pano de fundo morfológico é a extensão da alfabetização popular, com a inclusão de novas e numerosas camadas tanto de leitores quanto de eleitores. Nesse novo "mercado", inverte-se a ordem causal intuitiva: ideólogos e ideologias se constroem mutuamente, buscando os nichos que o novo espaço propicia. O jornalismo e a academia são os espaços onde esse jogo começa e a atividade política é onde ele acaba desaguando.

O mundo muda significativamente com a inscrição de novas tendências que substituem ou complementam as posições tradicionais conservadora e progressista nesses quadrantes e se estabelece um conjunto de oposições duráveis, reconhecível até o presente, entre uma família político-ideológica reunida em torno do nacionalismo e da prioridade na segurança e outra em torno da prioridade no avanço social e nas preocupações humanitárias (Noiriel, 2005, Noiriel, 2009).

No nosso tópico, a análise de Noiriel converge com as, mais específicas, de Christophe Charle sobre a criação da figura contemporânea do intelectual durante o caso Dreyfus e a diferenciação do espaço cultural quando se especificam simultânea e correlativamente, esse novo ator social e seu concorrente na esfera pública, o jornalista. Produz-se uma bifurcação já identificada por diversos autores, como Gramsci, e que será constitutiva das tensões futuras no mundo intelectual (Charle, 1990, Charle, 2004). Na particularidade da construção do espaço democrático do Brasil contemporâneo, diversos episódios, desde a publicação da lista dos "improdutivos da USP" no início da redemocratização até o "silêncio dos intelectuais" diante da primeira fase do escândalo do mensalão, mobilizam essa tensão e ajudam a explicar a relativa incapacidade dos intelectuais no senso estrito de conduzir os debates públicos. E daí se depreende que uma boa cronologia das relações entre mídia e espaço cultural e universitário no período que se inaugurou com a redemocratização dos últimos 30 anos terá forte poder explicativo para o nosso problema.

Uma especificação interessante é aquela apresentada por Kalifa na historia do jornalismo no século que começa com Balzac. Especialmente, a análise do conjunto de transformações sociais, econômicas e tecnológicas que conduz à "fait-diversification" (de fait-divers) da notícia, o processo que os paulistas menos jovens reconheceriam como a "N.P. - ização" da mídia (N.P. = *Notícias Populares*, antigo jornal popular especializado na cobertura policial, de fatos bizarros e, marginalmente, da atividade sindical). De início uma técnica jornalística destinada a atrair os novos contingentes de leitores em potencial para os jornais, ela vai afetar também, a prática política e ideológica, "simplificando" a complexidade do mundo real, que passa a ser enxergado com o uma espécie de folhetim, no qual existem indivíduos e causas intrinsecamente bons ou intrinsecamente maus, cabendo aos jornalistas a nobre tarefa de denunciar os maus (Kalifa, 2005, Kalifa, 2011).

Aplicada à cobertura jornalística da política, na qual a tensão representante-representado é estrutural, permanente e fácil de ser acionada, a "fait-diversification" irá produzir a redução da política a uma questão de polícia. Os políticos e suas razões acabam sendo re-

Da pizza ao impeachment   39

duzidos e cantonados ao quadrante dos maus ou, excepcionalmente, ao dos redentores da moral e dos bons costumes. Como se trata de um jogo na esfera simbólica, os capitais culturais dos políticos e jornalistas estarão sempre sendo comparados e os políticos mais bem dotados dessa propriedade tendem a refrear as denúncias que possam lhes ser imputadas. Políticos "certificados" por credenciais indiscutíveis como Fernando Henrique Cardoso, serão menos visados do que aqueles, como nossos petistas, oriundos de trajetórias típicas dos "baixos cleros" intelectual e político. E não precisamos de muito tirocínio para prever que essas diferenças de tratamento irão alimentar narrativas conspiratórias por parte dos apoiadores daqueles que serão desproporcionalmente atingidos pelos escândalos.

Na estrutura narrativa que deve prevalecer os maus devem sempre ser denunciados e a prova da competência jornalística é criar um escândalo que mostre à população a verdadeira face do político ou, alternativamente, o caráter não integralmente político daquele poupado pela crítica. Tematicamente, o jornalismo acaba se tornando uma espécie de guardião da doxa, perseguindo inapelavelmente aqueles que desafiam as condutas e raciocínios óbvios do tempo. Qualquer desvio será sempre conotado negativamente e suas razões sempre serão escusas. Assim, não é nada surpreendente que as inovações recentes nas políticas sociais sejam entendidas como tentativas de corromper a população mais humilde do país.

Em sua faceta militante, mas não só nela, Bourdieu irá procurar entender a mecânica da produção desse conformismo social profundamente enraizado na esfera pública, ao mesmo tempo em que buscava as possíveis soluções para ultrapassar essa situação intrinsecamente insatisfatória. E, a partir de seus colegas Michael Pollak e Jacques Bouveresse, irá encontrar a figura do crítico Karl Kraus, da Viena fin-de-siècle. E, de maneira contundente, vai simplesmente dizer que Kraus "nos oferece o manual do perfeito combatente contra a dominação simbólica". Na crítica cerrada da imprensa da

40 Roberto Grün

sua época e do conluio desta com os políticos e intelectuais, Kraus pode ser considerado o precursor das hoje chamadas "bombas semióticas" que expõem as limitações do jornalismo contemporâneo. Não por acaso, a recuperação do trabalho de Kraus na crítica da imprensa, e de sua influência sobre a filosofia da linguagem então nascente, se torna um tópico constante na tendência bourdieusiana (Janik and Toulmin, 1973, Pollak, 1984, Bouveresse, 2001, Bourdieu, Poupeau et al., 2002).

Outro ponto em que a "galáxia Bourdieu" pode nos ajudar é na aproximação dos escândalos com as crises políticas. A conceituação das "verdadeiras" crises políticas como situações raras de sincronia na história dos diversos campos que concorrem para a sua deflagração (político, midiático, jurídico, eventualmente religioso ou cultural) aparece sugerida em (Bourdieu, 1984) e é detalhada na sua generalidade por (Dobry, 1986). Como os "verdadeiros escândalos" provocam "verdadeiras" crises políticas, os dois temas estão profundamente interligados. Veremos no decorrer dos capítulos que a escandalização costuma esbarrar e se dissolver justamente na falta de sintonia entre as dinâmicas, quase sempre diferentes, que imperam em cada um dos campos acima listados. E poderemos afirmar que a reclamação constante de que no Brasil os escândalos "acabam sempre em pizza" pode ser explicada por esse constrangimento estrutural que pesa sobre seus desenvolvimentos. Objeto de reedições, o trabalho de Dobry traz, evidentemente, aportes importantes para nossa digressão (Roger, 2015).

Concluindo nosso "mapa das fontes", temos a pragmática sociológica desenvolvida pelo grupo originalmente reunido em torno de Luc Boltanski. Escândalos são um tema explícito e frequente no grupo desde (Boltanski 1984). Aqui se explora as formas de se produzir escândalos, primeiramente a partir da formatação das linhas gerais dos escândalos contemporâneos (De Blic, 2005), sua historicidade, ou constância (Boltanski, Claverie et al., 2007) e, finalmente, a relação

Da pizza ao impeachment

entre a cultura política conspiratória que se forma em torno do uso reiterado dessa forma de mobilização e as tradições intelectuais das quais essa vertente se alimenta (Boltanski, 2012). Os escândalos têm uma gramática própria, que vai progressivamente se estruturando e se difundindo não só no tempo mas também no espaço, como uma espécie de cânone cultural ao qual as populações contemporâneas se acostumam a entender e a julgar os fatos, indivíduos e situações. A historia francesa da 3ª República serve de laboratório para a contemporaneidade, criando os protótipos do escândalo político-moral para o caso Dreyfus e do escândalo político-financeiro para o caso do canal do Panamá (De Blic, 2003, De Blic, 2005). Finalmente, aparentado com a tendência francesa, Thompson vai estabelecer uma especificação, mostrando que nos países de cultura latina aparecem mais escandalizações que frisam descalabros econômicos, enquanto que nos países anglo-saxões a temática sexual é mais escandalizadora (Thompson, 2000).

I
Os espaços para os escândalos

O espaço cultural

Uma cronologia significativa para a explicação para a sociologia dos escândalos do Brasil do início do século XXI passa principalmente pela configuração progressiva do nosso "campo dos escândalos" contemporâneo. Em termos mais macro situados, se trata, principalmente, por darmos conta da especificidade do alargamento do espaço democrático na história recente do Brasil e como esse novo espaço simbólico e político que engendra escândalos e nos faz esperar novos eventos da mesma natureza é uma decorrência quase automática do aprofundamento da democracia. Ainda que possa parecer contra-intuitiva, essa associação entre "mais democracia" e escândalos é uma característica praticamente universal da contemporaneidade e a literatura internacional nos serve não só para procurar saliências na situação brasileira, como também para comparar e pô-la em perspectiva, diminuindo a percepção de que se trataria de evento ao mesmo tempo particular e negativo da nossa sociedade.

Poderíamos iniciar essa história com as extensões progressivas do direito de voto desde a instalação das vilas coloniais, passando pela Independência, pela proclamação da República, pelo instituto do voto secreto e pelas outorgas de direitos para os menos afortunados, mulheres, analfabetos, índios, menores de idade e, possivelmente no futuro, a estrangeiros. Num outro plano, convergente, precisamos avaliar o papel das ditaduras políticas, que agem no sentido de comprimir o espaço político pré-existente, seja diretamente

44 Roberto Grün

através da legislação e da repressão política, seja indiretamente, inibindo a afirmação de tendências que poderiam se manifestar mais facilmente num mercado político menos constrangido, como a de porta-vozes de comportamentos sexuais até então reprimidos e de novos estilos de vida que surgem na contemporaneidade e que a representação política ajuda a legitimar, a encorajar e a disseminar.

Especificamente, as ditaduras políticas têm efeitos diretos, bem conhecidos, sobre o espaço das profissões e atividades culturais de maneira geral. Dentre elas a necessidade de união dos diversos setores e indivíduos que de maneira geral "vivem da pena", diretamente sua ou de seus empregados. Ainda que as soluções de força para as democracias sejam estimuladas e, às vezes até patrocinadas por setores culturais, a lógica dos arranjos autoritários é de cercear o desenvolvimento dos mercados para os produtos do setor, por mais que alguns produtores se mantenham em concordância com os motivos e métodos autoritários. Mais do que isso, na normatividade das sociedades ocidentais contemporâneas a compressão da atividade cultural é intrinsecamente deslegitimada restando, é claro, o jogo polissêmico que avalia quais ações ou omissões correspondem, no tempo e no espaço, a "verdadeiros" atos de censura e quais são simplesmente o resultado do livre jogo dos mercados culturais ou da justa ação dos estados ou dos indivíduos e grupos atingidos por publicidade negativa desastrosa, mesmo sendo indevida.

Na lógica objetiva do ocaso da ditadura brasileira que começou nos anos 1960 e passou a perder credibilidade a partir da segunda metade dos anos 1970, essa censurava a ação científica e cultural, se fazendo "inimiga da cultura e da ciência", e reunindo contra ela os diversos setores culturais, passando por cima de suas diferenças.[1]

---

1 Ainda que, objetivamente, essa apreciação esteja sujeita a questionamento, uma vez que os órgãos federais de fomento à pesquisa tenham se desenvolvido muito no período militar. Mas estamos mais numa disputa de narrativas do que não numa avaliação científica neutra.

Da pizza ao impeachment

Essa reação fez os produtores culturais acumularem no período um montante de capital simbólico muito significativo, que foi acionado para desimpedir sua ação profissional das amarras colocadas pelo "Leviatã", ao mesmo tempo que essa ação também acresceu ainda mais magnitude à essa propriedade social detida pelos produtores culturais. As razões dessa configuração não nos cabe elucidar no momento, mas a constatação carrega múltiplas consequências.[2]

E um corolário, que também não pode ser explorado nesse momento é que, muito rapidamente, a partir de um certo momento aqueles produtores culturais que se associavam publicamente aos governos militares tinham seu prestígio reduzido à nulidade no seu espaço profissional, a ponto de serem repudiados e praticamente extirpados de seu meio de atuação. Os casos mais destacados foram os dos cantores Wilson Simonal e Dom & Ravel, além dos cineastas que produziam cinejornais de exaltação, especialmente Jean Manzon. Mais do que isso, a simples existência desses agentes funcionava como galvanizador de uma frente cultural "contra a ditadura" que, de um lado amplia a sua deslegitimação na medida em que esse processo se amplifica e também reforça a união de grupos que seriam antagônicos se pensarmos numa situação de autonomia do mercado de ideias.

De maneira contra-intuitiva para as habitualidades forjadas durante os anos que se seguiram ao final da ditadura militar, as diversas iniciativas pela liberdade cultural acabaram criando uma unidade inédita do espaço cultural, cerrando fileiras contra o governo militar. Sociologicamente, a circunstância alimenta perguntas interessantes

---

2 E um dos atos instituintes mais marcantes dessa união aparentemente ilógica de produtores culturais de posições políticas antagônicas foi a pauta social e econômica deflagrada pela série de reportagens sobre 'as mordomias do setor estatal brasileiro", que uniu os dois lados e abriu a avenida para a contestação geral do regime militar (Kotcho, 1976). Discuto esse momento em (Grün, 1999).

sobre a construção da autonomia do campo cultural brasileiro durante a ditadura e a particular arquitetura que surge nessa configuração e seus desdobramentos posteriores. Dentre os inúmeros pontos que essa agenda pode suscitar, especificamente para explicarmos os escândalos, creio ser interessante elucidar as seguintes: Como se organizou a polarização interna? E as relações com os setores que costumam tutelá-lo em configurações menos complexas?

A observação retrospectiva do período mostra que a mídia mainstream saiu da ditadura como polo dominante da configuração. Nesse sentido, numa avaliação a partir da cena paulista que teria de ser testada em nível nacional, podemos destacar dois episódios marcantes. Um dos eventos do imediato pós-ditadura foi, muito sugestivamente, a publicação, pelo jornal *Folha de São Paulo*, da chamada "lista dos improdutivos da USP". Outro ponto a ser ressaltado é o da profusão de pesquisas de opinião que passou a frequentar a mídia a partir do mesmo período.

Fatos díspares se comparados um com o outro, mas convergentes se pensarmos na diferenciação do espaço da cultura e da imposição de uma hierarquia interna. Nos dois casos observamos a autonomização da mídia e da indústria cultural em relação ao reconhecimento da capacidade diferencial dos intelectuais no sentido estrito daquele momento. A lista assinala a reivindicação da capacidade de impor julgamento nas atividades que (eram) são característica específica do outro segmento. As pesquisas de opinião do período construíam uma pauta e tentavam construir uma agenda que registrava e hierarquizava quais eram os problemas relevantes da sociedade brasileira de então. Em ambos os casos os produtores culturais não subordinados à mídia comercial perdiam espaços, assinalando a polaridade e fazendo registrar a hierarquia que o campo estava estabelecendo.

A lógica da configuração nos sugere a pertinência do esquema proposto por Bourdieu para dar conta do relevo dos sistemas cul-

Da pizza ao impeachment   47

turais, no qual a produção e os produtores culturais são divididos entre produtos & produtores destinados a alimentar as necessidades profissionais e a procura de outros intelectuais e o outro segmento, no qual a lógica é a produção para o consumidor final (Bourdieu, 1992). De um lado a autonomia intelectual, do outro a busca de uma sintonia com a lógica do consumidor externo (CE). Na prática ao mesmo tempo comercial e cultural, ocorre tipicamente uma atribuição de conservadorismo do CE a qual, provavelmente, funciona mais na lógica da profecia autorrealizante do que da constatação empírica prévia.[3]

As razões dessa atribuição podem ser decalcadas dos precedentes históricos listados acima. Especificando o caso brasileiro, o impensado da atribuição provavelmente pode ser explicado pelas tensões internas do campo intelectual, no qual essa característica imputada fornece um espaço de legitimação para os produtores que

---

3 A literatura acadêmica enxerga duas possibilidades de explicação para essa atribuição, que não são necessariamente excludentes. A primeira seria que a propriedade dos meios de comunicação por parte de capitalistas dotados de agendas econômicas, políticas e ideológicas específicas e conservadoras simplesmente faria com que a mídia vergasse para a defesa de seus interesses e preferencias. A segunda abordagem dá mais peso aos constrangimentos organizacionais oriundos da profissionalização do jornalismo, a rotinização da produção de notícias e demais conteúdos em primeiro lugar, mas também a construção de uma identidade profissional. Na situação brasileira encontramos elementos para justificar as duas posições. Os meios de comunicação brasileiros relevantes têm sua propriedade muito concentrada em poucas famílias, num cenário que já se prolonga no tempo. Por outro lado, os constrangimentos organizacionais e identitários também estão presentes. A questão da necessidade ou não de diploma específico para o exercício da profissão, bem como a ameaça de "desprofissionalização" que estaria contida na difusão do uso da internet e demais tecnologias contemporâneas recolocam constantemente esse constrangimento especificamente profissional, tanto na esfera formal e legal quanto naquela da particularidade do conteúdo das notícias produzidas pelos profissionais, quando comparadas àquelas que pululam na internet.

operam na lógica comercial. Entre outras consequências, ela se alimenta, e retroalimenta, um anti-intelectualismo pré-existente na cultura nacional e dá cores locais àquela tensão já identificada em diversos outros espaços culturais do Ocidente.

A partição bourdieusiana sugere que poderíamos dividir significativamente os ofícios culturais, atribuindo ao setor comercial a função de "comunicar" conteúdos e ao setor "intelectual" e de produzi-los. Num primeiro momento, que poderíamos chamar de "acrítico", a segunda tarefa é intrinsecamente mais nobre do que a primeira, mas na lógica da concorrência o poder econômico e simbólico do capital econômico faz com que os primeiros tendem a construir argumentos que os legitimem e invertam a hierarquia que os subordina. Aparece então a função de evidenciar e comunicar o "bom senso" da população contra as "construções fantasiosas, descabidas e/ou irrealistas" dos produtores intelectuais propriamente ditos. É também da lógica do funcionamento dos campos que, mais do que possivelmente, esse raciocínio possa ser amplificado, e o recurso, pelos nossos difusores, a autoridades culturais internacionais e "o desprezo" das autoridades intelectuais locais seja mais um capítulo da disputa, um corolário lógico da sua deflagração. Nele, o *gatekeeping* do setor da distribuição cultural acaba se impondo ao produtor nacional, em termos exclusivos de conteúdos produzidos e como resultado dessa configuração o campo brasileiro como um todo tende a se subordinar ao internacional, evidentemente configurado de acordo com os gostos e interesses dos distribuidores.

Tanto a eclosão da miríade de pesquisas de opinião quanto os contenciosos abertos com a lista dos improdutivos servem bem a esse propósito geral. O primeiro grupo dotou a mídia de uma capacidade inaudita de formular questões, torna-las pertinentes e obrigar os demais agentes sociais anteriormente capazes de produzir essas questões a simplesmente atuarem como comentadores daquelas que a mídia apresentava como pertinentes. Em linguagem que se

Da pizza ao impeachment 49

tornou corrente posteriormente, a mídia encontrou nas pesquisas de opinião um instrumento socialmente indiscutível de "agenda setting", suscitando problemas e os ângulos através dos quais eles poderia ser tratados. E ao fazê-lo, tirar da agenda outras questões que também poderia suscitar debate na esfera pública.

A lógica da instalação de um ramo de produção de pesquisas de opinião pode ser considerada nela mesma como um simples aproveitamento de uma oportunidade econômica e a sua propagação como uma estratégia mercadológica de aumentar a procura para seus produtos. Mas, para nossos interesse do momento, essa nova potência deve ser analisada não tanto nela mesma, mas como um instrumento que se soma, e rivaliza, com outros instrumentos de tentativa de produção de agenda, como a difusão, por critério interno do espaço científico ou cultural, de questões morais, problemas sociais, de saúde, ecológicos, econômicos estabelecidos como prioridade no próprio espaço. E, além disso, os tradicionais abaixo-assinados e petições que começaram a ser utilizados internacionalmente pelos produtores culturais e outros grupos mobilizados a partir principalmente do caso Dreyfus na França do final do século XIX e que continuam a ser empregados em questões divisivas, como as cotas raciais .

A "lista dos improdutivos" provavelmente foi o resultado imediato de uma "turf battle" interna à Universidade de São Paulo (USP), mas suas consequências foram muito além. A crítica acadêmica ao realinhamento de forças que diminuía sua altura na sociedade é constrangida pela necessidade de responder pelos próprios pecados em relação às virtudes do trabalho árduo, profundo e contínuo que os intelectuais acadêmicos deveriam estar realizando segundo sua própria auto-definição. Enfim, uma versão situada do tópico "os fariseus não têm autoridade moral para falar em virtude".

A cientometria começava a se insinuar na disputa pelos critérios de avaliação do desempenho acadêmico e instalá-la como princípio diferenciador era um objetivo das autoridades intelectuais que surgiram do final da ditadura, na sua luta recém deflagrada contra o sindicalismo universitário, urdido no mesmo processo e concorrente direto pela primazia na condução das universidades.

O primeiro grupo conseguiu a direção da Universidade mas foi desafiado pelo segundo numa configuração que persistiu até pelo menos a primeira década do século XXI. Num momento em que "qualidade" era a principal palavra de ordem do aggiornamento econômico, os novos dominantes se fazem arauto da "qualidade científica e acadêmica" e assim ganham adesões dos diversos grupos que, na sociedade, procuram finalidades homólogas em seus respectivos espaços profissionais e econômicos. Já os sindicalistas retomam as bandeiras do pré-1964, tentando fazer passar uma outra noção de pertinência, mais ligada à ação social das universidades enquanto criadoras de oportunidades pra as camadas menos privilegiadas da população e de produção autóctone de ciência e tecnologia adequadas para o capitalismo e a sociedade brasileira.

Num outro plano, mais diretamente ligado ao nosso problema atual, cabe destacar a sugestão do uso do "vazamento para a mídia" da tal lista, que provavelmente inaugura uma tendência geral nos diversos campos profissionais de fazer a imprensa repercutir um determinado ponto de vista da disputa interna e reforçar as posições que se alinham em torno dessa visão. Ao mesmo tempo, esse uso sistemático da mídia nos contenciosos de outros grupos, objetivamente concorrentes na disputa pela capacidade de impor agendas na esfera publica acaba reforçando a mídia diante de todos os outros espaços.[4]

Outro ponto são as discussões daquele momento sobre a acuidade & cientificidade das pesquisas de opinião. O constructo já gozava de legitimidade internacional e diversos atores universitá-

---

4   Um exemplo mais recente no Tribunal de Justiça de São Paulo, reforçando a posição de seu presidente em detrimento de outros grupos (Nalini, 2015).

Da pizza ao impeachment 51

rios se insurgiam contra a sua "ditadura", aumentando a sensação de passadismo e localismo que já os rondava.[5] Os eventos arrolados assinalam a tensão entre os dois grupos e formas de intervir na realidade, marcando bem que a mídia e suas formas parecem preponderar, resultado que será relevante para nossa sociologia dos escândalos. Na lógica do anti-intelectualismo, "comunicar" se torna equivalente a "fazer" e "produzir conteúdos" (de qualidade automaticamente duvidosa pelo simples fato de serem novidade) passa a ser considerado o desvalorizado "falar", conotado como "sem consequências práticas".

Estamos diante de uma batalha simbólica na qual um dos lados primeiro pretende encarnar o "bom senso" e depois se torna senhor absoluto dessa entidade fugidia mas atuante. Donos do "bom-senso", os donos da mídia irão zelar judiciosamente pela manutenção e ampliação desse monopólio. A lógica dessa apropriação aparece primeiro na disputa interna ao espaço cultural mas rapidamente se expande na tentativa de subordinar o espaço contíguo da política. E o debate nacional instaurado na Assembleia Constituinte será o grande palco onde essa tentativa será acionada. As "ousadias" dos constituintes serão ridicularizadas sistematicamente, numa lógica argumentativa que guarda muita analogia com aquela empregada no embate anterior.

Na era da "revolução conservadora", que impõe como enquadramento cognitivo a noção de que o governo do país deve ser en-

---

5 O uso da estatística, traço comum entre a cientometria e as pesquisas de opinião, como retórica de imposição da ordem e da hierarquia que vem junto na rubrica "governamentabilidade" se insinuava nas análises de Foucault sobre os modos de dominação contemporâneos. Ele produz opacidades diferentes daquelas que os intelectuais e o campo do poder como um todo estavam acostumados. Ela torna difuso o lócus do poder e engana sistematicamente aqueles que procuram personifica-lo num ator bem definido e, portanto, alvo da crítica. O prosseguimento da crítica deslocada acaba deslegitimando os críticos (Brass, 2000) e (Desrosières, 2008).

tendido como um governo da família estendido, qualquer novidade, seja no campo econômico, seja no social, no ecológico ou no dos costumes passa a ser vista como ousadia de sonhadores que não têm noção dos custos de suas pretensões, nem das consequências negativas de atos bem intencionados mas desprovidos de análise objetiva sobre os inevitáveis efeitos perversos de suas desarrumações. Se os políticos ousarem extrapolar os limites da razoabilidade assim entendida, cabe à imprensa exercer o seu papel de "4º poder" e, através da denúncia sistemática do descalabro existente ou anunciado, criar clamor "popular" visando constranger os políticos a mudarem de rumo.

A narrativa conservadora hegemônica funciona como um enquadramento geral que produz efeitos mnemônicos no sentido de se robustecer quando seu funcionamento atinge a plenitude. No "agenda setting" que ela engendra e que subsequentemente a reforça, as notícias negativas preponderam sobre as positivas, havendo espaço principalmente para aquelas que reiteram o custo das possíveis transgressões ao senso comum pessimista em relação à natureza humana e aos esforços pra minorar as consequências das mazelas econômicas e sociais. Nesse contexto, tragédia é notícia, melhoria não, sobretudo se for contínua.

A explicação da lógica mnemônica e sociológica do enquadramento negativista pode ou não apontar responsáveis diretos pelo pessimismo, ainda que prescinda dele. Mas essas liberdades analíticas existem somente no papel. Na arena superaquecida da política do Brasil contemporâneo, ela engendra narrativas conspiratórias nas quais preponderam as vontades, implicitamente execráveis, sobre os constrangimentos estruturais que pesam sobre o funcionamento dos campos e instituições que convergem na criação dos escândalos.

De um lado a imputação do caráter intrinsecamente crapuloso do grupo que chegou ao governo federal com Lula: quaisquer eventos dotados de positividade que ocorrem a partir de então só podem

Da pizza ao impeachment 53

ser obra do acaso e, se não, seriam a simples cobertura populista para o grupo se manter no poder e portanto destituídos de verdadeira intencionalidade e mérito. Mais do que isso, neles é sempre conveniente buscar formas de enriquecimento ilícito e de favorecimentos pessoais que seriam propiciadas pelas novidades. Aquelas novidades, indubitavelmente preferidas pela população e já testadas pela continuidade do seu funcionamento, seriam ruinosas para as contas públicas e para o caráter dos beneficiados.

O estudo da gramática dos escândalos, das formas semânticas que fazem uma proposta de escândalo ser aceita na esfera pública, também chama a atenção para os objetos mais típicos da escandalização, os indivíduos ou grupos mais sujeitos a serem objeto da execração pública. As sociedades constroem ordens de grandeza de seus indivíduos a partir de diversas provas pelas quais eles passam seja na esfera cívica, seja na econômica, na política, na ambiental ou em outra. A origem social elevada, real ou percebida, potencia positivamente o indivíduo ou grupo testados, acontecendo o contrário para aqueles que são considerados de origem indigna. Nesse contexto, como quer (Boltanski 2007) "Parece, para ser mais exato, que o indivíduo objeto de escândalos ideal – se assim podemos dizer – seja não um "grande", mas um indivíduo que seja considerado, certa ou erradamente, como um poderoso cuja força não é legítima, que disponha de poder sem entretanto ter esse poder confirmado por uma autoridade legítima" (p.421).

A constatação direta dessa predisposição vem da análise da França pré-revolucionária. Em sociedades nas quais a desigualdade dos indivíduos é considerada natural, essa afirmação parece não oferecer problemas. Mas como ela poderia ser estendida para as sociedades nas quais a igualdade humana se tornou uma norma explícita e incontornável?

As Ciências Sociais contemporâneas mostram a desigualdade que existe "realmente" por detrás da imputação de igualdade.

Menos explícita e decididamente, a tensão que se cria diante das constatações da desigualdade de fato. Além da normatividade denunciatória, podemos também observar a performatividade que a denunciação é capaz de provocar, no sentido de fazer diminuir as causas percebidas da desigualdade. Por outro lado, os estudos focados mostram que há diversas maneiras de se construir "grandezas" que seriam sucedâneos da nobreza à disposição dos indivíduos e principalmente das famílias preocupadas com a reprodução ou ascensão social atual ou de sua progenitura. Analiticamente, podemos falar na produção de descontinuidades na estrutura social ou na percepção dela através da educação formal, educação mundana, heranças econômicas ou feitos heroicos avaliados pela opinião pública. Como não poderia deixar de ser, a mera menção da existência de uma "nobreza republicana" já fere a doxa democrática e causa desconforto. Mas a dinâmica dos escândalos revela justamente essas descontinuidades e, mais do que isso, como e quando elas são produzidas e a partir de quais propriedades sociais.

A capacidade de expor as desigualdades e cobrar a sua atenuação é tanto maior quanto suas causas são consideradas ilegítimas. Dinheiro ou poder conseguidos de maneira ilegal seriam os exemplos mais evidentes de vantagens indevidas que devem cessar de existir. Mas, no outro extremo, chama a atenção o sucesso social da produção da subespécie brasileira contemporânea daquilo que (Bourdieu 2004) chamou de "racismo da inteligência" (http://www.monde-diplomatique.fr/2004/04/BOURDIEU/11113). Essa última criação goza de extrema opacidade enquanto mecanismo de produção de desigualdades e de descontinuidades na estrutura social em geral e nos seus subespaços particulares.

Conforme veremos, não foi então por acaso que Brasil redemocratizado criou um standard de nobreza cultural particularmente eficiente para produzir a "nossa" opacidade. Trata-se de um sistema simbólico que opera com a figura do "alto clero", em oposição à do

Da pizza ao impeachment   55

"baixo clero". Operacionalmente, o alto clero dispõe da capacidade de impor a submissão do baixo clero através do mnemônico menos percebido da "lição de casa", que consagra a submissão cultural do segundo em relação o primeiro. Esse sistema simbólico erudito se tornou nativo e passou a exercer a magia performática que a sua naturalidade engendra. Posteriormente, essa classificação vai, pouco a pouco, se espraiando pelo tecido social e se disseminando pelos mais diversos espaços que funcionam como campos e a sociedade brasileira acaba se acostumando a esse padrão de imposição da hierarquia. A sua naturalidade, a naturalidade do predomínio dos mais inteligentes sobre os menos inteligentes parece fazer parte da ordem natural das coisas e por isso parece não ferir o preceito formal da igualdade dos indivíduos.

Outro ponto essencial do tipo de dominação que foi se disseminando no Brasil contemporâneo e também pode ser entendida a partir da sociologia da crítica é a ideia de "montée en généralitée": a capacidade dos "grandes" em fazer acreditar que suas falas e seus atos têm razões mais profundas e não perceptíveis aos olhos dos indivíduos mais simples, ao mesmo tempo em que tal capacidade estaria normalmente associada a uma devoção incontestável ao bem comum da sociedade. Nossos grandes são, evidentemente, o alto clero e, creio eu, nenhuma sociologia da dominação no Brasil contemporâneo pode chegar a resultados satisfatórios sem dar conta da especificidade desse nosso racismo da inteligência, nosso mecanismo naturalizador e legitimador das diferenças que perpassam a sociedade brasileira.

Na lógica que a sociologia da crítica importou dos estudos sobre os sentidos da chamada "construção social da realidade" (Douglas, 1986, Hacking, 1999), surge a pergunta das formas de imposição do enquadramento cognitivo que dirá "O quê é a realidade". Nesse embate de natureza eminentemente cognitiva e portanto cultural, podemos entender e aquilatar o poder do nosso "alto clero". Ele impõe a sua visão dos fatores estruturantes que definem a realidade e cobra a submissão a eles através da imposição da lição de casa, da submissão dóxica e da necessidade de todos se conformarem, moral e cognitivamente, a ela. Primeiro os atingidos pela reprovação aceitam, aparentemente de maneira provisória, a centralidade dos critérios de julgamento propostos pelo "ato clero" a respeito de algum plano, ação ou conduta visando apenas aplacar a agitação política deflagrada pelo escândalo, para depois acabarem aceitando a definição mesma da realidade que é imposta pela aceitação dos critérios de avaliação "engolidos".

Veremos que a dinâmica dos escândalos ao mesmo tempo revela esse jogo social e mostra os seus limites. E será justamente a partir da exploração do seus limites que poderemos explicar os momentos em que a dominação se afrouxa e que, por isso, permitem os desafios seguidos que o baixo clero petista tem oferecido à ordem dóxica imperante no Brasil contemporâneo. No Brasil contemporâneo, a submissão e a insubmissão dóxicas são mais perceptíveis a partir da condução e debates em torno das políticos econômicas. Mas rapidamente esses debates se comunicam com a esfera política e vão desaguar nos escândalos. O recuo até a esfera econômica, especialmente na sua dimensão financeira, mas também algumas grandes transformações institucionais que acabaram prevalecendo apesar do zelo dóxico de nossas elites tradicionais será um recurso muito utilizado para dar carne empírica ao edifício analítico.

Globalização, financeirização e escândalos

Finanças e escândalos são realidades aparentemente estanques, mas a cronologia da esfera política brasileira contemporânea mostra que não podemos falar significativamente de um desses eixos sem abordar o outro. Inicialmente, podemos falar na existência de um estoque de artefatos culturais que são manejados na construção, manutenção ou tentativa de obstrução de escândalos. Numa

Da pizza ao impeachment   57

primeira aproximação, podemos dizer que eles são construídos ou reconfigurados a partir de duas narrativas diferentes para explicar a complexidade do mundo contemporâneo e a produção imagética que ela deflagra. De um lado a "globalização", fenômeno tido como inexorável e não necessariamente negativo. Tanto no nível da sociedade quanto do indivíduo e instituições, caber-nos-ia encontrar as frestas da nova configuração para nos posicionarmos de maneira a aproveitar as transformações em nosso proveito. A globalização engendraria a "sociedade em rede" e boas posições nela seriam o resultado de estratégias pessoais e coletivas bem sucedidas e, principalmente para os efeitos na narrativa que nos interessam no momento, ao alcance de quem compreender bem o que está se passando e conseguir se livrar das amarras do passado. Como nos acostumamos a ouvir desde a década de 1980, o indivíduo, a empresa, a comunidade ou mesmo o país "flexível" terão na globalização muito mais uma oportunidade do que uma ameaça (Castells, 1996, Boltanski and Chiapello, 1999, Grün, 2003).[6]

Simetricamente, a ideia de que estamos vivendo a idade da "financeirização" nos faz ver o mundo de maneira sombria. A realidade que se deslinda é de uma sociedade cada vez mais desigual e destituída de anteparos contra as dificuldades da vida econômica e social, na qual os indivíduos ou têm a pequena chance de pertencer aos "happy few" ligados à alta finança, ou irão engrossar as fileiras cada vez mais numerosas do "precariado" sem perspectivas efetivas de melhora (Tilly, 2001). Mas em relação a eras passadas teremos uma variação importante: boa parte dos novos happy fews são "self-made men" que construíram suas fortunas seja nas finanças, seja nas empresas de alta tecnologia. Ainda que estatisticamente

---

6   E nossos "dinossauros" seriam justamente aqueles que não conseguem se adaptar às novidades do "meio ambiente", que selecionaria os melhores, os indivíduos aptos a ocuparem posições importantes na nova sociedade "globalizada".

58 Roberto Grün

essa saliência não seja tão expressiva, ela se torna muito visível em função da literatura celebratória tanto na imprensa quanto na política e na academia.[7]

A cronologia específica do espaço cultural construído em torno dos escândalos do Brasil contemporâneo pode começar com as privatizações dos governos Cardoso (1994-2002). Nelas aparecem os financistas como heróis de um grupo e vilões do outro, começando a configurar a arquitetura que vai se especificando na medida em que o tempo e os escândalos sucessivos vão dando forma ao conflito cultural. Na mitificação que começa a despontar, esse personagem vai ganhando centralidade, ao tempo em que desloca o "capitão de indústria" da imagem central de indivíduo rico ou de agente econômico poderoso. Segundo uma das narrativas, através das privatizações, os financistas seriam os agentes que nos livrariam do peso morto das empresas estatais, cuja simples existência desestruturaria a capacidade do Estado nacional e também dos estaduais, de atuarem nas área então consideradas fins, como a saúde, educação e segurança pública. Nesse enredo o universo do Estado nacional brasileiro, tido como construído de acordo com a inspiração do "corporativismo varguista", teria nas empresas estatais o símbolo e o principal empecilho para o desabrochar da sociedade em rede, já que "as corporações" personificariam e reproduziriam a rigidez social que tem de ser superada para adquirirmos a fluidez da sociedade em rede e gozarmos de suas vantagens.

A narrativa alternativa lia os financistas como o suprassumo da rapacidade capitalista, devoradora dos empregos dos funcionários das empresas estatais e, mais geralmente, do bem-estar das comu-

---

7   E, não por acaso, surgem dois tipos simétricos de legitimação forte para financistas e empresários: financistas do "venture capital" – aqueles que arriscam seus capitais no financiamento de alguma novidade tecnológica de sucesso incerto; e os próprios empresários "inovadores", que viabilizariam novidades tecnológicas capazes de transformar para melhor a vida da população.

Da pizza ao impeachment 59

nidades afetadas pela privatização. Ela era facilitada por uma transformação morfológica em diversas dimensões: os novos financistas não eram, necessariamente, descendentes diretos das famílias de banqueiros tradicionais. Aliás, o protótipo central dessa nova figura acabou sendo construído a partir de personagens como Daniel Dantas e Armínio Fraga, oriundos de famílias distantes desse universo e considerados "self-made men" das finanças. Positivamente, tal saliência robustece a construção da mundo contemporâneo como a "sociedade em rede", já que não foi a herança econômica direta e sim seu brilhantismo pessoal que trouxe esses personagens ao cume de nossas elites. Negativamente, como são descendentes de famílias tradicionais, fariam parte dos "mesmos".

Evidentemente que tais construções irão rapidamente se apoiar uma na outra, construindo pares de significado, que serão melhor especificados adiante. Mas outro aspecto, menos enfatizado normalmente, também merece a nossa atenção. Trata-se da sociologia dos construtores dessa mitologia contemporânea, vital para a explicação dos escândalos e menos espontânea como processo de objetivação científica. A construção se torna uma espécie de sub-ramo da atividade cultural, que ganha uma certa autonomia, funcionando a partir de uma lógica própria, que poderíamos aproximar do conceito de campo de Bourdieu.

No calor da disputa a apreensão dessa novidade sói poderia se dar na esfera moral, espelhando a disputa maior. Seja estamos diante de um grupo de intelectuais iluminados que respondem às inquietações da população atônita diante dos descalabros, seja estamos diante de um conjunto de plumíferos a soldo, vendidos ao capital financeiro e seus baixos interesses.

Ou, ao contrário dos emplumados de sempre que não saem de suas torres de marfim nem abandonam suas teorias irrealistas, elitistas ou populistas, esses intelectuais entendem verdadeiramente o que se passa no Brasil contemporâneo e não se deixam levar pelas idiossincrasias do seu meio de origem. Teremos assim a atualização brasileira contemporânea do intelectual "mito-poético" caro à tradição de estudos weberiana. Operando na relação direta com o público consumidor não profissional da cultura, eles irão estabelecer uma ponte com o "senso comum", e para dar conta desse processo teremos de usar de todo o arsenal de científico de objetivação desenvolvido para dar conta das situações cotidianas nas quais também está investida a libido identitária do analista & pesquisador enquanto habitante da ágora, e não só sua identidade profissional, como ocorre no estudo de objetos menos divisivos.

Avaliar a acepção "correta" da noção de "senso comum" empregada acima é uma proeza profissional. Em situação de libido descontrolada, prepondera a tentação de "matar simbolicamente" aqueles que abraçam uma definição de atividade intelectual diferente e em muitos sentidos oposta àquela esposada por quem tenta dar conta cientificamente de uma realidade que os outros querem mais propriamente alterar e mesmo, ao nosso olhar indignado, aproveitar dela para buscar enriquecimento material. Mais uma vez, "congelar" a libido e as tensões identitárias próprias do espaço intelectual é talvez o principal desafio da objetivação científica da configuração social que gerou os escândalos e que em grande parte expressa seus dilemas na linguagem que eles nos acostumaram a usar e esperar.

O espaço econômico

A privatização das empresas estatais se tornou uma necessidade óbvia na década de 1980. Evidentemente que o caráter do "óbvio" pode ser disputado e qualificado tanto no seu sentido intrínseco quanto naquele mais situado das guerras culturais às quais estamos nos referindo. Mas, nesse momento, importa mais a evidência da forte e hegemônica corrente cultural e econômica internacional do período que colocava esse processo como necessário para dar maior

Da pizza ao impeachment   61

rapidez à disseminação de novidades tecnológicas, especialmente nas telecomunicações, mas também de "desembaraçar o Estado" desses entes que aprisionavam e subordinavam a lógica do interesse geral à lógica particular daqueles beneficiados pelos empregos e sinecuras gerados no então espaço dos "elefantes brancos".

Na lógica das disputas pela validação do capital cultural e sua estabilização em capital simbólico, não foi por acaso que nossa vanguarda intelectual corporificada no "alto clero" autodeclarado que vimos acima avocou para si a nobre tarefa de realizar a privatização e assim abrir caminho para novos padrões de atuação tanto do estado como das empresas e entidades do setor privado. A tarefa era considerada legítima e urgente. Restava saber como ela poderia ser realmente operacionalizada.

Num panorama internacional de crises frequentes dos grandes países devedores da finança internacional amealhar capitais, internos ou externos, para efetuar a venda das empresas era uma tarefa complexa. Mas, como vimos considerada necessária e mesmo vital para "atingirmos níveis de I Mundo". É então que aparece um dos grandes escândalos da "era FHC" e, a partir deles, entenderemos alguns pontos da lógica da sua eclosão, desenvolvimento e limites de propagação. Não por acaso, tal encadeamento será diferente daqueles escândalos aos quais nos acostumamos nos últimos anos.

Diante da escassez de capitais interessados, surge no horizonte os fundos de pensão das próprias empresas estatais, como entidades dotadas de parte relevante dos capitais necessários para a empreitada e dirigidas por equipes relativamente dóceis aos desígnios governamentais, ainda que o processo como um todo significaria a decadência social, ou mesmo a morte civil dos aderentes que os fundos teoricamente representavam. No mesmo sentido, os bancos de fomento estatais, que deveriam emprestar dinheiro aos pretendentes à aquisição. Constrangê-los a aceitar fazerem parte do processo e ainda de forma subordinada aos arranjos propostos pelos novos banqueiros de investimentos e fundamentalmente em benefício desses últimos era uma tarefa que mobilizava toda uma rede de cumplicidades, ou de afinidades, políticas, ideológicas e financeiras.

Retrospectivamente o processo se realizou, ainda que de maneira incompleta. Numa abordagem dita "objetiva", pouco importaria se através de cumplicidades ou de afinidades ou mesmo, se tal diferença pudesse ser descoberta ou ter alguma relevância. Mas, ponto importante em nosso argumento, a imputação de cumplicidade fornece elementos para uma narrativa conspiratória em que setores da política e do empresariado, mancomunados com representantes "vendidos" dos trabalhadores teriam fundamentalmente aproveitado a oportunidade para se apropriar do patrimônio público. Por outro lado, a "simples existência" de uma rede de afinidades, tanto entre os atores da privatização quanto da sociedade brasileira daquele momento com o "espírito do tempo" fornece elementos para a construção de outra versão, a da naturalidade e inevitabilidade do processo enquanto condição necessária para a atualização da sociedade.

Em termos estritamente lógicos ou mesmo factuais, as duas narrativas não são mutuamente exclusivas. Mas no debate público elas contribuirão para a construção de versões díspares da realidade. E cada uma dessas versões estará na base da arregimentação de grupos cada vez mais coesos de apoiadores & crentes e ganharão verossimilhança parcial, construindo as bases para a disputa política e cultural que assistimos nos doze primeiros anos de presidência petista. De qualquer forma, a narrativa "natural" foi anterior e preponderou sobre a "conspiratória", tendo sido enquadrada e sustentada em "montée en généralité" como uma especificação válida da ideia mais geral de atualização da sociedade brasileira em relação ao "I Mundo" e de avanço rumo à "racionalidade econômica".

Um outro escândalo, o do "apagão elétrico", que ocorreu em sequência tanto temporal quanto causal, irá expor os limites da hegemonia. Cronologicamente, a sequência começa com as privati-

Da pizza ao impeachment   63

zações, encontra as reações veladas a ela, que ficam explícitas na tramitação legislativa da lei das sociedades anônimas, ou da "governança corporativa" e vai diminuir o ímpeto de maneira inexoravelmente popular quando do racionamento de energia no sudeste do país, culminando na lenta agonia do afundamento da plataforma marítima da Petrobrás diante das câmeras dos telejornais. Essa sucessão irá certamente diminuir o capital simbólico de FHC e seu séquito mas, interessantemente, muito mais na população em geral do que nas elites que costumam (e ousam e são aceitas) ao se expressar habitualmente no debate dito "público".

A saliência irá perdurar até nossos dias e é um ponto muito importante das diversas configurações que o Brasil atravessou desde os anos 1990. O prestígio do grupo que encetou as privatizações permaneceu praticamente intacto na esfera das elites, que reverenciam continuamente nosso "alto clero", mas perdeu magnitude na população como um todo, ainda que os resultados eleitorais mostrem que esse fenômeno deve ser melhor situado geograficamente. Coloca-se um problema nessa partição das apreciações das elites e da população, como se as primeiras não conseguissem "guiar" as últimas, como se as elites brasileiras tivessem perdido a capacidade de exercer sua hegemonia cultural e política, como sugerido pelos resultados das eleições presidenciais. Mas será isso mesmo? A análise a partir da esfera financeira nos permitiu qualificar essa evidência, a mostrar seus limites e perceber os contornos das formas de exercício e suas limitações no tempo e no espaço. A pretensão atual é justamente de dar formas mais precisas e um alcance mais geral a essa percepção inicial.

De um lado, os "malfeitos" do período tiveram uma característica bem marcante: tudo indica que devem ser considerados como "tiros errados, mas na direção correta". Os atos e fatos tidos como negativos foram considerados táticos, não estratégicos. Erros de procedimento, pois a direção geral jamais foi realmente disputada.

Mesmo os depois vitoriosos petistas, quando se insurgiam contra a coalizão dominante, apenas conseguiam registrar os atos considerados corruptos como erros de conduta, mas não no estabelecimento de objetivos. Estávamos sob a tutela de uma doxa poderosa que inocentava, ou pelo menos atenuava o peso de qualquer ato, mesmo formalmente errado ou ilegal, mas que concorreria para atingir resultados que iam na sua direção. A "montée en généralité" oposta, que dizia serem as privatizações apenas expedientes para enriquecer os seus promotores e setores agrupados jamais prosperou no seio das elites brasileiras. E mesmo entre os petistas, diversos episódios posteriores mostravam que mesmo eles não disputavam esse significado mais geral.

Na realidade, a doxa se revela na trama como uma espécie de âncora invisível, mas que jamais deixa de exercer sua tutela sobre os atos, os fatos e seus desdobramentos. Não entenderemos a deflagração, transcurso, desfecho nem tampouco as consequências de cada escândalos, bem como da sequência deles, se não tivermos em mente essa força cultural imensa. No mais das vezes ela se exerce como uma espécie de inércia, que fortalece os porta-vozes do conservadorismo, suas teses e seus comportamentos e, simetricamente, constrange seus desafiadores.

Interessantemente, e apesar da possível reprovação dos filósofos, aqueles porta-vozes irão dizer que simplesmente encarnam o Zeitgeist, o "espírito do tempo", nomenclatura benevolente e mesmo produtora de conotações positivas, enquanto o nosso termo "doxa", ou seu equivalente no debate público, a "ortodoxia", serão renomeados pelos nossos agentes dominantes como a "racionalidade econômica". O êxito nesse intento que ingenuamente parece apenas um jogo de palavras, dificilmente pode ser relativizado, pois projetou quaisquer desafio às suas opiniões e atos na fossa comum dos dejetos culturais. E, mais do que isso, funcionou no período como uma ameaça permanente de ostracismo àqueles que ousas-

Da pizza ao impeachment 65

sem desafiar a "racionalidade". Era a temporada de caça livre aos dissidentes, do "parque Jurássico", o lugar mítico de degredo dos inconformados com a ordem econômica e cultural do tempo.

Olhando retrospectivamente, confirma-se a sugestão de (Boltanski, 2009), decalcada de Durkheim (Müller, 2013) sobre como entender a ação e as vantagens estruturais das classes dominantes, especialmente de seus setores culturais, diante dos debates e contraditórios na esfera pública. De uma maneira geral, se produz uma dicotomia entre regras técnicas e regras morais. Aproximando sua abordagem da nossa digressão, podemos inferir que as regras morais de Boltanski seriam justamente os objetivos mais gerais e os pontos considerados decisivos para atingir os estados positivos predicados pela doxa, ou pela nossa racionalidade econômica. E seus locutores mais reconhecidos seriam justamente os membros do nosso "alto clero".

No esquema, as regras técnicas seriam mero instrumento para atingir as regras morais e estariam prioritariamente destinadas a instruir os simples executantes das tarefas cotidianas sobre os procedimentos corretos para se atingir a finalidade moral estabelecida pelos dominantes, que também poderiam, mas somente eles, transigir as regras técnicas, desde que em nome do cumprimento mais efetivo das regras morais. O estado futuro no qual a racionalidade se estabeleceria teria virtualidades superiores e busca-las, mesmo que ao custo de "quebrar regras formais", seria uma conduta apenas simploriamente considerada errada. Qualquer indivíduo munido de compreensão efetiva dos verdadeiros objetivos da sociedade seria capaz de "absolver" as infringências que foram produzidas em nome desse desiderato superior. Correlativamente, se insinua que aqueles que cobrarem excessivamente o cumprimento dos "regulamentos", os membros do nosso "baixo clero", seriam indivíduos de pequena capacidade de percepção sobre as realidades econômica, social ou política, prova suplementar de sua condição de inferioridade.

A pretensão se justificaria porque tais indivíduos privilegiados pela sua capacidade superior de raciocínio seriam capazes de descortinar as verdadeiras razões e finalidades para a existência das regras técnicas. Correlativamente, podemos inferir que o contrário deve ocorrer na apreciação dos atos daqueles que não têm essa capacidade reconhecida. Esse serão inexoravelmente julgados pelo cumprimento, ou não das regras técnicas estabelecidas. Bem se vê que nesse quadro cognitivo, nada mais natural do que julgar FHC de maneira mais benevolente do que Lula. E, nada mais compreensível do que observar a inconformidade dos adeptos do segundo em relação ao "déficit de reconhecimento" de Lula pelas elites tradicionais do país.

Diminuir o Estado, destravar as amarras que o "Leviatã" impunha à sociedade como um todo, essa era a necessidade moral mais premente. Ela não surgiu na paisagem por acaso, mas antes foi o efeito de uma enorme mudança cultural, resultado sociológico do estabelecimento de uma nova convenção cognitiva, que se efetivou na metade dos anos 1970, tendo sido "trombeteada" de maneira explícita no episódio das reportagens sobre as mordomias do setor estatal. Os escândalos do governo Cardoso, ainda que mostrando mazelas graves nelas mesmas, foram perdoados quando e porque pudessem ser justificados como passos necessários para a consecução dessa finalidade última. Vê-se então que julgar um escândalo nele mesmo, sem observar o pano de fundo da doxa e do espírito do tempo é, do ponto de vista analítico, uma tarefa inglória. Mas não o é do ponto de vista da prática política cotidiana conforme veremos adiante, já que são as crenças, e não um entendimento teórico abstrato, que mobilizam as tropas que se digladiam no Brasil contemporâneo. Introduz-se assim, sibilinamente, um problema analítico interessante, já que o analista dificilmente deixaria de simpatizar com algum dos grupos em disputa correndo assim o risco permanente de "comprar seus argumentos".

Da pizza ao impeachment 67

Sobra, evidentemente, uma pergunta: bastaria então um grupo "se alinhar com a doxa" para desfrutar da indulgência da sociedade? A pergunta, aparentemente lógica, esconde o contexto que a produz. Se a doxa, ou o espírito do tempo, são um conjunto internacional e conhecido a especificação local, especialmente suas extensões de sentido, estão longe de serem diretamente dedutíveis do contexto genérico do qual elas originam. Na verdade, poderíamos mesmo dizer que o verdadeiro jogo social da imposição da "ideologia dominante" se faz através do controle das extensões de sentido entre o núcleo genérico dos enunciados e posturas mais gerais da doxa e as práticas discursivas, econômicas e políticas do cotidiano local brasileiro.

"Doxa", ou "Zeitgeist" são aglomerados fluídos que ganham contornos mais precisos, digamos mais diretamente, contornos concretos, pela ação das elites locais. Indo além da capacidade de formular esses pontos, vemos que elas detém a capacidade de exarar sentenças sobre a pertinência, ou não, de determinados aspectos dos discursos, práticas e realidades das sociedades que reconhecem a sua superioridade. Juiz da conexão ao "válido", do "validável" o nosso alto clero é também uma autoridade moral, cujo poder simbólico pode ser aquilatado a partir das inúmeras rodadas de disputas sociais, nas quais a sua superioridade ontológica foi posta à prova.

A "prova do pudim" para essa capacidade vem da validação das inevitáveis extensões de sentido que irão catalogar, ou não, falas, atos e pessoas como recebíveis pela doxa & espírito do tempo ou, ao contrário, como na especificidade brasileira contemporânea, como descartados e condenados ao ostracismo do parque jurássico. Na linguagem do tempo, qualquer inovação social ou cultural corre o risco de ser catalogada como "jabuticaba" e qualquer arranjo econômico e contábil tem um horizonte negativo, no qual será considerado como "pedalada".[8]

A nossa "lição de casa" funciona heuristicamente como um validador à jusante da doxa e da sua propriedade. Quando, nas mais diversas situações em que a sociedade brasileira se depara com a necessidade de dar sentido a ações, reflexões ou mesmo na validação geral da qualidade das pessoas ou grupos, a enunciação da necessidade da realização da "lição de casa" nos mostra quem manda: quem enuncia a necessidade da sua realização; e quem obedece: quem aceita realizar a lição e, complementarmente, quando e como tais operações sociais e culturais são realizadas. No contexto da revolução conservadora conhecida pela alcunha de "neoliberalismo", inovadores sociais ou ambientais seriam então meros produtores de jabuticaba. Concomitantemente, novas maneiras de se catalogar ou propor gastos e receitas, sem a benção dóxica, seriam apenas "pedaladas".

Temos então um flexionamento direto dos músculos sociais: a distribuição social de capital cultural e simbólico se mostra transparente nas performances que assistimos a olho nu, ainda que talvez precisemos das lentes fornecidas pela sociologia crítica para enxergarmos as implicações menos imediatas do espetáculo que se realiza na nossa frente e, frisemos, que só é possível com nossa presença mais ou menos ativa. E essa configuração analítica, mais uma vez, transparece através dos escândalos, que assim funcionam como uma comprovação à jusante.

---

8 Um exemplo forte, extraído do contexto empírico da disputa econômica que estudamos, foi o da estigmatização dos fundos de pesão brasileiros, como agentes "corporativos do passado varguista", ao invés de do status internacional que eles gozam como sendo "elementos essenciais da estrutura de capitalização e de governança das sociedades contemporâneas do capitalismo avançado" (Grün, 2016).

II
A Configuração do campo dos escândalos

Os escândalos da "era petista" tiveram seu início mais evidente com a eclosão do chamado "caso Waldomiro". Resumidamente, o "caso Waldomiro" iniciou-se em 12/02/2004 através da revelação de um vídeo, gravado em 2002, no qual Waldomiro Diniz, então subchefe de Assuntos Parlamentares da Presidência da República foi filmado pedindo contribuições para as campanhas daquele ano de Benedita da Silva e Rosinha Mateus para o governo estadual do Rio de Janeiro, além de pedir "propinas" para si mesmo (Meireles and Krieger 16/02/2004). Seguiu-se a sua exoneração e o início de um conjunto de acusações contra o governo federal daquele momento.

Os mil e um detalhes e bastidores do evento podem ser perscrutados na pesquisa da imprensa do período e, evidentemente, são capazes de gerar mais de um livro neles mesmos. Essa origem é normalmente compartilhada como o "começo da encrenca" na esfera política e na memória da esfera pública da nação como o primeiro escândalo da "nova era" petista.

Mas se a "estrutura da aparência" seduz pela simplicidade intuitiva, ela talvez esconda um nexo importante da cadeia explicativa e também da causal. A relação de forças simbólica entre o novo governo saído da esquerda do espectro político do país e suas elites tradicionais já tinha sido testada na primeira grande iniciativa legislativa do novo governo, a da PEC do sistema financeiro. As proposições do governo foram quase integralmente rechaçadas e, no essencial para nossos propósitos do momento, firmou-se a convicção da fragilidade da sustentação de qualquer "ousadia" heterodoxa na

70 Roberto Grün

esfera econômica e, consequentemente, do espaço para a diferenciação do novo grupo político no campo do poder (Grün, 2004).

O segundo (ou terceiro, se aceitarmos minha qualificação da cronologia acima exposta) episódio de nossa série temporal foi a eclosão do famoso "Mensalão". Ele começou em com a apresentação em rede nacional de um tape mostrando um alto funcionário da Empresa Brasileira de Correios e Telégrafos, Mauricio Marinho, recebendo uma soma de dinheiro líquido que teria sido a contrapartida a uma ajuda irregular que ele teria fornecido a "Carlinhos Cachoeira", um empresário de reputação duvidosa que tinha um contrato relacionado à operação de loterias federais. Nesse "flagrante", o nome do Deputado Roberto Jefferson, então Presidente do PTB (Partido Trabalhista Brasileiro) foi citado como o protetor de Marinho e o ato foi considerado uma traição do governo federal ao grupo liderado por Jefferson. Esse último retaliou, denunciando a existência de um "mensalão": o pagamento de mensalidades a deputados pertencentes a partidos da base de sustentação do governo Lula em troca do seu apoio ao governo em votações e demais atividades parlamentares(Prete 06/06/2005, Dines 10/04/2006, Recondo and Silveira 15/06/2005, Sternhell 1997). As ondas de choque produzidas pela sequência fizeram surgir a Comissão Parlamentar de Inquérito Mista dos Correios em 2005-6, cujas atas e tapes estão disponíveis no site do senado federal brasileiro (Dines, 10/04/2006).

O episódio seguinte foi o "dossiê-gate": a acusação de que integrantes da campanha de Lula à reeleição teriam tentado comprar um dossiê que incriminaria José Serra, então principal candidato ao governo do Estado de São Paulo pela oposição ao governo federal. Esse dossiê conteria dados comprometedores que revelariam a participação de Serra em esquemas de corrupção na compra de ambulâncias por parte do Ministério da Saúde durante a sua gestão daquela pasta no governo FHC. Houve uma apreensão, num flagrante policial controvertido, de um montante de dinheiro líquido que

Da pizza ao impeachment 71

seria utilizado para o pagamento dessa peça de acusação, que foi amplamente divulgado pela imprensa(Maiá Menezes, 19/09/2006, Guerreiro, 20/09/2006). Por sua vez, a "grande imprensa" foi acusada de ter preferido essa pauta à de um grave acidente aéreo ocorrido na mesma data porque pretendia prejudicar a candidatura de Lula à reeleição (Pereira, 18/10/2006).

Tendo como pano de fundo os eventos acima, começa a se consolidar nosso "campo dos escândalos" e o conjunto de percepções e de ações recíprocas que os diversos grupos de agentes passam a praticar "naturalmente", construindo uma pragmática de adaptação à conformação do espaço político e cultural. É interessante analisar essa construção como processo ao mesmo tempo político e cultural, em que os atores "eficientes" que operam na sociedade acabam eles mesmos se conformando à lógica dos escândalos. Esse processo pode ser visto, intuitivamente, como uma espécie de adaptação oportunista mas, espero convencer o leitor, se trata de uma conformação interativa de corpos mentes e espaços, praticamente impossível de ser evitada, praticamente o preço a pagar para se tornar e manter participante da esfera pública brasileira do início do século XXI.

No decorrer do processo assistimos diversas disputas e alguns resultados paradoxais, que podem explicar a tenacidade do grupo que chegou ao poder com Lula, apesar da sua inferioridade na distribuição de trunfos sociais. Genericamente, podemos dizer que a lógica cultural que explica esse enigma aparente está situada em dois níveis. Primeiro, a face brasileira de um processo internacional em que os "baixos cleros" político e cultural dos diversos países acabam vendo no reforço do poder do Estado como uma estratégia coletiva ao mesmo tempo de produzir o bem comum e as situações nas quais membros do baixo clero político ascendem ao campo do poder, impulsionados pela ascensão social e, principalmente cultural, de diversos segmentos populares menos propensos a terem essa chance nos períodos anteriores.

Estamos falando da ação de processos de homologia social entre a situação do nosso baixo clero político no interior do campo do poder e a situação mais geral de setores inferiorizados das classes médias e classes populares que melhoram suas perspectivas com as políticas sociais de combate à miséria e, principalmente de valorização do salário mínimo e formalização trabalhista, bem como a de redistribuição do capital cultural que assistimos com as políticas educacionais de abertura de novas universidades e de cotas para minorias desprivilegiadas. Esse processo representa uma mudança morfológica na sociedade brasileira que pode explicar transformações nas suas mais diversas esferas. Segundo, um processo interativo entre o novo grupo no poder e sua base social, em que as hesitações do primeiro são, "magicamente", corrigidas pela sua base social que o empurra para frente diante de cada escândalo ou situação em que sua posição no campo do poder se vê ameaçada. A rudeza da disputa política e cultural diminui a possibilidade de situações de compromisso, levando a essa sintonia em que parte significativa do programa nominal da esquerda acaba sendo realizado apesar da intimidação, efetiva em nível pessoal, que essa mesma esquerda sofre e normalmente refrearia sua ação. A "mágica" da homologia acaba fazendo com que a linha de última defesa dos governistas seja o apoio de sua base social, ainda que distante da política pela sua ausência de trunfos para manejar as engrenagens do campo do poder.

O segundo fator é a disjunção entre a opinião das elites e as sensibilidades populares que aludimos acima e que os escândalos acabam revelando. Ainda que a posição dos petistas no campo do poder e na esfera da cultura não os habilite a posições muito ousadas, a exploração da disjunção, cuja lógica social acabamos de esboçar termina sendo a cunha que permite a sobrevivência mesma deles no decorrer dos escândalos e outras crises.

Temos assim um conjunto de condicionantes específicos da situação do Brasil contemporâneo que devem ser levados em conta

Da pizza ao impeachment 73

para avaliar como os aportes da teorização internacional sobre escândalos podem ser aplicados nessa situação específica. Além disso, creio especialmente poder identificar um mecanismo social que, na sua generalidade, acaba constituindo os grupos em disputa e que também possa explicar a profundidade da divisão que constatamos no Brasil durante os anos petistas. Chamarei a configuração de "duas missas", e insistirei na inspiração da sociologia da religião e da crença em geral.

Escândalos na teoria e no Brasil contemporâneo

Os escândalos são tidos como um dos fatores mais relevantes, ou presentes, para alterar ou criar novas sensibilidades sociais. Eles podem começar nas mais diversas esferas da vida social, mas tendem a desaguar na esfera política. Por isso, se quisermos avaliar suas causas, processos e resultados, a arena política é um local privilegiado para focar uma análise mais geral.

Escândalos podem ser compreendidos por diversos ângulos. Um deles fala do escândalo como forma operacional ou recurso estratégico: nesse caso, ele é classificado como uma das técnicas possíveis de mobilização e manifestação, ao lado das passeatas, atos públicos, abaixo-assinados, greves de fome etc.. Não por acaso, a literatura que expõe essa vertente fala em "escandalização"(Garrigou, 1993, Offerlé, 1994, Adut, 2004). Outra vertente teórica trata o fenômeno como "revelador": o escândalo revela a estrutura moral da sociedade ou de parte dela – se ele prospera, estamos diante de um conteúdo moral integralmente compartilhado; se não, as normas que teriam sido conspurcadas não são avaliadas da mesma maneira na sociedade em questão. Aqui estamos no centro da tradição durkheimiana. Uma terceira linha de análise, derivada da segunda, procura conhecer os efeitos dos escândalos na criação de novas normas sociais. Nesse caso, os verdadeiros escândalos são aqueles que geram energia social suficiente para alterar alguma legislação

74 Roberto Grün

ou regulamentação. Nessa linha, auto-entitulada de "pragmática", aquelas manifestações que não atingem o estágio crítico da mudança inscrita num código não seriam verdadeiros escândalos, mas apenas tentativas fracassadas(de Blic 2005).

Na primeira vertente, nosso foco se dirige para os agentes que produzem os eventos e as formas de "mise-en-scène" que eles empregam para tornar pública a transgressão. O campo político passa a ser um cenário, no qual indivíduos & técnicas são testados na sua habilidade e capacidade de produzirem escândalos. Uma linha paralela, diretamente inspirada em Bourdieu, leva em conta a produção de eventos políticos como uma técnica, mas também avança uma síntese. Ela mostra como a relação entre as distribuições de capitais culturais e sociais poderia explicar as capacidades diferenciais de conhecer e manipular eficientemente as técnicas necessárias para tornar público os conteúdos considerados escandalosos, e utilizá-las de acordo com suas posições relativas no tabuleiro político (Champagne, 1984, Champagne, 1990). Desafiantes acionariam esse recurso para quebrar a "doxa" dominante com respeito às qualidades "reais" ou desejadas para os líderes políticos. A estrutura retórica mais típica dos desafios consiste em denunciar propósitos individuais dos políticos que estariam sendo escondidos por uma falsa máscara de devoção ao interesse coletivo (Boltanski, 1984/51). Quando se trata de cobrar promessas não realizadas, as assimetrias de capitais teriam um efeito limitado na capacidade de denúncia. Mas quando se trata de enunciar e tentar instituir novas regras, aí elas fariam valer toda a sua força: a possibilidade de realizar esse trabalho de inscrição de novos conteúdos na sociedade é fortemente dependente de uma posição privilegiada do "empreendedor" na distribuição de capitais cultural e social(Duby, 1978, Bourdieu, 1982, Bourdieu, 1992).

A abordagem estratégica foi explicitada na análise dos escândalos ocorridos na França quando da presidência Mitterrand, na qual

Da pizza ao impeachment 75

o então Presidente foi implacavelmente acusado de estar envolvido com diversas malversações financeiras, através de um processo de retroalimentação entre seus adversários políticos e parcela relevante da mídia daquele país (Garrigou 1992). Independentemente dos "verdadeiros" dotes morais de cada um dos indigitados, salta aos olhos a analogia da estrutura retórica da acusação a Mitterrand no final dos anos 1980 e aquela sofrida por Lula em 2005-6. Corroborando a análise de Boltanski, em ambos os casos, a estratégia retórica dos escandalizadores fazia menção a um estado de pureza econômica que os imputados diziam e deveriam ostentar, mas que os fatos revelados denotavam ser falsa. É interessante notar a bem provável existência de um padrão internacional desenvolvido a partir do final do século XX: presidentes eleitos pela esquerda do espectro político são sistematicamente acusados de exibirem uma moral pública elevada que é falsa, a qual, por sua vez, esconderia a sua verdadeira moral privada, nada recomendável. Nos países latinos, a baixa estatura moral é mais associada à escroqueria econômica; nos anglo-saxões, a condutas sexuais reprováveis (Thompson, 2000, Chantal, 2001) (Garrigou, 1992). Em ambos os casos, há uma estrutura retórica bem definida para as acusações, que apela para o incômodo causado pela transgressão da doxa cognitiva, social e política. Em bom português, a ideia que se tenta passar no combate político de reconquista conservadora norte-americana e francesa[1] é o nosso tradicional: "quem nunca comeu melado, quando come se lambuza". Cria-se assim o fenômeno que (Thompson 2000) descreve como "as lutas simbólicas em torno da reputação e da confiança que devemos, ou não, depositar nos personagens em questão". Codificada e operacionalizada, a "sabedoria" do ataque à conduta pessoal dos políticos e demais homens públicos pode ser

---

1 Na Grã-Bretanha, a temática "sexual" está presente desde o período vitoriano, como mostra (Thompson, 2000).

76 Roberto Grün

buscada e entendida em (Luntz 1988, Luntz 2007). Ela também pode ser compreendida como técnica retórica mais geral em (Jamieson 1992). E as lógicas mnemônicas que ela deflagra podem ser entendidas a partir de (Lakoff, 2004). Mas, talvez mais interessante do que nos atermos ao fascínio ou do repúdio que esse processo deflagra, é relevante notar a sua lógica social e cultural. Os indivíduos oriundos das classes dominantes tradicionais ou assimilados tendem a fornecer a maior parte dos políticos da situação, enquanto que os desafiantes costumam vir de classes médias em ascensão. Assim, esses últimos portam, mais provavelmente, elencos de propriedades individuais e coletivas ainda não totalmente legitimadas e habitus menos preparados para jogos de sociedade. Não é assim por acaso que eles correm um maior risco de deslegitimação do que seus adversários(Bourdieu, 1979, Bourdieu, 1981).

Na análise da energia social necessária para "produzir o efeito escândalo", vimos que podemos catalogar os eventos que entram nessa rubrica em dois tipos: os que pretendem construir novas institucionalidades e aqueles que têm no horizonte o simples respeito a uma norma já existente, mas conspurcada ou esquecida(Adut ,2004). Os indivíduos que deflagram o primeiro tipo são assim recobertos pela rubrica de "empreendedores morais" (Becker, 1963, Gusfield, 1986). Nesse caso, nossos "produtores de escândalos" agiriam movidos por algum tipo de indignação, a exemplo dos formadores das ligas pela temperança do mundo anglo saxão (Gusfield, 1986). O álcool foi um companheiro da humanidade durante milênios. Proibir o seu consumo importa em alterar habitualidades muito arraigadas e essa nova norma só poderia ser acatada à custa de um imenso trabalho de "re-apresentação" de suas qualidades e problemas (Hacking, 1983, Hacking, 1995, Goody, 1997, Hacking, 1998). Os exemplos de dissolução moral, observados e propagandeados pelos empreendedores da temperança forneceriam o combustível ao mesmo tempo para reiterar suas convicções e para o

Da pizza ao impeachment 77

trabalho de apresentação dos argumentos pela sua proibição. Mas a mais intensa campanha moralizadora não foi capaz de inscrever duravelmente a norma da proibição, ainda que ela tenha permanecido em alguns grupos.

Feministas e ecologistas seriam os representantes modernos mais típicos do gênero de empreendedorismo radical que consiste em inscrever novos conteúdos morais na sociedade. Os atos paradoxais, promovidos pela e para a causa que abraçaram, produziriam o capital simbólico necessário para conferir verossimilhança à sua devoção e legitimidade à sua pregação. Esses empreendedores são indivíduos capazes de realizar performances sociais inusitadas e, por isso, de chamar a atenção para elas. Assim, a lógica social da produção desse capital simbólico aponta para a transubstanciação dos seus capitais cultural e social originais. E, evidentemente, trata-se de empreendimentos à Schumpeter. Afinal, esses agentes correm vários riscos nas suas empreitadas, desde a sua ridicularização pelos establishments, até riscos concretos de vida, passando pela "simples" falta de reconhecimento social do trabalho realizado. E, além disso, a reputação produzida nesse esforço está sempre ameaçada por denúncias que expõem a "falsa devoção" ou mesmo a "devoção apenas relativa" dos nossos empreendedores (Bourdieu, 1980). Daí a rigidez que esse gênero de ator social costuma apresentar na arena pública: a gestão do capital simbólico recém conquistado é fundamental e complexa, pois está sujeita não só à difamação da não-observância dos princípios apregoados, como também ao processo de ridicularização tanto da nova norma, quanto da postura intransigente (Douglas, 1996).

O outro tipo de escândalo é aquele que faz menção ao não cumprimento de normas, regras ou legislações já estabelecidas. No Brasil, os empreendedores mais típicos dessa modalidade são os novos agentes do campo jurídico, como o Ministério Público, além

78   Roberto Grün

dos setores da imprensa que os divulgam.[2] O ato de tornar pública uma transgressão incorrida por agente dotado de alta legitimidade ou proteção institucional e, portanto, romper a inércia que o protege é a matéria prima típica de que se nutre essa modalidade de "escandalização". Como no exemplo francês, uma das consequências mais óbvias dessa mobilização "escandalizante" das novas agências jurídicas é o aumento do status do grupo quando comparado a outros setores do poder Executivo ou Judiciário e correlativamente, o aumento de visibilidade do agente especificamente responsável pelo escândalo em questão. Numa sociedade na qual os espaços político e judiciário são tidos como lenientes para os acusados dotados de bom relacionamento social, a conspurcação da quebra dos limites do corporativismo profissional seria justificada pelo ganho de eficiência na tramitação dos processos (Adut, 2004).

Enquanto que a inscrição de novas questões e sensibilidades têm um resultado muito incerto, a reiteração das formas de convívio pré-existentes é uma tarefa bem menos arriscada. Ambas contribuem para a constituição do nosso campo dos escândalos, mas são performadas por indivíduos de origens e percursos sociais muito diferentes, ainda que todos oriundos de setores dotados de capital cultural.

As duas formas de produção de eventos políticos, normalmente analisadas nelas mesmas, têm a sua eficiência dependente da ressonância que ganham na mídia. É assim necessário levar em conta as formas através das quais a ligação é realizada, ou deixa de sê-lo. (Champagne, 1984, Champagne, 1990, Champagne, 1994, Champagne, 1996) analisam diversas estratégias usadas por grupos de manifestantes para produzir sintonia com os meios de comunicação e assim fazerem avançar suas causas. De um lado a produção

---

2   E revelando uma dinâmica social muito parecida com aquela descrita para seu equivalente francês que começa a se impor algum tempo antes (Adut, 2004).

Da pizza ao impeachment   79

de eventos com formato adequado para serem bem notados pela mídia; do outro, um relevo social no espaço da mídia no qual algum grupo de jornalistas tenha interesse específico em noticiar, e assim conferir vida social, ao acontecimento produzido pelos empreendedores. Essa dinâmica pode ser decalcada para englobar nossos produtores de escândalos. A mídia confere vida social aos escândalos, noticiando-os. Quando ela o faz? Escândalos são um gênero de "matéria-prima" jornalística muito apreciado. Afinal, são eles que excitam a demanda pelos produtos jornalísticos. Mas quando um acontecimento recebe essa catalogação? Quando ele se destaca da normalidade? Quando um "possível escândalo" vira pauta obrigatória na imprensa deflagrando uma concorrência pela "melhor cobertura" ou pela (sociologicamente esperada) "descoberta de fatos inéditos e comprometedores"? Afinal, defrontamo-nos cotidianamente com situações que contrariam nossas convicções ou nas quais enxergamos graves problemas para o futuro da sociedade, sem que passemos ao ato de denunciá-las. Mais ainda: quando a denúncia pessoal transforma-se em clamor coletivo?

Na análise da lógica social que move o espaço jornalístico, Schudson lembra-nos o papel simbólico seminal dos eventos políticos e midiáticos ocorridos em torno do caso Watergate. Desde aquele momento, a mídia norte-americana passou a considerar o "jornalismo investigativo" como a atividade mais nobre de sua profissão. Não mais o jornalismo político de "coluna social". A partir daquele "escândalo", o protótipo de jornalista passou a ser um descobridor de verdades escondidas pelas conveniências dos poderosos. Ao revelar à sociedade as entranhas e artimanhas do poder, o jornalista se torna um elemento essencial do equilíbrio democrático (Schudson, 1989, Schudson, 1992). E, o escândalo passou a ser assim o validador maior da atividade daquela atividade profissional: a consagração do bom jornalista é o papel central que seus colegas lhe conferem na produção de um "bom" escândalo.

80 Roberto Grün

A fase de inflexão do jornalismo norte-americano convergiu com a redemocratização brasileira dos anos 1970 e 80. No seu âmbito nacional, o processo adquiriu uma dinâmica de afirmação profissional, desencadeada, em parte, pela consolidação dos cursos universitários de jornalismo. O resultado foi uma entre-alimentação que gerou o processo local de reconfiguração da profissão e de sua importância relativa aos "outros poderes". Um bom exemplo da forma como esse processo adquiriu na realidade brasileira, tanto na substância das denúncias quanto na atividade autocelebratória da imprensa, pode ser encontrada nas "Dez reportagens que abalaram a Ditadura" (Molica, 2005).

Mas dificilmente o "script norte-americano" por si só poderia explicar o processo. É flagrante que a configuração brasileira nutre-se também do processo paralelo que ocorre no campo jurídico, no qual o as procuradorias ganharam o poder que ostentam recentemente. A homologia de posições (Bourdieu, 1984) acabou gerando uma sintonia na qual os métodos e propósitos de um grupo profissional alimenta e também depende da ação, aparentemente concatenada, do outro. Estamos assim diante de uma realidade nuançada, que guarda analogias com os Estados Unidos e a França, os dois países dos quais buscamos bibliografia, mas que tem peculiaridades marcantes. No mais, ainda que os analistas explícitos dos "escândalos como forma política" não explorem a questão, as transformações no campo jornalístico francês também são explicativas, como mostram (Champagne, 1994), bem como a ação de braços do campo jurídico norte-americano, como ficou evidente na ação do promotor especial Kenneth Starr no caso "Clinton & Lewinsky" (Ver http://en.wikipedia.org/wiki/Lewinsky_scandal – acesso em 06.10.2006). E muito provavelmente uma exploração da literatura sociológica de outros países encontrará outros paralelos. Estamos, portanto, diante de uma sequência de transformações análogas dos diversos campos do poder nacionais. Numa primeira dimensão,

Da pizza ao impeachment 81

temos as concorrências internas pela primazia em cada um dos campos(midiático, jurídico, político). Na segunda dimensão, temos a cooperação objetiva dos agentes situados em cada um dos campos parcialmente autônomos no sentido de realçar a importância da sua profissão ou ocupação face às outras. As refregas internas de cada campo têm um claro limitante no "enjeu" das lutas: os jogos internos de cada campo tendem a estabelecer como objetivo a melhor maneira de realçar a importância do métier face aos demais instrumentos de regulação; e assim, qualquer disputa que ponha em risco essa expectativa é rapidamente enquadrada e debelada. E finalmente, temos o impacto do resultado das lutas e cooperações de cada campo nos outros dois, produzindo respostas obrigatórias e abrindo novas concorrências internas pela "melhor resposta" que retroalimentam e dão novo sentido às dinâmicas internas. Como quer (Bourdieu, 1989), essas evidências indicam novas relações entre mídia, campo jurídico e espaço político e assim sugerem um aprofundamento analítico da ideia de "alongamento dos circuitos de legitimação" e o refinamento de instrumentos empíricos para realizar essa tarefa intelectual complexa. Ele deve ser capaz de dar conta dessas transformações que são multidimensionais e dotadas de interatividade forte e pouco conhecida não só em cada um dos espaços, mas também entre os espaços. O interesse recente nos trabalhos de (Dobry, 1986) sobre a multidimensionalidade das crises políticas nos quais essa questão, também presente em (Bourdieu, 1984), se desenvolve de maneira aprofundada demonstra a riqueza que esse nexo mais geral representa na problemática dos escândalos e das crises políticas em geral (Roger, 2015).

82 Roberto Grün

A relação entre escândalos e conspirações

Um ponto de contato tenso entre a abordagem estratégica e a das normas aparece no tema das conspirações. Os indivíduos e grupos que são objeto de escândalo frequentemente acusam a existência de conspirações de detratores, que estariam por trás das denúncias de que estão sendo vítimas. Uma vez que existe toda uma galáxia de artefatos culturais que utilizam o tema das "conspirações" em seus enredos, é fácil criar alguma verossimilhança para esse gênero de explicação. O sucesso comercial[3] de obras como "O código da Vinci" (Brown, 2004), inscrito numa linhagem contínua de artefatos culturais que vem do "Despertar dos mágicos" (Pauwels, 1975 (11a. edição)) tanto revela, quanto ajuda a intensificar essa predisposição (Taguieff, 2005). Na esfera pública, a "conspiração", entendida como uma forma retórica estabelecida, faz parte dos repertórios políticos ocidentais desde, pelo menos, a difusão europeia dos Protocolos dos Sábios do Sion, o famoso apócrifo antissemita que circulou a partir, muito provavelmente, da polícia secreta czarista, relatando uma "evidente" conspiração judaica para dominar o mundo (Cohn, 1967, Girardet, 1986). Esse artefato pode ser considerado o protótipo do gênero e, não por acaso, circula ainda hoje em diversos locais, sobretudo em países de maioria muçulmana cujos governos estão em oposição direta ao Estado de Israel (Lewis, 1986, Erner and Taguieff, 2005), além de ter ganho uma sobrevida robusta no Ocidente a partir da nova galáxia virtual da internet.[4]

A estrutura retórica mais recente da denúncia da existência de conspirações faz menção à existência de conluios secretos entre os diversos setores das "elites" do país ou grupo de países concernidos. Todos aqueles grupos, portanto um conjunto de atores muito

---

3 Segundo (O Estado de São Paulo 2005), o livro vendeu 750 mil cópias no Brasil entre meados de 2004 e 2005, no seu primeiro ano de circulação.

4 Ver, entre outros, o caminho http://senhoresdomundo.blogspot.com/ .

Da pizza ao impeachment 83

mais amplo do que os "sábios do Sion", estariam unidos na empresa de esconder alguma verdade oculta que os desfavoreça e/ou fazer passar alguma versão da realidade que lhes seriam vantajosas. E evidentemente, os prejudicados por essas ações seriam os estratos populares da sociedade, que no imaginário luso-brasileiro ganha a denominação de "Zé Povinho" (Medina, 1992).

Podemos dizer que na construção social do escândalo, a conspiração é o oposto da indignação. Do lado atacante, o esforço, consciente ou não, é de produzir um efeito de união geral em torno da defesa da norma supostamente infringida. Essas descargas de energia social podem ser analiticamente assimiladas aos rituais produtores de coesão social que fornecem a base da sociologia da religião de Durkheim. Nessa interpretação, os escândalos podem ser considerados como uma das muitas "missas modernas" que produzem e celebram a coesão social das sociedades, supostamente leigas, da modernidade (Schudson, 1998, Collins, 2004). E os celebrantes desses artefatos sociais de efeitos análogos ao da missa nas sociedades tradicionais se qualificam para simbolizar a coesão social (aparentemente ?) orgânica, como novos sacerdotes da virtude pública. Imprecando e encarnando as normas sagradas que foram desafiadas, nossos empreendedores morais promovem assim o que poderíamos chamar de "efeito de missa" – essa descarga & concentração de energia social necessárias para deflagrar e manter um escândalo na esfera pública (Collins, 2004).

A ideia da conspiração, que vê no processo acima apenas os interesses dos "simbolizadores", acaba desdenhando a missa e seus efeitos sociais, jogando todo o peso do processo apenas nos seus sacerdotes. Mutatis mutandis, estamos diante de uma variante da velha crítica que vê na religiosidade pentecostal apenas a ganância do Pastor. Ela pode ou não existir, mas insistir na centralidade desse eixo explicativo implica em não perceber os efeitos do culto sobre

84   Roberto Grün

aqueles que o acompanham, além de atribuir-lhes uma capacidade infinita de agir no sentido contrário aos seus interesses.

Como, vista de fora do círculo dos crentes, a magia parece simplesmente engodo, não é de admirar que seus efeitos não sejam notados por aqueles que não participam da reprovação da norma conspurcada. Se a isso acrescentarmos que a explicação estratégica se adéqua mais a disposições intelectuais na órbita da hipótese sub--socializada para o comportamento humano, a falta de sensibilidade teórica para perceber fenômenos análogos à missa é um traço esperado, ainda que não obrigatório, dos analistas que esposam essa vertente (Rieder, 1990).

O desenvolvimento da ideia de conspiração também denota um ponto de vista sobre a realidade social que oblitera as nuances dos campos profissionais e do campo do poder. Analiticamente, essa ideia se forma e se mantém pela retenção da ideia althusseriana de "aparelho", de algumas versões da ideia de "sistema" ou variantes, que enxergam a mídia, o patronato, o espaço político e o judiciário como blocos coesos e exclusivamente a partir dos resultados externos de sua ação(Bourdieu, 1981, Bohn, 2006). Sociologicamente, esse costuma ser o ponto de vista de indivíduos e grupos colocados à margem dos processos de decisão social, em geral pertencentes a seitas religiosas ou políticas (Douglas, 1996). Como nos explica a autora, as visões conspiratórias são produzidas em ambientes sociais apartados, em geral de maneira consciente, da cultura da sociedade inclusiva. E finalmente, apoiada em (Fleck, 1979, orig. 1935), (Douglas, 1986) vai avançar na hipótese durkheimiana, mostrando como as crenças pessoais são engendradas e mantidas coletivamente a partir de uma decisão prévia de pertencer a determinada comunidade. Uma vez tomada essa decisão primeva, a crença na "família de pensamento", ou "paradigma"

Da pizza ao impeachment   85

vira uma decorrência automática.[5] Essa predisposição social acaba agindo principalmente sobre membros de grupos estigmatizados que adentram no campo do poder, no qual são recebidos apenas parcialmente. Uma conclusão parcial é que a maior ou menor adesão ao "delírio conspiratório" dá boa medida da ligação ao grupo de origem ou da adesão à elite dominante.

Podemos tentar compor os pontos levantados por Douglas com aqueles que Bourdieu coloca na discussão. É lícito inferir que os habitus produzidos em enclaves sociais são incapazes de fazer inferências probabilísticas razoáveis sobre as formas de convivência usuais em outros ambientes, cujas premissas são diferentes, ou mesmo abominadas, por aqueles que habitam o espaço apartado (Bourdieu, 1958, Bourdieu, 1974). É assim que esses grupos dificilmente desenvolveriam a percepção da possibilidade muito reduzida de haver uma orquestração consciente de indivíduos, grupos e setores com interesses e percepções tão diferenciados como a mídia, o campo jurídico e o político, cada qual com seus integrantes ao mesmo tempo em concorrência interna no espaço específico e em concorrência externa no campo do poder. Por isso, as interpretações hegemônicas dos eventos, que são o resultado da concorrência permanente em cada espaço e no espaço dos espaços que é o campo do poder, quando adversas à sensibilidade dos indivíduos locados nos enclaves, são vistas como uma atividade orquestrada.[6]

---

5   No posfácio a (Fleck, 1979, orig. 1935) *Genesis and development of a scientific fact*, edited by Thaddeus J. Trenn and Robert K. Merton ; foreword by Thomas S. Kuhn. Chicago, University of Chicago Press: Thomas Kuhn reconhece que a famosa noção de "paradigma científico" pode ser inscrita na linhagem da sociologia da ciência durkheimiana, como evolução do conceito de "família de pensamento" cunhado por Fleck.

6   Inversamente, quando a concorrência multidimensional no campo do poder leva a uma agenda ou interpretação que lhes é favorável, o resultado é atribuído à razão, à natureza, a alguma força sobrenatural e ao fracasso dos conspiradores.

As duas missas

Por outro lado, a crença na conspiração produz, ela mesma, um "efeito de missa" naqueles que participam do círculo, já previamente posicionados no enclave. Acreditando primeiramente na conspiração, ou sendo levado a acreditar nela, eles reagem ao que enxergam como perigo, produzindo mobilizações que podem gerar efeitos sociais. Como esse mecanismo é também uma intervenção efetiva na cena política, mas que depende da legitimidade de quem o emprega, jamais saberemos se os integrantes do campo do poder que a utilizam acreditam "sinceramente" nas conspirações que alardeiam, ou se essa é uma pergunta pertinente, ainda que suscitada no cotidiano.

Mas sabemos que: (1) muitas vezes atores políticos relevantes têm interesse na criação de verossimilhança para as conspirações; (2) como nos ensina Mary Douglas, o convívio com suas bases de apoio e no ambiente político os induzem a se postar no círculo da crença. Assim, juntando as pontas, poderíamos falar em "conspiração como empreendimento e também como convicção" e a enorme dificuldade analítica de destrinchar essas motivações e crenças.

Num outro plano, vimos que a mídia do pós-Watergate consagrou o padrão de excelência do jornalista produtor de escândalos. Da mesma forma, as comissões de inquérito parlamentares e as investigações do judiciário operam um efeito análogo no seio dos respectivos poderes, premiando aqueles que se destacam nesses eventos através das vantagens que o direcionamento dos holofotes da mídia lhes acarreta. Como as estruturas narrativas usuais para relatar os eventos costumam personificar a sua eclosão e desenvolvimento nos heróis e vilões disponíveis(Manoff and Schudson, 1986), as teses conspiratórias têm outro combustível para ganhar verossimilhança. Como privilegiar a ação em detrimento da estrutura é uma característica esperada dos agentes inseridos no espaço político, eles tendem a esposar a vertente estratégica, mesmo quando

Da pizza ao impeachment 87

estão do lado da acusação, ainda que, por vezes, o oportunismo retórico os faça justificar suas ações diferentemente para o público externo (Bourdieu, 1981).

Diante da eclosão de algum escândalo, os dois gêneros de explicação acabam vindo à luz, por representarem boas retóricas: o primeiro para quem se defende e o segundo para quem acusa. Misturando-se aos protagonistas dos fenômenos a serem explicados, não é espantoso que os dois veios explicativos encontrem rapidamente os seus limites. Se forem os "empreendedores" os responsáveis únicos pelos escândalos, porque esses não são permanentes? Se for a infringência das normas sociais que produz os escândalos, porque a infinidade de situações potencialmente escandalosas que presenciamos cotidianamente não se tornam "verdadeiros" escândalos?

Uma armadilha empírica que confere veracidade à explicação "conspiração", reside na constatação da existência permanente e estrutural de conspiradores, mais ou menos profissionalizados e dispostos a qualquer empreitada. Essa constatação não surpreende se levarmos em conta que estamos num espaço social altamente profissionalizado, no qual diversas especialidades podem produzir e encontrar demanda para seus serviços, tornando cada vez mais complexa a divisão interna do trabalho e na qual a concorrência induz à busca de novas especializações e à sua justificação.[7] Logo, no caldo de cultura que estamos descrevendo vale o que já se disse sobre o "poder da mídia":

> "The assumption that gullible others, but not one's own canny self, are slaves to the media is so widespread that the actions based on it may be one of the mass media's most powerful creations. The power of news resides in the perception of experts and decision makers that the general public

---

7 É o fenômeno que (Aldrin, 2005) chama, apropriadamente, de "armadilha do estrategismo" (p.138).

88 Roberto Grün

is influenced by the mass media, not in the direct influence of the mass media on the general public. That is to say, the media's political appeal lies less in its ability to bend minds than in its ability to convince elites that the popular mind can be bent".[8] (Schudson, 1995, p.121)

Essa visão fulgurante, que parece recorrente em termos internacionais, esconde a efetividade, probabilisticamente quase nula, do sucesso das conspirações que envolveriam grupos heterogêneos de agentes e grupos. Como vemos, a verossimilhança das conspirações é induzida a partir de diversos artefatos culturais – desde o sucesso contínuo do gênero literário "conspirações" até os efeitos colaterais dos posicionamentos ativos no circuito político, passando pela complexidade do trabalho sociológico de explicá-las cientificamente. Temos assim um caldo de cultura propício à produção e reprodução da "hipótese" conspiratória.

A face brasileira do fenômeno internacional

Observar no Brasil recente a emergência desse ponto de vista no debate político a partir, aparentemente, do centro do governo federal. A partir do "escândalo do mensalão"(a acusação de que o governo Lula estaria compondo sua maioria parlamentar através de pagamentos mensais a deputados de partidos "aliados"), falou--se na estratégia das elites de "desconstruir Lula" e o PT. Em estrita continuidade, a convergência de pontos de vista da mídia e

---

8 A suposição de que quase todo mundo, menos eu mesmo, é escravo da mídia é tão difundida que as ações baseadas nessa hipótese podem ser consideradas a mais poderosa das suas criações. O poder da imprensa reside mais na percepção dos especialistas e decisores de que o público em geral é influenciado pela indústria cultural do que na influência direta da mídia no público. Isto quer dizer que o appeal político da mídia se baseia menos na sua habilidade de formatar consciências do que na sua habilidade em convencer elites que a mente popular pode ser formatada. (Tradução do autor)

Da pizza ao impeachment 89

da oposição política sobre o "dossier-gate" (o dossier que conteria graves acusações contra José Serra, então candidato a governador do Estado de São Paulo) tido como negativo para o PT e Lula, foi lida por porta-vozes governamentais como uma conspiração orquestrada para prejudicar os prospectos eleitorais do candidato Lula. Num primeiro momento, a "desconstrução" é atribuída ao banqueiro Daniel Dantas, caracterizado como uma versão tropical e contemporânea do plutocrata do início do século XX (Grün, 2015). Ele, através do seu preposto Roberto Jefferson, teria deflagrado o "escândalo" do mensalão porque o governo Lula estaria preterindo seus interesses econômicos para privilegiar os dirigentes dos fundos de pensão. Essa versão, rapidamente esquecida, teve, entretanto, seu momento de glória no final do primeiro semestre de 2005. Ela apareceu numa publicação considerada próxima ao Partido dos Trabalhadores (Online, 30/05/2006, Lírio, 30/07/2005), mas percorreu o ciclo de legitimação, passando também pelo centro do establishment da mídia (Souza and Alencar, 23/08/2005, Helena Chagas 31/07/2005), até desvanecer-se.

Paralela e incrementalmente, a ideia de conspiração geral começou a ganhar força, pois estaríamos diante de uma vasta conspiração, abarcando diversos segmentos da imprensa, do sistema político e das elites econômicas. Como quer um texto muito citado por aqueles que partilhavam da ideia: "

> A imprensa trabalha para desconstruir Lula, para deixá-lo só, sem uma base partidária e sem condições de consolidar uma aliança que lhe desse a possibilidade de lutar pela reeleição. Quer lhe ensinar uma lição de História: lugar de operário é ao pé da máquina. Quer fazê-lo ver que a eleição de 2006, mesmo que ele chegue lá com a popularidade preservada, será um massacre, porque a massa vai votar naquele que ficar bem na TV. (Costa Por, 25/7/2005)

90 Roberto Grün

Posteriormente, quando é deflagrado o "escândalo" da compra do dossier anti-Serra, a ideia de conspiração das elites volta à baila. Nas palavras do coordenador de campanha de Lula, diante das fotos que seriam do dinheiro apreendido no "dossier-gate" :

> Não creiam que nós não percebemos, por mais sutis que possam parecer, o encadeamento de fatos com fotos e imagens de uma maneira deliberada. Editar não é esconder, cortar informações de extrema relevância num momento vital, como fizeram no caso do delegado. Há jornalistas que criticaram o governo quando este tentou impedir a divulgação das fotos, por entender ser esta uma maneira de interferir na eleição, na reta final, mas foram jornalistas que exerceram a censura em relação a vários fatos, inclusive no caso do delegado - disse Marco Aurélio [Garcia]. (Online, 02/10/2006)

Trabalhada numa versão erudita, mas que não perde o conteúdo causídico, o ponto de vista dos petistas procura legitimidade intelectual num livro de (Lima 2006). Nessa oitava, a formulação é então exposta da seguinte forma: "Nosso argumento é que antes mesmo da revelação pública das cenas de corrupção nos Correios, em maio de 2005, o 'enquadramento' da cobertura que a grande mídia fez, tanto do governo Lula como do Partido dos Trabalhadores (PT) e de seus membros, expressava uma 'presunção de culpa' que, ao longo dos meses seguintes, foi se consolidando por meio de uma narrativa própria e pela omissão e/ou pela saliência de fatos importantes"(p.14).

A ideia de conspiração que prosperou no Brasil da segunda metade do primeiro mandato presidencial de Lula apresentou assim tanto a versão "restrita" na qual, Daniel Dantas, um indivíduo poderosíssimo teria a capacidade de produzir a derrocada do governo federal; quanto a versão "ampla", na qual esse papel é atribuído a

Da pizza ao impeachment 91

um conluio geral das elites, operacionalizada pela mídia. Observamos assim tanto uma versão brasileira do enredo conspiratório mais típico do período entre a segunda metade do século XIX e os anos 1930; quanto da mais recente, posterior ao abrandamento do antissemitismo no Ocidente.

A mirada internacional aporta um elenco de circunstâncias que se repetem nas diversas configurações nacionais e que portanto sugerem a operação de estruturas análogas nas diversas situações sociais e culturais da contemporaneidade. Mas elas são vividas pelos agentes como circunstâncias únicas, definitivas e irredutíveis. O âmago das identidades sociais é investido e exposto nessas disputas e por isso é interessante analisar detidamente um dos seus episódios mais marcantes e procurar ao mesmo tempo sua especificidade e o que ele revela da arquitetura mais geral do campo social no qual nos debruçamos. A estrutura do jogo, as estratégias e os trunfos e fraquezas dos jogadores se tornam mais acessíveis à análise sociológica quando a agudeza da disputa fazem desaparecer as sutilezas habituais. Vamos então à análise do surgimento da "blogosfera" durante a campanha eleitoral à Presidência da República do Brasil em 2006., ,

III
Os escândalos e a blogosfera brasileira

A disputa eleitoral pela Presidência da República do Brasil em 2006 abriu uma janela interessante para a Sociologia analisar mudanças sociais e econômicas "a quente". A energia social deflagrada produziu uma série de solavancos na "doxa", as crenças e convenções culturais e econômicas que pareciam dados permanentes da realidade. Assistimos a uma transformação do espaço dos dizíveis, dos pensáveis e dos possíveis que impõe uma dinâmica cujas consequências de longo prazo são difíceis de avaliar, mas que levaram a alterações importantes nos pressupostos das atividades políticas, mas também econômicas e financeiras. Em termos mais situados, passamos de um período em que o grupo político e ideológico reunido em torno de Fernando Henrique Cardoso, o nosso autodeclarado "alto clero", controlou a agenda cultural e econômica da sociedade brasileira, que durou até as eleições de 2006, para um novo momento no qual tal controle parece ter sido severamente enfraquecido.

Pretendo, nesse capítulo, mostrar da maneira mais situada possível, como a disputa cultural subsome a disputa propriamente política e lhe confere inteligibilidade sociológica. Ele procura mostrar que o episódio em questão é um capítulo importante de uma guerra cultural que atravessa a sociedade brasileira e que os resultados parciais dessa disputa condicionam suas alternativas existentes tanto na esfera política quanto na econômica. Nessa análise procuro extrair consequências sobre a importância da inflexão observada, tentando levar em conta não só as mudanças, mas também as inércias que apareceram no período. Temos assim alguns elementos de

94 Roberto Grün

sociologia econômica do conflito cultural, que procura em algumas características da dinâmica cultural as chaves para apreender a dinâmica política e econômica da sociedade.

Na ordenação das evidências que informam investigações sobre dinâmica social, análises em "cross-section" guardam uma aparência de rigor, mas dificilmente conseguem introduzir o movimento na sua chave explicativa. Por sua vez, cronologias são facilmente impugnadas pela acusação de arbitrariedade na seleção de fatos considerados relevantes. A análise dos modos de dominação induz a armadilha estática: Se os poderosos do momento têm ao seu dispor tantas armas, além do reconhecimento tácito da legitimidade da sua dominação e também a capacidade quase infinita de cooptar os recém-chegados às elites do poder, como então as sociedades acabam se transformando?

A análise da polissemia que aparece em contenciosos culturais, e de suas consequências que se espraiam nas esferas econômica e social talvez respondam bem a questão (Darnton 1986, Bourdieu 1997, Donadone and Grün, 2001)). Nela, os atores disputam principalmente a interpretação hegemônica da realidade. Aquela que prevalece assinala a vitória durável de um grupo ou do outro. Isso porque as interpretações instituem as categorias cognitivas a partir das quais a realidade passa a ser entendida e, portanto, transformada ou conservada. Especificando os pontos dos capítulos anteriores, a disputa cognitiva é uma meta-política que produz o espaço de referências possíveis e prováveis para balizar os contenciosos, predeterminando em grande medida os seus resultados (Bourdieu, 1997). Exemplificando, uma transformação simbólica recente é aquela que (re-)categoriza o exercício da sexualidade feminina: na versão precedente, oriunda do período vitoriano inglês, ela deve estar subordinada às obrigações familiares que preconizavam a castidade das solteiras e a fidelidade das casadas acima de quaisquer outras considerações(Mosse 1985). Naquela que começou a ser

Da pizza ao impeachment 95

propagada com o advento da psicanálise e a prevalecer depois da "revolução feminista" dos anos 1960-70, instaurou-se a busca do amor e do prazer como os princípios estruturantes do comportamento. Não é necessário registrar que a alteração das categorias de percepção da realidade foram produzidas pelo e durante o embate social e que a sua instituição alterou significativamente a convivência humana, a ponto das gerações que iniciaram sua vida depois da mudança viverem-na como se fosse simplesmente "a natureza humana", sem sequer imaginar "como era possível" a configuração anterior (Swidler, 2001).

O exemplo da questão de gênero mostra uma realidade consolidada.[1] Mas aqui pretendemos mostrar algumas possibilidades de tratamento e acompanhamento de mudanças simbólicas significativas bem menos estabelecidas. Logo, falamos de um embate simbólico cujos principais movimentos ainda estão acontecendo aos nossos olhos, o que complica a análise sociológica, mas também a torna mais sedutora.

O contencioso

Foi no início do segundo turno da campanha eleitoral de 2006 para a Presidência da República do Brasil que se deflagrou explicitamente a batalha simbólica que nos interessa. Nela, alguns atores e analistas registraram e saudaram o advento da "blogosfera". Ela seria uma nova dimensão de interação social da esfera pública propiciada pelo desenvolvimento da internet, na qual agentes na sua maioria não previamente qualificados pelas escalas sociais

---

1 Ainda que os fundamentalismos religiosos das mais diversas estirpes não nos deixem esquecer que a situação atual é contingente e longe de ser universal. Mas na maior parte do Ocidente, as situações que destoam da nova norma são consideradas anômalas e pedem correção. Sobre o caráter provisória das transformações nas relações de gênero e as "reconquistas" conservadoras, ver (Lakoff, 1996) (Muel-Dreyfus, 1996) (Grün, 1997).

geralmente aceitas, podiam expor os seus pontos de vista sobre a campanha, os contendores e os pontos que deveriam estar presentes na discussão.[2] Do outro lado do ringue, um conjunto expressivo de jornalistas e intelectuais conhecidos e reconhecidos segundo as normas vigentes, denunciava o que chamavam de "central de boatos petista"(Globo, 06/10/2006, Online, 13/02/2003 – 16h51, Veja, 13/10/2006). As duas qualificações, embora discordantes, faziam sentido quando entendidas a partir do ponto de vista de seus locutores. Os últimos tentavam fazer valer a ordem das coisas tradicional que se consolidou no período da presidência de FHC, quando observamos no Brasil um caso raro de acúmulo de poder político, econômico e cultural nas mãos de um mesmo grupo. Já os primeiros, esses de repente se sentiram no direito de contestar o "bloco do poder" que prevaleceu com toda a força na década de 1990 e que de alguma forma continuou controlando a cena econômica e intelectual no primeiro mandato de Lula, principalmente através do monitoramento da condução da política econômica e das discussões sobre as alternativas estratégicas do país (Grün, 2004).

Numa primeira apreciação, estaríamos diante de um contencioso que opõe o alto ao baixo clero, e a única surpresa seria a inesperada prevalência do baixo clero. Estaríamos então diante de uma subversão decisiva da hierarquia simbólica tradicional. Mas, logo veremos, o jogo que descrevemos é mais complicado do que gostaríamos, e também do que os significados e resultados dela, tal como foram registrados pelos blocos de agentes que se defrontavam.

Numa primeira análise, "boatos" são manifestações espúrias, cuja veracidade é posta em dúvida automaticamente pela sua simples nomeação: se alguma informação recebe a qualificação de boato, a sua veracidade é automaticamente posta em dúvida (Aldrin

---

2   Uma boa visão introdutória da diversidade de abordagens sobre o (possível) papel dos blogs em campanhas políticas em (Lawson-Borders e Kirk 2005).

Da pizza ao impeachment 97

2005). Por outro lado, "blogosfera" é um termo de conotação em geral positiva, já que é automaticamente ligado ao progresso tecnológico e social que é produzido no halo do espraiamento da internet e de seu uso (DiMaggio, 2001, DiMaggio, Hargittai et al. 2001).

Quando, no calor de uma disputa política, alguns atores que recebem guarida na mídia, chamam um evento de "central de boatos petista", enquanto outros o denominam "advento da blogosfera", estamos aparentemente diante de um dissenso absoluto. À primeira vista, ou algum dos grupos age de má-fé, ou eles estão falando de fenômenos diferentes e se trata basicamente de um mal-entendido a ser corrigido quando os ânimos se acalmarem.

Poderíamos, no papel, buscar uma maneira de harmonizar a discussão, registrando que, enquanto uns se referiam às possíveis privatizações e suspensões de programas sociais como "mentiras" propagadas pelos seus adversários, os outros faziam mais menção ao meio – a "blogosfera" – em que as informações (ou desinformações) se difundiam. Logo, os grupos se referiam a fenômenos distintos que o "calor da luta" fazia convergir, mas que, posteriormente, uma análise sistemática deveria distinguir. Mas, ainda que "tecnicamente possível" essa solução é socialmente razoável? Estávamos evidentemente diante de uma disputa pela nomeação de um fenômeno político e cada uma das duas caracterizações servia às estratégias retóricas de um dos grupos que se enfrentavam na arena eleitoral. E não seria demasiado dizer que a versão que prevalecesse assinalaria a vitória política do grupo que a empalmou (Gamson, 1992).

Era "verdade" que Alckmin iria restringir os programas sociais e privatizar a Petrobrás, Banco do Brasil e demais estatais do governo federal? Tratava-se apenas de uma "mentira" destinada a angariar votos para Lula? Num primeiro plano, as privatizações não estavam explicitadas no programa do candidato, nem tampouco a restrição dos programas sociais. Mas ainda assim, era verossímil que, uma vez eleito, Alckmin empreendesse essas ações, mesmo elas não estando no seu programa de governo? Num primeiro sobrevoo da literatura consagrada da História, poderíamos dizer que, assim como os rumores que corriam entre os camponeses e citadinos franceses do final do século XVIII discutidos por (Lefebvre 1988) e (Farge 1992), ou pelos soldados nas trincheiras da Primeira Guerra Mundial, discutidos por Marc Bloch (Bloch, Bloch et al. 1997), o ponto decisivo para a transmissão dos boatos é a sua verossimilhança num determinado círculo de crentes e não a sua exatidão fática. Dessa maneira, parcela considerável da sociedade brasileira acreditou nessa possibilidade, provavelmente referenciada pelo que ela considerava ter sido o comportamento anterior do candidato e daqueles que o apoiavam.

No contexto acima, o ponto decisivo deixa de ser "quem inventou" a notícia, nem mesmo "como" ela foi engendrada, mas a credibilidade que ela alcança. Ora, essa versão estritamente sociológica da disputa poderia, ela mesma, se tornar uma resultante que apaziguasse os contendores? Ou ela é apenas mais uma solução "no papel" para uma disputa que vai muito mais além do que uma "simples" questão conceitual?

Ainda que o enunciado dessa solução possa causar alguma acalmia momentânea, uma mera menção à possibilidade de Alckmin realmente ter esse programa de governo in pectore já faria os ânimos se reavivarem. Estamos então diante da disputa pelo direito à inferência, que os partidários de Alckmin negavam aos de Lula. Como eles conseguiam manter intransigentemente a versão de que estávamos diante de métodos espúrios de combate político e por que, principalmente, a imprensa dava eco e contribuía nessa impugnação?

Em tempos normais, essa é uma prerrogativa indiscutível do nosso "alto clero". Num exemplo contemporâneo da análise antropológica de (Bourdieu, 1980), dificilmente poderíamos fugir da constatação que o direito social à inferência é derivado dos capitais culturais e simbólicos reconhecidos que se defrontam.

Numa distribuição muito assimétrica, o grupo privilegiado tem o direito de fazer inferências sobre os assuntos em pauta, possibilidade que ele nega ao grupo dominado. Operacionalmente, os órgãos de celebração da sociedade, a mídia em particular, referendam os direitos e "não-direitos" correlatos, dando voz e fazendo eco aos pontos de vista dos primeiros e desconsiderando ou ridicularizando as pretensões dos desfavorecidos, até que esses últimos renunciem à "ousadia".

Mas quem mede essas magnitudes em disputa? Normalmente, a própria imprensa e demais agentes com presença garantida na mídia, como os grandes nomes da academia, das profissões e da política. Ou seja, nosso "alto clero", aqueles já previamente filtrados por aferições anteriores da escala de prestígio. Há assim uma tendência à inércia na consagração que só pode ser ultrapassada em ocasiões excepcionais (Bourdieu, 1979). E a leitura dos jornais, revistas e da mídia eletrônica daquele momento sugere fortemente que os partidários de Alckmin julgavam-se o polo dominante do jogo cultural da sociedade brasileira, eram acatados nessa pretensão e que a inércia jogava a seu favor. Mas também que as eleições tornaram a configuração do momento excepcional. Daí a análise da polissemia surgida naquele momento ganha uma importância fundamental, pois ela pode conferir inteligibilidade aos jogos, às estratégias e aos resultados da disputa no período. Mais do que o resultado eleitoral propriamente dito, verificamos no período as consequências do embate sobre a agenda econômica e financeira do período que se seguiu à eleição.

Poderíamos, no papel, atribuir alguma ambiguidade às manifestações de Alckmin na imprensa, quando elas se referiam aos planos de governo relativos a estatais e programas sociais. Afinal, ora elas eram interpretadas como "ortodoxas", no sentido da economia, ora como "heterodoxas", e isso no mesmo período, como nos mostraram, por exemplo, (Santos, 16/03/2006)e

100 Roberto Grün

(Cotta, 22/03/2006). Quando as pesquisas qualitativas indicaram que as políticas assistenciais associadas ao governo Lula eram inegavelmente populares, Alckmin, atribuindo-se a condição de gestor superior a seu adversário, disse que ele não só ia mantê-las, como também ia aperfeiçoá-las, ainda que seu comportamento no período, no qual enfatizou repetidas vezes a necessidade de austeridade fiscal, poderia suscitar dúvidas a respeito (Lago, 04/10/2006). O próprio Fernando Henrique, cujo governo fez do processo de privatização um dos seus principais objetivos, adotou um discurso ambivalente quando colocado diante da sensibilidade popular contra a privatização das estatais remanescentes, (Online, 13/02/2003 – 16h51, Badenes, 17/10/2006, Globo 18/10/2006). As inferências sobre a possível política a favor das privatizações de Alckmin e sobre a dubiedade de seu compromisso com a continuidade das políticas sociais eram assim "conceitualmente" adequadas, ainda que, sociologicamente, a relação de forças simbólica as tornava contestáveis, diminuindo a probabilidade de elas serem aceitas na mídia e por extensão, na parcela da opinião pública que se serve dela para formar suas convicções.

Meios e oportunidades

Do outro lado do tabuleiro, os petistas viam seu capital simbólico se esvair no crescendo que começou no episódio "Waldomiro"(Melo, 15/02/2004), passou pelo "mensalão" (Brasília, 25/09/2004), pelo "caso Francelino" (Krakovics and Garda, 17/03/2006) e atingiu sintonia fina com o calendário eleitoral no episódio concatenado dos sanguessugas e do "dossier-gate", imediatamente anterior ao primeiro turno daquelas eleições (Corrêa, 16/09/2006). Segundo os relatos coligidos sobre o "humor palaciano", uma reeleição presidencial que parecia fácil começava a se complicar e mesmo a tornar-se impossível (Alencar, 30/10/2006, Romero, 31/10/2007). E isso, tendo como pano de fundo uma

Da pizza ao impeachment 101

condução da economia tida como prudente e um inédito processo de redistribuição de renda beneficiando as camadas mais pobres da população, considerado bem sucedido.

A sucessão de episódios considerados espúrios era acompanhada e tornada pública com toda intensidade tanto pela mídia quanto pela oposição política, passando também por setores do judiciário. O enquadramento sugerido pelos denunciantes era o de considerar que as faltas apontadas eram intrínsecas ao funcionamento do PT e à personalidade do Presidente da República e, portanto, os desqualificavam definitivamente para o exercício do poder, relevando assim os eventuais méritos do governo do período. As tentativas de defesa, que justamente tentavam segmentar as denúncias e malfeitorias comprovadas, atribuindo-as a atores movidos por pautas particulares, eram desqualificadas como subterfúgios que escondiam a natureza crapulosa da organização que abrigava os faltosos.[3] Logo, os opositores se atribuíam automaticamente o direito de inferência, ao mesmo tempo em que o negavam aos seus adversários. Uma vez que essa hierarquia cultural era acatada pela mídia estabelecida, o resultado do jogo estava fechado para os apoiadores do governo federal. Esses, por sua vez, sob pena de desaparecimento político, tinham de usar os eventuais meios de comunicação alternativos para difundir as mensagens baseadas nas deduções que julgavam pertinentes. É aí que a então novíssima "blogosfera" se tornou uma alternativa quase obrigatória.

Na refrega simbólica a auto-atribuição de único intérprete autorizado da cena política talvez seja uma condição necessária para infundir motivação nos atores, mas o decisivo é a aceitação dela pela sociedade, que é ao mesmo tempo a arena e a plateia na qual

---

3 Havia também uma linha de defesa velada, dizendo que os procedimentos adotados pelos petistas eram o "business as usual" da política e que apenas a má-fé dos seus adversários as transformavam em escândalo. Mas essa argumentação não poderia, evidentemente, ser brandida em praça pública.

se desenvolve essa guerra cultural quase explícita. É arena porque os "tool-kits" que os contendores descobrem ou inventam têm de estar ancorados na cultura local e é plateia porque é ela que julga a esgrima retórica, às vezes ativamente, mas na maior parte das vezes através de seus intermediários reconhecidos na mídia e demais setores que promovem a legitimação das condutas. Assim, fenomenologicamente, o que foi posto em xeque no período foi justamente o poder simbólico dos intermediários reconhecidos, os operadores culturais da hegemonia tradicional.

Mesmo uma análise superficial das repercussões do embate na mídia tradicional indicaria que preponderava a publicidade dos problemas considerados como "éticos" sobre quaisquer outros aspectos da situação ou da atuação do governo. A forma como a evolução da conjuntura política era coberta na mídia indicava assim claramente que as razões da oposição eram mais bem consideradas do que as da situação.

Numa primeira análise é tentador atribuir esse viés a uma conspiração dos poderosos contra o governo de indivíduos oriundos das camadas menos favorecidas da população e que ousava favorecê-las contra os mais bem aquinhoados. A tendência a abraçar essa versão é muito forte não só porque ela conforta os partidários do governo, mas também porque ela pode deflagrar a sua mobilização contra os adversários, principalmente depois de um período em que os últimos ocupavam completamente a cena, como aconteceu nas presidências de FHC.

Assim como diversos outros produtos culturais, a ideia da existência da conspiração não é apenas uma interpretação inerte da realidade, mas é também uma ferramenta social, capaz de nela produzir efeitos e assim de alterá-la. Dessa forma, dizer que existiu, ou não, a conspiração, é cientificamente um exercício sem saída, ainda que a paixão política de uns e de outros a confirme ou rejeite. Como demonstra Hacking, a partir de situações muito diversas, o

Da pizza ao impeachment   103

fator decisivo na criação da verossimilhança social de versões aparentemente fantasiosas é a existência de um nicho cultural disposto a acatar, ou não, as versões que são postas na mesa (Hacking 1983, Hacking, 2002, Hacking, 2003).

O efeito Watergate

Mas porque o enquadramento midiático desfavorável a Lula e ao PT prevaleceu? Creio que um ponto intermediário central para a compreensão da trama é o estabelecimento do que poderíamos chamar, a partir de (Schudson, 1989), de "Efeito Watergate". O establishment jornalístico recente criou a sua legitimidade a partir da versão brasileira do mito fundador do atual estágio da profissão nos EUA (Schudson, 1992, Schudson, 2003).

Enquanto naquele país foi exaltado o papel da mídia na renúncia de Nixon, no Brasil é constantemente ressaltado o papel da imprensa escrita e falada na luta contra a ditadura militar e em especial o seu papel no movimento das "Diretas já", que se transformam no ponto de inflexão decisivo que demarca a forma atual, e considerada virtuosa, do jornalismo brasileiro (Molica, 2005, Vargas, 2007). O jornalista se torna grande quando descobre a verdade escondida atrás das tramas e interesses dos poderosos, em especial os políticos e altos funcionários públicos, e a revela ao público, cumprindo assim o seu novo papel de 4° poder da República. Qualquer tentativa de impedir esse desiderato é considerada uma severa afronta ao equilíbrio de poderes e assim à democracia.

Do ponto de vista do indivíduo ou da empresa jornalística, a denúncia é um direito. Já se pensarmos em termos da sociedade, ela passa a ser considerada uma obrigação, e todos deveriam proteger o jornalismo na sua sagrada missão de controlar os poderosos. Dessa maneira, a simples menção de que alguma denúncia jornalística seja injusta ou abusiva já nasce prejudicada pela suspeição de afron-

104   Roberto Grün

ta à liberdade de imprensa e de subterfúgio que simplesmente visa evitar a necessária punição dos indigitados.[4]

Um corolário importante dessa configuração é assim que ela pressupõe a superioridade moral do jornalista/jornal sobre quaisquer outros atores. E, como no mundo da cultura também não há almoço grátis, para manter esse entendimento é necessária uma operação simbólica visando diminuir o alcance das outras fontes possíveis de legitimidade, como o voto popular, a reputação profissional ou intelectual ou o concurso público.

Não é assim por acaso que a mídia brasileira atual revela uma desconfiança basilar contra os ungidos por aqueles processos de consagração e, em especial, os políticos. Essa característica, mais uma delas, também não é uma "jabuticaba". A literatura nos informa que ela é homóloga àquela cultivada por seus colegas de diversos países.[5](Champagne 1990, Schudson 1995, Champagne 1996).

---

4   Nada mais distante dessa auto-imagem do que as (Balzac e Mortier (1991, orig. 1838) e nada mais próximo do que o filme *Todos os homens do presidente* (Pakula, 1976). A imagem da imprensa e do jornalista fundamentalmente corrupto posta em cena por Balzac poderia, teoricamente, ser a base para a construção de uma imagem negativa daquele segmento, que parece mesmo ter vigorado na mesma época no Brasil (Lustosa, 2000). Mas nada é mais distante dos automatismos sociais que vigoram na sociedade brasileira atual, demonstrando assim tanto a legitimidade alcançada pelo jornalismo praticado aqui e agora, quanto o seu caráter contingencial.

5   Não só revela, como também produz essa desconfiança, na medida em que chama muito mais a atenção para os malfeitos dos indigitados do que para as suas eventuais virtudes. Outro corolário importante, que o processo eleitoral exacerbou é a dedução lógica: se, apesar das informações disponibilizadas pela imprensa, os eleitores, ainda assim, insistiram em eleger Lula e uma bancada parlamentar expressiva para seu apoio, é evidente que o povo brasileiro não sabe votar, ou vota de acordo com interesses inconfessáveis, distantes das virtudes esperadas de uma ágora comprometida com os valores universais da democracia e da ética (Reis, 2007).

Da pizza ao impeachment 105

A exemplo de outras situações nacionais análogas, na conjuntura do período, os interesses dos jornalistas coincidem com alguns interesses de grupos de agentes de outros campos, criando processos recíprocos de retroalimentação (Adut, 2004). No nosso exemplo da última sucessão de escândalos políticos, diversos braços do judiciário acompanharam o mesmo bandwagon. Seria mesmo impossível que o escândalo obtivesse a repercussão que alcançou, não fosse a cumplicidade de promotores públicos e policiais federais, bem como dos chamados "comunicadores populares", assim como os políticos de oposição, em especial os herdeiros de famílias de políticos tradicionais (Silva, 04/11/2003, Krieger, 17/12/2003, Zanatta, 25/7/2005).

Esses sucessores usavam o processo para tentar apressar o recebimento da herança do capital social de suas famílias, (anotemos o destaque no processo de Antonio Carlos Magalhães Neto, de Rodrigo Maia e de Gustavo Fruet, três herdeiros de famílias de políticos). Suas atuações no "campo do escândalo" acabam individualizando suas condutas em relação às imagens anteriores de simples prepostos de suas famílias, conferindo-lhes legitimidade e capital político próprio e assim, consagrando a passagem das heranças.[6] Diante dessa evidência, poderíamos simultaneamente resgatar a ideia da multidimensionalidade das crises políticas, decalcada por (Dobry, 1986) da ideia de alongamento dos circuitos do poder desenvolvida por (Bourdieu, 1989); além de explorar de maneira mais situada a possibilidade da existência de um "campo do escândalo" no sentido que (Bourdieu, 1979) dá a essa noção, e o seu uso como recurso analítico, no qual os diversos agentes cooperam e também competem pela notoriedade e demais benefícios gerados no processo.

---

6   Há aqui uma analogia interessante com os processos de sucessão geracional entre os nobres da Idade Média Ocidental analisadas por (Duby, 1997).

106 Roberto Grün

O campo do escândalo e a sociedade

Como resultado da ação do nosso "campo do escândalo", vivíamos um período no qual a grande mídia e aqueles que seguiam sua direção julgavam estar num segundo "Collor-gate"(Souza, 02/10/2005, Dines, 10/04/2006, Victor, 24/7/2005), desencadeando mais uma variante da mística de origem da atual fase do jornalismo.[7] Deflagrou-se então uma competição pela produção da "prova definitiva" da culpabilidade de Lula e do PT, que deveria levar à desgraça política desse grupo.[8] Nessa configuração, a credibilidade de qualquer versão que corrobore a culpa tende a ser automaticamente aceita, e o contrário disso para aquelas que a colocariam em dúvida. Cria-se uma dinâmica na qual as consequências da trajetória sejam mesmo mais importantes do que o seu final. Nos termos da filosofia de (Foucault, Defert et al., 2001), forma-se um "regime de verdade" autônomo. Nele, o corolário da competição é a naturalização da culpabilidade dos indigitados e mesmo daqueles que os defendem, quaisquer que sejam suas condições de origem (se "realmente" culpados ou inocentes).

Um sintoma do deflagrar de algum controle social sobre essa dinâmica é a tentativa de mostrar que esses processos muitas vezes levam a um "linchamento" dos acusados, do qual eles dificilmente se

---

7 Uma relação de causa e efeito a ser explorada é aquela existente entre a concentração de capital e exiguidade de órgãos de imprensa mainstreamers e a produção dos escândalos de que nos ocupamos e quaisquer outras pautas impositivas. Assinalemos que a "grande mídia" brasileira pode ser reduzida aos chamados "jornalões" – os três jornais *Folha de São Paulo*, *O Estado de São Paulo* e *O Globo*, além da Revista *Veja* – e da emissora de televisão Globo, perfazendo um total de apenas quatro grupos empresariais, todos eles caracterizados por serem controlados apenas por uma família, além de tecerem diversas redes entre eles, como a associação para criar o jornal *Valor Econômico*. (Azevedo, 2006).

8 Na linguagem indígena do período, procurava o "batom na cueca"online. (Veja, 2005)

Da pizza ao impeachment   107

recuperam, colocando assim problemas deontológicos para os jornalistas. O exemplo mais lembrado no Brasil é o da "Escola Base", cujos proprietários teriam sido injustamente acusados de abuso sexual dos alunos e tiveram sua vida pessoal e profissional seriamente prejudicada. Dessa maneira, a lembrança pública daquele episódio mostra que a escandalização está ultrapassando os limites que a sociedade acha razoável. É, então, analiticamente adequado seguir a imprensa do período, procurar menções ao "caso Escola Base" e suas repercussões, que comprovariam, ou não, os limites da estratégia de provocar escândalos (Dines, 28/06/2005, Ginzburg, 1989). Posteriormente apareceram derivações desse "freio midiático" na tentativa de reavaliação da cassação do Ex-presidente da Câmara dos Deputados Ibsen Pinheiro, da execração pública de Alcenir Guerra, então Ministro da Saúde de Collor e mesmo na possível montagem de uma farsa em torno do atentado sofrido por Carlos Lacerda em 1954 na Rua Tonelero (Globo, 04/10/2006, Tonelero, 09/03/07, Bueno, 09/10/2006). E mais uma vez, interessa menos a veracidade das novas narrativas do que a sua menção e impacto relativo no debate público.

Mas, quaisquer que fossem os esboços de freio ao processo de queima da legitimidade de Lula e do PT, esses últimos viam o seu capital simbólico se esvair e enxergavam o resultado das interações sociais do que nós, no papel, chamamos de campo do escândalo, como uma enorme conspiração não só contra seus interesses políticos, mas também contra os interesses gerais do povo brasileiro. O "tool kit" cultural disponível fornecia uma boa caracterização para o fenômeno, decalcando-o da situação vivida no final do 2º Governo Vargas (1950-4). Tratar-se-ia de um episódio de caça às bruxas, a exemplo da guerra que o famoso jornalista Carlos Lacerda e os grandes meios de comunicação da época empreenderam contra Getúlio Vargas em 1954, já que o "Pai dos Pobres" ousara defender os desvalidos e o desenvolvimento nacional contra as classes domi-

108 Roberto Grün

nantes tradicionais (Mendonça, 2002) (Chagas, 07/07/2005). No plano específico da mídia tínhamos homologamente toda a grande imprensa contra a revista Carta Capital de Mino Carta, que assim fazia as vezes da Última Hora, de Samuel Wainer – execrada, ela e seu dono, pela imprensa mainstream (Amorim, 19/10/2006 11:39h).

Os limites das analogias

Entretanto as analogias, ainda que tentadoras, são guias apenas parciais para a apreensão de realidades quando temos um intervalo de 50 anos entre um episódio e o outro. No plano tecnológico, a nossa "blogosfera" apareceu, na cauda da internet, como mais um instrumento para alterar o quadro e a relação de forças simbólica. É tentador e intuitivo atribuir a transformação social à mudança tecnológica. Mas, mantendo a intuição que vem da tradição durkheimiana, sustento que o dado estruturante é a transformação da morfologia social. Através da dramática expansão do ensino superior nas décadas passadas, o Brasil recente passou por uma transformação essencial na escala de produção de indivíduos que, potencialmente, podem reivindicar posições na esfera intelectual e política, mas realizou apenas parcialmente uma extensão análoga na oferta de postos para serem ocupados pelos mesmos.[9] Os descendentes dos "marmiteiros" dos anos 1950 se tornaram intelectuais e agentes políticos "extra-numerários": aqueles que reivindicam posições na-

---

9 Na sociologia política dos intelectuais desenvolvida pelo grupo de Bourdieu, a "superprodução" de indivíduos que se consideram em condições de reivindicar a posição de intelectuais é, historicamente, um dos principais mecanismos de transformação da estrutura cultural da sociedade e,muitas vezes, também da configuração política. No afã de encontrarem as posições para as quais eles se julgam merecedores, algumas vezes eles conseguem subverter as estruturas culturais e mesmo sociais das sociedades que os abrigam (Accardo, 2007) (Bourdieu, 1979) (Darnton, 1982) (Charle, 1990).

Da pizza ao impeachment   109

quelas galáxias sem conseguir aquelas que julgam à altura do seu mérito, e consequentemente tentam criar, ainda que a partir de seus capitais limitados, uma dinâmica de alteração da configuração cultural da sociedade.[10]

A transformação na morfologia social e tecnológica altera significativamente as possibilidades do jogo, a visão dos jogadores e assim fazendo, modifica também a estrutura simbólica da sociedade. Nesse contexto, as circunstâncias da eleição de Lula em segundo turno indicaram a existência e a movimentação de uma verdadeira legião de descontentes contra o polo dominante da ordem simbólica.

De um lado, os segmentos de intelectuais, jornalistas, políticos, profissionais e empresários estabelecidos, mas cujo status estava ameaçado pelos dominantes no campo, os quais acusando-os de "atrasados", os empurravam para o "parque jurássico", esse destino tantas vezes anunciado nos tempos de FHC (Tavares, 30/03/97). Do outro, os diversos setores que desenvolviam ou se expressavam através das novas formas de comunicação e que o establishment dominante também não reconhecia e transformava em extra-numerários.

Uma vez que os padrões de insatisfação eram distintos, a união dos dois grupos era uma possibilidade sociológica pouco provável em períodos inerciais. Em situação normal, há pouco em comum entre a defesa de um papel estruturante do Estado na condução da economia e o movimento pelo software livre. Talvez haja mesmo uma repulsão geracional. Mas as tensões não transmitidas provocadas pelo predomínio absoluto do grupo de FHC e, conjunturalmente, a escandalização do processo eleitoral de 2006, provocaram a aproximação. E os temas dos primeiros acabaram sendo retrabalhados e difundidos pelos segundos (diretamente ou indiretamente,

---

10 Talvez já os tivéssemos antes (e talvez mesmo possamos dizer, como quer (Faguer, 1995) que a superprodução de intelectuais é uma característica da maior parte dos sistemas escolares nacionais), como, por exemplo, sugere o personagem Isaías Caminha da obra de Lima Barreto.

atravês da disponibilização dos instrumentos informáticos) numa velocidade e capilaridade impensáveis se essa tarefa tivesse permanecido nas mãos originais. A exemplo das disputas norte-americanas analisadas por (Sunstein, 2006, Sunstein, 2007) ainda que seja difícil quantificar a magnitude dessa cumplicidade, esse resultado já seria suficiente para romper o monopólio dos fazedores de opinião e, na linguagem do autor, restituir a capacidade deliberativa da sociedade.

Poderíamos encontrar, analiticamente, um ponto de convergência entre os dois tipos de oponentes. A proposta de estado neoliberal tem um dos seus pilares na defesa das patentes de produtos e serviços, na qual se destaca a advocacia de direitos de propriedade intelectual de artefatos informáticos e, em especial, aqueles produzidos pela "famigerada" Microsoft, então inimiga principal dos membros do segundo grupo. Essa mesma sensibilidade neoliberal vê com reserva, e normalmente tende a ridicularizar os ensaios de engenharia reversa, como aquele tentado na lei de reserva de mercado para o desenvolvimento da indústria informática brasileira, que são centrais nas estratégias tecnológicas de "catch-up", propugnadas pelos desenvolvimentistas. Assim podemos, mais uma vez apenas no papel, achar convergências entre as duas insatisfações. Mas sociologicamente elas são convergentes? Em quais situações? Já que, normalmente, os blocos hegemônicos costumam fazer concessões para um lado ou para o outro, de maneira a desfazer possíveis coalizões, a chance da união só aparece quando o centro hegemônico nada concede a nenhum dos desafiantes.

Minha hipótese é que o ardil da razão social foi o excesso de força: uma vez que o bloco hegemônico dos anos 90 enfeixava os mais diversos poderes sobre a sociedade, qualquer ameaça à sua proeminência sequer era percebida. Nesse sentido, já que fomos levados até agora por um conjunto de metáforas "estrategista", que sugere a presença constante de cálculos de custo e benefício para cada

Da pizza ao impeachment 111

ação, convém lembrar que estamos falando de um embate cultural, que aparece aos contendores como empatia ou estranheza, e por isso muito dificilmente é assumido como contencioso explícito por aqueles a quem nós, analiticamente, consideramos como os adversários da contenda. Por isso, as disputas têm caráter identitário e assim não se travam como cálculos políticos, mas como ajustes casuais provocados por flexões de habitus e consolidados por interações sociais fora do controle de qualquer agente em particular.

Creio então que as razões para a convergência devem ser buscadas na inédita concentração de poder político, intelectual e econômico do grupo em torno de FHC. Controlando os poderes executivos no âmbito federal, além de vários dos mais importantes estaduais, ele enfeixou ao mesmo tempo as fontes principais de força na esfera política.

A legitimidade intelectual do então Presidente da República – o chamado "Príncipe dos sociólogos brasileiros"(Leite, 05/02/1997, Passarinho, 09/03/2007) - e do grupo que o cercava criava uma aura de legitimidade política que se espraiava sobre a mídia durante todo o seu governo e mesmo depois.[11] Na esfera econômica, os economistas que serviam ao governo entraram em sintonia fina com o mainstream do mercado financeiro e da mídia especializada, criando uma "doxa" dificilmente questionável.

E a interação dos dois grupos acabava balizando os limites do pensável na sociedade – num extremo, o advento da "sociedade em rede" exposta por FHC e no outro o aceite da cartilha do bom senso

---

11 Nesse sentido, é interessante consultar o verbete "Fernando Henrique Cardoso" na Wikipedia: http://pt.wikipedia.org/w/index.php?title=Fernando_Henrique_Cardoso&oldid=5255323>. Acesso em: 15/03/2007. Essa referência cada vez mais frequente tem se revelado também um espaço para disputas em torno da reputação de personalidades controversas, na qual os partidários do indigitado "bordam" sua imagem, enquanto seus adversários a "problematizam". Ver (Sunstein, 2007).

econômico decalcado do pensamento prevalecente nos mercados financeiros e da teoria econômica hegemônicos internacionalmente. Para o primeiro grupo, a virtude estava no conexionismo: uma boa sociedade deve, principalmente, possibilitar que os indivíduos se relacionem com o maior número e variedade de outros, e a função do Estado seria a de estimular o desenvolvimento dos meios para esse desiderato (Castells, 1996, Castells, 1997). Já para o segundo segmento, mais numeroso e presente na opinião pública, a sociedade progride interiorizando as virtudes da racionalidade econômica e o principal instrumento para isso é a sua exposição à arbitragem financeira (Grün, 2007).

Nesse enquadramento, a sociedade é auto-organizada e o governo, ao intervir nela, normalmente a desorganiza. Nessa versão atual do estado "gendarme", o bom governo deve, como vimos, proteger intransigentemente os direitos de propriedade – agora ampliados para absorver as novas nuances do conceito de propriedade intelectual – e impedir que os desatinados imponham barreiras ao livre desabrochar dos mais diversos mercados, pois esse devaneio impede que a arbitragem exerça seu papel racionalizador das condutas pessoais e políticas.

As duas vertentes se uniam na crítica ao "Estado centralizador patrimonialista e corporativo herdado de Getúlio Vargas". Dessa maneira, os alvos mais precisos que faziam convergir os grupos eram as empresas estatais e os sindicatos, tanto de trabalhadores quanto de patrões. Se a fluidez das relações (ou, numa diferenciação sutil, a liquidez, que é uma característica normalmente agregada ao dinheiro) era a suprema virtude, então terminar a CLT, os "baronatos" surgidos da representação de empregados e patrões, e a estabilidade dos funcionários públicos e das estatais eram os principais pontos da tarefa suprema.

Esse objetivo funcionava bem no enquadramento cultural e mais propriamente ideológico dos dois grupos, fornecia um claro

Da pizza ao impeachment

113

programa político e econômico e reforçava a teodiceia de ambos, que refletiam uma tendência internacional recente de diferenciação de elites. Para os setores dominantes do mundo intelectual e profissional, a fluidez das relações compunha bem com as grandes magnitudes de capitais culturais e sociais, fazendo virtude das suas disposições sociais distintivas (Powell, 2001). Para a nova elite financeira, a liquidez era a garantia de melhor alocação de seus recursos pessoais e delegados, além de distingui-los positivamente dos grandes bancos e banqueiros tradicionais, o setor mais antigo e estabelecido (e considerado corporativo) das finanças (Thompson, 1997). As origens e a estrutura argumentativa de cada uma das vertentes é bem diferente, mas os alvos a ser atingidos na sociedade brasileira as faziam convergirem. Estávamos assim diante de dois darwinismos sociais com princípios de seleção diferentes, mas apontando para os mesmos "dinossauros" (Grün, 2003).

Efeitos "perversos" da concentração de capitais

A trama cultural conferia assim, tanto em magnitude quanto em diversidade, uma enorme concentração de capitais à disposição do grupo previamente dominante na esfera política. E eles foram postos para funcionar na conjuntura do período. É esse o mecanismo que passa a "produzir os escândalos" a partir dos malfeitos petistas e provavelmente é essa força que explica o controle da agenda político-midiática no período pré-eleitoral. Não é por acaso que não se forma um confronto direto entre os dominantes na esfera da mídia e os apoiadores do governo desqualificado pela sua crítica. Pelo contrário, a negação da doxa privatizante e das pretendidas faltas éticas dos membros do governo e de seu partido é feita lateralmente. Um dos pontos sociologicamente mais reveladores da configuração daquele momento é justamente a entrevista concedida pelo principal "marqueteiro" de Lula sobre a estratégia vitoriosa na campanha. Nela, João Santana deixa claro que considerava que as privatizações de FHC eram medidas corretas e que o uso do tema "privatização" como uma possível consequência negativa da eleição de Alckmin era apenas uma arma politicamente útil e não um verdadeiro ponto ideológico da campanha que dirigia (Rodrigues, 05/11/2006 - 04h00).

A nomeação do "surgimento da blogosfera" como o princípio estruturante da apreensão da realidade social, ao invés das questões éticas impostas pelo campo do escândalo, é assim uma saída lateral capaz de evitar um confronto impossível de ser vencido no "mano a mano". Ela revela uma tentativa de alterar as regras do jogo, que até então estava totalmente controlado pelo grupo adversário. Isso porque o sucesso da argumentação que revelaria as intenções de Alckmin, que seriam privatizantes e contrárias aos programas sociais de Lula, depende da inferência a partir dos sinais que ele carregava do passado e estaria dando durante a campanha. Como a ordem atual impede essa flexão argumentativa no espaço público reconhecido, ela só poderia ser exercida fora dele. Aí se cruzam os vetores: num ponto, o espraiamento da internet e dos novos instrumentos de expressão que ela possibilita estavam disponíveis e não totalmente controlados pelo polo dominante da cultura estabelecida; no outro, os conteúdos denunciando o possível programa oculto de Alckmin, que na ordem prevalecente teriam uma enorme probabilidade de serem censurados. Ao lado do novo dado morfológico, as novas formas de expressão se tornaram disponíveis e assim se fez a crítica à privatização e à censura das políticas sociais de Lula.

As outras armas da ortodoxia

Mas o período imediatamente posterior à eleição também revelou algumas das formas de defesa da ordem simbólica e, consequentemente, os limites da contestação. O Presidente ousou criticar a política anterior de saneamento básico e sobre ele choveu uma barragem de impugnações que contestavam a sua "real de-

Da pizza ao impeachment

terminação em prol de uma saudável política de mercado"(Chico De Gois, 06/01/2007). Em seguida, o pólo dominante (re-)encontrou um excelente espantalho na figura dos então presidentes da Venezuela, Hugo Chaves, da Bolívia Evo Morales e equatoriano Rafael Correa. Simultaneamente, foi reapertado o nó da crítica à política econômica argentina de Kirchner, mesmo se depois de alguns anos de imprecações dos profetas do bom-senso da imprensa e academia brasileira, o juízo final anunciado ainda não tivesse atingido Buenos Aires.

A ridicularização desses "personagens", construídos no espaço simbólico brasileiro como verdadeiros Judas, foi uma mostra de vitalidade da doxa(ou do seu eventual enfraquecimento). Obviamente elas são caricaturas dos indivíduos e da complexidade das situações das quais eles, ao mesmo tempo, são fruto e estão intervindo. Mas o decisivo - e expressão máxima da concentração de poder simbólico existente na sociedade brasileira do início do século XXI – foi ver que as caricaturas adquiriram verossimilhança.

Como a cadeira que dança sobre a mesa, os fetiches ganham vida própria, assombram os desafiantes e, principalmente, limitam as possibilidades da contestação. Contestar a doxa econômico-cultural significa entrar no halo de ridicularização que é constantemente realimentado e se torna uma operação simbolicamente muito arriscada para quem pretende manter a reputação nos centros hegemônicos. Logo, poucos indivíduos dotados de competência intelectual reconhecida se animam a ponderar as limitações da doxa, mesmo se a crítica for possível em termos estritamente intelectuais.

No plano da estrutura econômica nela mesma, revelam-se outros aspectos da limitação da crítica. Querendo ou não, os grupos que postulamos serem desafiantes se viram diante da necessidade de jogar o jogo proposto pelo polo financeiro dominante, sob pena de desaparecerem do rol de alternativas políticas. Uma das primeiras formas desse constrangimento foi, com o advento da redemocratização, a

116 Roberto Grün

participação dos sindicalistas na direção dos fundos de pensão das empresas estatais e demais fundos sociais, como o Fundo de Garantia do Tempo de Serviço (FGTS) e o Fundo de Amparo ao Trabalhador (FAT) e a proposição, seguida do abandono progressivo, de temas como o das câmaras setoriais e da concertação social (Grün, 2004). De um lado, em termos agregados, essas possibilidades são formas de influir na sociedade. Em termos da economia interna dos grupos políticos dos quais os novos dirigentes são oriundos, num ambiente de pletora de formação de quadros, a pressão pela participação nessa antessala do espaço reservado às elites é irresistível, principalmente em períodos de calmaria paredista (Grün, 2003).

As sínteses e resultados inesperados

É assim que os dirigentes sindicais adentram no mundo das finanças. Nele, eles acabam desenvolvendo uma autoimagem de "domadores do capital especulativo" (Jardim, 2005) que é correlata, cognitivamente, às posições anteriores pró-câmaras setoriais e concertação, e assim constroem uma legitimidade específica para manter suas posições, econômica e socialmente atraentes . Nesse espaço, eles também criam artefatos culturais, os seus espantalhos, passo necessário para referendar e operacionalizar socialmente a especificidade de sua atuação. Depois de algumas tentativas de simbolização em torno de Naji Nahas, de Armínio Fraga e de Benjamin Steinbruch, acaba prevalecendo a figura de "plutocrata tropical", construída a partir de Daniel Dantas, que assim adquire a imagem do rei dos especuladores, a besta-fera a ser controlada (Grün, 2007). Mais uma vez, o decisivo não é a tentativa de inscrição do personagem na trama simbólica, mas a sua retenção pelos meios de comunicação e produtores intelectuais. Inúmeros episódios recentes, como o da sua inquirição na CPI dos Correios, mostraram a imagem do plutocrata tropical ganhando relevância, mostrando essa outra nuance do nosso jogo simbólico-econômico, no qual o tipo específico de contestação

Da pizza ao impeachment 117

à doxa empalmado pelos apoiadores do governo Lula demonstra também algum poder simbólico, revelador dos seus capitais e, portanto, da sua capacidade de produzir fatos culturais e políticos (Senado, 21/09/2005, Grün, 2007). Nosso "baixo clero" não é apenas espectador passivo do jogo, mas participante ativo, ainda que menos dotado dos trunfos necessários a ele.

As nuances, ou os limites, dessa contestação ficam claros na atuação desse grupo quando adentra no governo federal. Uma vez investidos desse papel de domadores do capital especulativo, os ativistas irão propugnar medidas que estendam o alcance dos serviços financeiros, até então restritos às parcelas privilegiadas da população, para grupos sociais alijados dessas facilidades. É então que surge ou se fortalecem programas como o de "bancarização" da sociedade(o incentivo e a facilitação de abertura de contas correntes para setores da população cujo perfil de pobreza os torna pouco atraentes para a rede bancária tradicional, através do Banco Postal e demais iniciativas), o crédito consignado e o incentivo à compra de ações com os recursos das contas individuais dos fundos sociais. A atratividade dessas propostas é imensa quando as comparamos com as condições de usura, insegurança financeira e baixa rentabilidade para seus investimentos a que as camadas menos afluentes da população estão normalmente sujeitas. Por isso, uma vez deflagradas e difundidas, dificilmente elas seriam contestadas ou sofreriam descontinuidade.

Num sentido análogo e convergente em termos da lógica social e política, aparecem as ações de "responsabilidade social" e depois, de "sustentabilidade", que alteram e aprofundam o escopo da filantropia tradicional. Elas se tornaram componentes da governança corporativa – a democratização da propriedade das empresas de capital aberto produzida em grande parte a partir da intervenção militante dos fundos de pensão das empresas estatais que dessa maneira operacionalizam diretamente a sua função auto-imputada de domadores do capital especulativo e "selvagem". Uma vez deflagra-

118 Roberto Grün

das, essas ações desencadeiam intensos processos de cooperação e concorrência pela sua autoria e maestria que, mesmo se retiram o fundo de comércio direto dos seus iniciadores, acabam por inscrevê-los duravelmente na paisagem social e econômica da sociedade. Assim, elas impõem novos padrões de atuação para as empresas e empresários, mas também robustecem a legitimidade sistêmica do capitalismo contemporâneo e a dominância da sua componente financeira. E os atores que se engajam nessa via não saem incólumes do processo de mudança, pois ao referendam essa função de instituidores de novas formas de sociabilidade, eles alteram também seus horizontes e compromissos (Grün, 2005).

As consequências das amarras sociais

As amarras que soldam as relações dos operadores e apoiadores políticos do governo petista ao mundo financeiro são assim diversificadas. São ao mesmo tempo simbólicas e materiais e operam tanto em relação às esferas nas quais os agentes atuam, quanto nas formas de ligação. As construções culturais que observamos podem também serem consideradas como investimentos identitários na função social de ordenadores do capitalismo; os dispositivos financeiros postos em prática mostram também outra possibilidade de teodiceia, além de revelarem a existência de um mercado político relevante nos beneficiados pela expansão dos serviços daquela natureza. Assim, imaginar algum tipo de rejeição frontal do sistema financeiro da parte desses agentes não parece ser uma esperança sociologicamente razoável. Dessa maneira, qualquer construção cultural ou ação advinda desses grupos dificilmente deixaria de compor com as imagens dominantes que cultivam, ou no mínimo aceitam, os limites da doxa imposta pelos mercados financeiros, ainda que possam tentar flexioná-la no detalhe.

Os detalhes não são, como vimos, irrelevantes. Pelo contrário, eles são suficientemente importantes para produzir uma locação

Da pizza ao impeachment 119

específica para os novos atores na configuração econômica e cultural. E é assim que, por intermédio desses novos atores, vindos do espaço sindical e político, que o Brasil acaba compondo com a tendência internacional de criar uma face mais inclusiva da "financeirização", difundindo seus artefatos para setores da sociedade antes desprovidos desses recursos (Shiller, 2003, de Goede, 2005, Seabrooke, 2006). Proverbialmente, quando os juros dos empréstimos, concedidos aos até então clientes das financeiras populares ou dos agiotas, deixam de ser astronômicos e se tornam apenas muito altos, quando as poupanças tornam-se mais seguras, essas medidas populares acabam aumentando a legitimidade da ordem financeira em termos sistêmicos. Agora, ela ganha defensores num espaço muito além dos "happy few" que operam normalmente nos mercados (Grün, 2013).

Ainda que os desdobramentos produzidos pelos novos atores fossem possíveis, dificilmente os participantes tradicionais dos mercados empalmariam, eles mesmos, um programa de popularização das finanças na extensão de serviços e capilaridade que constatamos no Brasil governado pelos petistas.[12] Ironicamente, a administração petista acabou por realizar uma tarefa típica de quem defende a ordem financeira no longo prazo e, ao fazê-lo, tornou-se estruturalmente solidária aos famigerados "mercados", ainda que a diferença de habitus continuasse produzindo estranhezas mútuas e divergências na política cotidiana (Rosa, 17/8/2006). Como no exemplo dos

---

12 Os programas mais amplos de popularização dos mercados financeiros, quando conduzidos pelos seus habitantes habituais, têm mirado mais para a inclusão do público feminino de classe média do que nas famílias menos aquinhoadas (Leite, 2009). Por exemplo, o programa "mulheres em ação" na bolsa de valores e a publicidade recente dos planos de previdência privada. Assim, se tenta alterar a divisão de tarefas nas famílias das classes médias, nas quais o papel das mulheres é de consumir para realizar as funções de representação social, enquanto que o do homem é de introjetar a "racionalidade econômica" no seio do lar (Douglas, 1996).

120   Roberto Grün

governos de Roosevelt e Vargas, as ações "objetivamente a favor do capitalismo" de Lula não conquistam a adesão imediata daqueles que parecem ser os seus principais beneficiados. Mas, diferentemente dos exemplos precedentes, nos quais era evidente a origem "patrícia" dos reformadores (ainda que não a dos seus principais operadores – os intelectuais judeus de Roosevelt e os sindicalistas e ajudantes modestos de Vargas), o grupo petista é, mais consistentemente, formado por indivíduos de origem mais modesta e com menos traquejo social. Daí a assimetria de recursos culturais e sociais que impede que seus pontos de vista possam ser levados em conta pela opinião publica na forma que eles consideram adequados. De seu lado, os novos atores interpretam a situação como uma conspiração dos poderosos tradicionais. No outro extremo do tabuleiro político e social, suas maneiras deselegantes ganham a aparência de uma séria conspurcação da sacralidade da ágora, que merece sanções extremas.

O quadro de constrangimentos acima, complexo e nuançado, baliza as possibilidades retóricas dos desafiantes da ordem cultural e econômica. Uma primeira mirada diria que nossos desafiantes são muito pouco desafiadores e que a inércia é o resultado mais provável dessa configuração. Mas existir em qualquer campo social significa se distinguir, e querendo ou não, eles são obrigados a avançar propostas e mudanças que os mantenham como alternativa política crível. Daí a "blogosfera" e os atrevimentos imediatamente posteriores de Lula e alguns dos seus ministros diante da doxa dominante, no que diz respeito à questão das privatizações, das formas de contabilização do déficit da Previdência Pública e das possibilidades de planejamento econômico que se configuram no Plano de Aceleração do Crescimento (PAC). O alcance desses arroubos só será conhecido mais tarde. Mas, de qualquer forma, eles denotam alguns mecanismos sociológicos que tornam possíveis as mudanças

Da pizza ao impeachment 121

simbólicas e, consequentemente, as mudanças nas atividades econômicas e financeiras.

Vemos assim que o jogo social que empurra os indivíduos e grupos a realizarem as flexões semânticas que caracterizam a polissemia engloba um enorme conjunto de fatores, derivados de princípios de estruturação intelectual que, por vezes, podem ser diferentes. O primeiro deles é a necessidade de existir socialmente, que só é aniquilada em situações limite, como a da escravidão moderna ou dos campos de concentração nazistas (Finley, 1976, Pollak, 1986, Burguière, Klapisch-Zuber et al., 1996). Ela obriga os indivíduos e grupos a abrirem as suas caixas de ferramentas culturais e nelas buscarem quaisquer instrumentos que possam ser úteis nas refregas que a sociabilidade lhes impõe (Swidler, 1986, Schudson, 1989). Deles se constroem os artefatos que serão testados nas disputas.[13] Os recursos culturais que emergem nessas situações podem surgir de lógicas argumentativas precisas, mas isso não ocorre necessariamente. Se nosso jogo fosse restrito à esfera semântica, seria esperado que a argumentação e a atuação de Lula e de seus partidários seria integralmente derivada da lógica do planejamento econômico. Mas, como vemos no nosso caso, na lógica social, mais ampla do que a semântica, observamos o uso simultâneo de artefatos derivados da "hiper-financeirização", que compõem, logicamente, com o império das finanças, ainda que não com os financistas de carne e osso "realmente existentes" na sociedade brasileira.

Blogosfera como invenção social

A nossa blogosfera aparece no contexto como uma forma de "driblar" a hierarquia cultural, econômica e social tradicionais. Enfatizando o meio de difusão ao invés da discussão direta sobre o

---

13 E, evidentemente, os novos artefatos construídos na dinâmica das disputas culturais e políticas se inscrevem na sociedade, alterando-a.

122 Roberto Grün

direito de inferir sobre o que estava em jogo no processo eleitoral, evita-se o confronto direto com a ordem na qual, como foi visto, os nossos desafiadores também estão inscritos, como elementos subordinados, mas investidos de interesses na preservação do enjeu. Estávamos assim diante de um caso bem tipificado de polissemia, no qual os dois grupos caracterizavam e nomeavam a disputa política diferentemente e a partir de princípios de estruturação contrastantes, conferindo-lhes pesos e relevâncias distintos. E, indo além das "coisas da lógica", a lógica social das coisas e dos engajamentos anteriores estruturava e também circunscrevia o alcance das flexões semânticas, dando consistência sociológica à disputa.

Uma interpretação corrente, vocalizada por Lula de forma positiva e por diversos de seus adversários que lhe dava significado oposto, era a ideia que estávamos diante de um "curto circuito", no qual as massas populares estariam deixando de se guiar pelos seus líderes de opinião tradicionais. Para Lula isso era um sinal de maturidade política do povo que não precisaria mais de conselheiros ou padrinhos para escolher os seus dirigentes (Bergamo, 22/08/2006). Já para seus opositores, estaríamos diante de uma nefanda volta do populismo dos anos 1960, em fase com a interpretação que se fazia do recente ciclo político de eleições presidenciais na América Latina, que estaria trazendo às presidências do Equador, Bolívia, Nicarágua e Venezuela, diversos líderes do mesmo matiz (Neto, 22/06/2006). Assim, uns e outros viam a crise dos intermediários tradicionais como a crise da intermediação propriamente dita. O grupo em torno de Lula remetia sua visão dos eventos como uma aproximação do ideal democrático do eleitor que decide suas preferências e voto diretamente a partir da avaliação dos candidatos e programas em disputa.[14]

---

14 Ainda que os petistas ligados mais diretamente aos movimentos sociais salientassem a importância desses últimos na disputa eleitoral. Aos meus olhos, essa diferença de interpretação pode ser creditada às clivagens internas daquele partido.

Da pizza ao impeachment   123

Ao contrário, seus opositores enxergavam no processo uma perigosa "ligação direta" entre o líder carismático e seu eleitorado despolitizado e encantado pelas pequenas benesses que o governo federal distribuía através, principalmente, do bolsa-família.

As deduções da discussão sobre "central de boatos vs. Blogosfera" dificilmente comporia integralmente com qualquer das duas interpretações. A análise dos debates indica que a situação poderia mais bem ser caracterizada como uma disputa entre dois tipos de intermediários políticos: o primeiro tradicional e legitimado pelo passado e pelas relações de força simbólicas operantes na sociedade e o segundo desafiando o primeiro, ainda que de maneira claudicante. Como somente o primeiro era visto como legítimo no papel enquanto o segundo só podia se mostrar lateralmente, sem reivindicar essa situação, logo a ideia da "falência dos formadores de opinião" fazia sentido como forma social de percepção da realidade. Mas, creio estar demonstrando, o sentido dessa análise mostra que o jogo caracterizou-se mais como uma disputa entre duas correntes de pensamento, duas famílias sócio-cognitivas no sentido de (Fleck, 1979, orig. 1935) e de (Douglas, 1986).

Podemos então extrair da análise, pistas para o estudo sistemático da relação de forças existente no espaço cultural da sociedade brasileira do início do século XXI. Esse exercício de história intelectual do presente faz-se necessário e seria certamente bem-vindo para aumentar a compreensão do período em que vivemos. Um outro caminho, convergente no quadro geral, mas na direção analítica da sociologia econômica, é o de examinar o impacto das oscilações simbólicas produzidas ou reveladas no período para o enquadramento dos desenvolvimentos possíveis e prováveis da agenda econômica e financeira dos anos que se seguiram. A nossa análise sugere que há uma cronologia relevante a ser percebida. À chacoalhada simbólica inicial do questionamento dos bem-feitos da privatização seguiram-se as outras ousadias, como o questionamento específico

124 Roberto Grün

da política de saneamento (Reuters, 05/01/2007 – 16h20, Chico De Gois, 06/01/2007), o anúncio do PAC – Plano de Aceleração do Crescimento (Globo, 22/01/2007, Lopes, 1988) e o questionamento da contabilização tradicional das despesas previdenciárias, que mantinha os rendimentos dos aposentados e direitos dos atuais contribuintes sob pressão constante[15] (Leitão, 30/01/2007, Luciana Xavier, 31.01.2007). Podemos então inferir que o primeiro evento deflagrou a sequência mnemônica que confere razoabilidade aos desenvolvimentos posteriores.

Numa primeira mirada, mais identificada com uma visão cartesiana do sujeito cognoscitivo, diríamos que as "ousadias" sempre estiveram presentes nos planos dos agentes políticos, faltando apenas a "coragem", ou o "tirocínio" para revelá-las e implementá-las. Entretanto, creio estar demonstrando que essa visão, próxima tanto do senso comum cotidiano quanto do erudito, não é sociologicamente razoável. Mas os dois sensos comuns obliteram eficientemente os traços da disputa cultural e social que tornam possível a alteração de percepção de alternativas e de conduta dos integrantes do governo federal e de diversos atores que lhe fornecem apoio. No ambiente cultural e político irremediavelmente contaminado pelo estrategis-

---

15 Uma leitura mais "terrestre" lembraria que o desencaixe do tesouro Nacional provocado pelas despesas previdenciárias é o maior concorrente do montante alocado para as despesas de juros de rolagem da dívida pública federal(13% do PIB brasileiro é despendido com pensões e aposentadorias, contra 11,25% com juros e amortização da dívida pública (Camargo, 2006). Assim, o debate quanto à exequibilidade da atual política de juros altos resvala constantemente na possibilidade de ou se comprimir as despesas previdenciárias, ou as despesas financeiras. Uma política de juros altos facilita a contenção da inflação e assim satisfaz duplamente os credores da dívida, assegurando alta remuneração nominal e real para as suas aplicações. Mas os resultados dessa disputa sobre a distribuição da renda nacional ficam muito mais evidentes quando a contabilização expõe a disputa entre a opção "política social" e a "investor-friendly" .

Da pizza ao impeachment   125

mo, tudo se passa como se a adoção e a rejeição da doxa econômica fossem questões de vontade, no máximo, de oportunidade.

Certamente que, como quer o senso comum, os fatos aparecem no cenário como vontades e oportunidades, mas meu ponto é que o passo anterior, o vislumbre das oportunidades, as vontades e a coragem são determinados pelas configurações culturais e sociais e não fruto do exercício do livre arbítrio dos agentes políticos e econômicos, muito menos formados ao acaso de suas descobertas intelectuais sobre as possibilidades do debate. Outro ponto relevante é que essas armadilhas do "estrategismo cotidiano" impedem que esse jogo social seja compreendido. Mas ele age sobre as formas de mudança relevantes na sociedade as quais, por sua vez, alteram as estruturas sociais ao alterarem as percepções. E, ao deflagrarem as transformações, confirmam o "materialismo simbólico" que estamos acostumados a aceitar quando a Escola dos Annales apresenta a lógica do convívio social e de suas mudanças na Idade Média europeia (Duby, 1978); ou (Sahlins, 1976) entre os melanésios ainda pouco tocados pela cultura ocidental.

Blogosfera e invenções sociais

Uma sociologia compreensiva da blogosfera teria de levar em conta que estamos diante de um desenvolvimento que foi precedido de diversas outras iniciativas. Essas últimas correspondem a estratégias de inserção e existência no campo cultural, possivelmente análogas quanto ao sentido que os agentes lhes deram e dão. Podemos observar a criação, existência e ocaso de uma imprensa alternativa no final dos anos 1970, que produziu diversos ensaios estéticos e deu notoriedade a agentes que posteriormente estiveram à testa de desenvolvimentos importantes da imprensa mainstream do final dos anos 1980 e na década seguinte. Numa só bola de neve, podemos encontrar nomes ilustres da grande imprensa do início do período de redemocratização, como Caio Túlio Costa, Matinas Su-

126   Roberto Grün

zuki na *Folha de São Paulo*, Mario Sérgio Conti na *Veja*, e mesmo Silvia Poppovic na comunicação de massa. Eles tiveram seu período de rebeldia (e de acumulação de capital simbólico) nos jornais experimentais *Avesso* e *O Beijo*, para posteriormente ocuparem as secretarias de redação dos jornais e revistas tradicionais (Costa, 16/5/2006). Num primeiro momento eles estavam entre os responsáveis pela atualização dessas publicações no novo espaço público democratizado e no espaço profissional pós-Watergate para depois, a julgar pela consagração entre os pares, se tornarem grandes nomes do novo "poder da imprensa" investida de suas prerrogativas de 4º poder da República.

Seria inexorável acontecer a mesma coisa com os nossos habitantes da blogosfera? É provável que sim, para alguns. Mas evidentemente não cabem todos nas elites. E a inércia sociológica evoca o exemplo de outras configurações intelectuais especialmente, e por acaso, aquelas em que os termos "alto clero" e "baixo clero" foram usados mais sistematicamente. Nelas, os novos atores que são aceitos tornam-se os mais fiéis guardiões da ordem, enquanto que os que ficam de fora se tornam os seus denunciantes mais exaltados (Darnton, 1982, Bourdieu, 1992). Por outro lado, tampouco é certo que essa inovação seja selecionada para incorporar-se ao mainstream da mídia, muito menos que o seu crescimento não possa ser "normalizado" pelos poderes constituídos. Afinal, vimos recentemente o movimento das rádios alternativas crescer, apresentar algumas inovações estéticas, dar lugar a grupos de indivíduos cujas origens sociais os fariam ser preliminarmente excluídos do universo da mídia estabelecida, mas que não foram capazes de evitar a repressão ao seu desenvolvimento, nem deixar uma marca bem delineada no espaço tradicional.[16] Da mesma forma, o barateamento dos custos técnicos da produção cinematográfica e as novidades na sua distribuição ain-

---

16 Ver o caminho www.enecos.org.br/docs/radcom_artigowpinheiro.doc.

Da pizza ao impeachment 127

da não nos fizeram perceber os seus frutos em termos de representar um desafio claro para o polo dominante no setor.[17]

Uma vez assinaladas algumas virtualidades e limitações dos possíveis desenvolvimentos, resta a evidência mais firme de que a simples existência e difusão do termo "blogosfera", bem como o seu uso nos contenciosos de 2006 mostrou que estamos diante de mudanças na estrutura social da produção e difusão cultural da sociedade. À primeira vista, esse desenvolvimento assinalaria a volta da esquerda e de suas pautas a uma posição central no debate público e poderia assim ser considerado ou assimilado diretamente à dinâmica deflagrada e alimentada pela disputa política explícita.

Mas essa visão deixaria de lado outras evidências igualmente interessantes, ainda que menos sedutoras ideologicamente, como o resultado surpreendente do plebiscito nacional sobre o desarmamento, ocorrido em 23/10/2005. De um lado, representantes "esclarecidos" de todo o espectro ideológico assim reconhecido, bem como a "mídia responsável" estavam alinhados com a causa do desarmamento, enquanto que a postulação oposta era taxada de "lobby da indústria do armamento" e era liderada por um deputado federal (Luís Antonio Fleury – PTB/SP) que sequer conseguiu se reeleger no pleito de 2006.[18] Ao fim e ao cabo, 64% dos eleitores preferiram a manutenção do porte de armas e demais artigos controversos da lei em vigor, confirmando de maneira mais explícita possível a hipótese

---

17 Ainda não sabemos o tamanho e o escopo do desafio representado pelas novas formas de difusão/produção de vídeos das quais o site Youtube é o exemplo mais representativo. Por outro lado, como a percepção das novidades é fortemente viesada pelo pertencimento geracional, é fácil esse autor deixar de notar mudanças na paisagem midiática que são mais evidentes para colegas de coortes mais jovens.

18 Ver http://pt.wikipedia.org/wiki/Referendo_sobre_a_proibi%C3%A7%C3%A3o_da_comercializa%C3%A7%C3%A3o_de_armas_de_fogo_e_muni%C3%A7%C3%B5es#Resultado .

128   Roberto Grün

da disjunção e prenunciando um resultado análogo para uma eventual consulta sobre a instauração da pena de morte.

Temos então que a disjunção é uma hipótese bem mais ampla e não simétrica à da divisão entre esquerda e direita do espectro político. No momento simbólico posterior, quando eclode a crise financeira internacional, mais uma vez ela vai se constituir num recurso explicativo relevante.

A configuração que trouxe à luz a novidade da blogosfera brasileira poderia ser generalizada como típica daquelas que permitem a ultrapassagem da doxa? O aprofundamento posterior das "ousadias" na condução da economia brasileira seria uma consequência dessa primeira flexão? O fio da análise indica que sim.

Empiricamente, nossos "escândalos" se transformam em "casos", no sentido francês acima descrito e a guerra cultural se explicita (De Blic, 2005). O "óbvio" impensado tem de ser posto no papel e essa explicitação pode desincorporar sua lógica cognitiva, transformando-a em um conjunto de hipóteses a ser testado, como quaisquer outros. O que era antes uma disputa inglória contra a submissão inscrita nos corpos se torna, repentinamente, um jogo intelectual com todas as possibilidades de subversão que ele abre. Quando isso acontece, quando os princípios da doxa ficam transparentes, eles perdem sua principal linha de defesa que é a da sua percepção como natural e seus princípios como os do bom-senso. Mas, uma vez aberto e translúcido, esse contencioso irá permanecer assim, ou nossa doxa, e seus tenores irão se recuperar e retomar o jugo da sociedade?

A gestão imediata da crise financeira parecia indicar que nosso sistema de dominação estava irremediavelmente desfeito. Mas os momentos posteriores mostraram que a inércia social e cognitiva, a resiliência dos óbvios, dos bom sensos da contemporaneidade são muito maiores do que quer nossa razão escolástica ou nossa libido política. Com o passar do tempo, o espaço para o jogo se fecha e a

Da pizza ao impeachment 129

tutela se refaz. E, mais uma vez, nosso estrategismo cotidiano tenta personificar o jogo social mais amplo que escapa às nossas mãos e ao nosso controle.

Nossos escândalos se constituem no mecanismo por excelência de reposição da doxa no centro da agenda e, nessa especificidade da política do Brasil contemporâneo, em instrumento privilegiado para a manutenção da ordem tradicional. Trata-se, entretanto, da ordem dóxica, que coincide normalmente com a razão social e política conservadora, mas nem sempre. Essa saliência nos abre uma perspectiva interessante e explorar essa nuança é um caminho analítico irrecusável.

A lógica social que constrói o campo do escândalo é caprichosa e não se deixa perceber na sua integralidade. Escandalizadores pensam que conseguem deflagrar e controlar esses eventos, abraçando uma visão integralmente estrategista da política e da sociedade. Os indivíduos e grupos atingidos pelos escândalos incorporam parte dessa visão, concedendo aos escandalizadores essa potência, mas tangendo-a de um viés conspiratório.

A nossa hipótese da explicação via assimetria de capital cultural não se coaduna com as duas visões, que são produzidas pelo cotidiano das interações sociais. Mas, acredito, ela pode explicar tanto a prevalência normal da doxa quanto as oscilações que permitem alguma mudança e a inscrição de novos grupos sociais ao campo do poder. Em tempos normais, quando o jogo social se faz integralmente nos limites do campo do poder, a hierarquia cultural se impõe automaticamente e pouco pode ser feito em termos de desafiar a doxa. E o ponto relevante que me parece contraintuitivo, é que também não surge nem o vislumbre, muito menos a libido necessária para desafiar a doxa. O jogo se "conforma" no duplo sentido de ter uma estrutura clara e de os agentes agirem apenas como portadores dos determinantes estruturais previamente inscritos neles. O desafio, quando surge, é consequência da disjunção que aponta-

130 Roberto Grün

mos acima. Paradoxalmente, ele depende então da continuidade da disjunção entre as percepções do social e do cultural que dividem a sociedade entre a sua população geral e suas elites.

Dizer então, como quer o senso comum, que os fatores que impediam o deslanchar de uma plataforma econômica heterodoxa eram as personalidades conservadores e Henrique Meirelles ou de Antonio Pallocci, respectivamente o Presidente do Banco central do Brasil e o Ministro da Fazenda daqueles momentos que antecederam à crise, são bons argumentos para os enfrentamentos políticos, mas são má sociologia. E talvez um dos indicadores mais interessantes dessa situação de "träger" do agentes sociais é efetivamente a mudança de posicionamento de Meirelles durante a crise, conforme veremos a seguir.

A crise financeira e a anulação do poder escandalizador

A resposta brasileira à crise financeira foi um evento marcante para nossa análise. Muito além da problemática estritamente econômica, aqui é interessante utilizar esse episódio para revelar um outro momento em que o "poder escandalizador" falhou, e isso acontecendo, a análise específica dos titubeios dos seus portadores habituais diante da situação inusitada irá revelar um pouco da estrutura tanto propriamente semântica dos escândalos quanto dos trunfos habituais daqueles que, normalmente, os empregam na esfera pública e demais interações sociais contemporâneas.

Os raros momentos em que a obviedade do poder simbólico se desfaz são essa janela de oportunidade para a análise sociológica, na medida em que os agentes são obrigados a perscrutar tanto seus trunfos quanto suas ações na busca do que deu errado, para recuperar a primazia e o terreno perdidos. Revirando a caixa de ferramentas para testar as habituais e buscar aquela que parece ter sido esquecida, todas elas aparecem a céu aberto.

Da pizza ao impeachment   131

Do outro lado do ringue, os titubeios daqueles que avançam com o recuo dos dominantes tradicionais também carregam um enorme conteúdo informativo. O momento em que as fissuras são percebidas, as tentativas de ampliá-las e a insegurança do súbito empoderamento são micro sequências que podem ser consideradas a anatomia mesma do poder e das revoluções simbólicas. E, nessa mais do que década de governo federal do "baixo clero", encabeçado por presidente vindo do Partido dos Trabalhadores, os mecanismos sociais de recuperação do poder simbólico tradicional também irão aparecer a céu aberto, completando nossa "Anatomia ilustrada do Poder Simbólico".

É assim que o conjunto constituído pela resposta do governo brasileiro à crise financeira e, principalmente, a resposta dos agentes contrariados por essa resposta especialmente aqueles situados na esfera das finanças e do poder cultural propriamente ditos são o grande bloco empírico a ser explorado nesse segmento. Instala-se assim um problema de diálogo intelectual: o espaço empírico para um debate sobre sociologia da cultura se apresenta a partir de uma empiria de sociologia econômica, das finanças e da política.

As metodologias típicas da sociologia da cultura são necessárias, mas aqueles acostumados com ela normalmente ou se afastam do universo em questão, ou se movem com grande dificuldade nele, talvez sem se dar conta das suas sutilezas. Em grandes linhas, o espaço financeiro também conta como um campo, no sentido forte que essa palavra recebe na acepção de Bourdieu, e sua dinâmica interna revela muito do jogo cultural em que está montado o campo do poder na sociedade brasileira.

Ouso dizer que pouco podemos avançar sobre a compreensão das linhas de força da política brasileira contemporânea se não levarmos em conta que a nossa configuração é um campo, extraindo as consequências desse fato. A principal delas é a capacidade dela produzir internamente significados relevantes que serão absorvidos

132 Roberto Grün

e normalmente aceitos pela sociedade em geral, constituindo o poder simbólico que impõe um modo de dominação específico baseado na prevalência das "obviedades" extraídas do senso comum engendrado no universo das finanças. A nossa doxa é em grande parte produzida e certamente reiterada pelo acatamento das noções originárias ou retrabalhadas pelo espaço financeiro. Tal hipótese nos leva a, necessariamente, considerar os agentes financeiros como intelectuais, no sentido forte de produtores de categorias cognitivas que irão ser utilizadas além de seu espaço específico e acabarão dando consistência à realidade social. Essa característica se revela no presente capítulo, justamente quando esse poder simbólico óbvio é desafiado e a superioridade social de seus detentores perdem a naturalidade que "sempre teve".

Inicialmente, é interessante ter claro que a prevalência de uma interpretação da realidade costuma obliterar e tornar praticamente impossível o funcionamento social de visões alternativas a ela, ainda que essas últimas sejam plausíveis em termos intelectuais ou propriamente científicos. Temos aqui um problema epistemológico ou de cognição social. O universo acadêmico, acostumado à chamada "visão escolástica", encontra aqui um claro limite, que estamos aqui chamando de "a dureza da realidade simbólica". A missão dos intelectuais seria a de revelar a verdade obscurecida pelas ideologias ou mistificações propositais e, uma vez realizado esse trabalho, a verdade iria prevalecer por toda a sociedade. No decorrer do capítulo, e de toda a análise sociológica dos escândalos, essa visão alvissareira para os intelectuais, especialmente os profissionais de ciências humanas, será desafiada no duplo sentido de ser contradita pela realidade dita "empírica" que apresentamos, como também de se mostrar um impedimento para entender a realidade cultural que fornece inteligibilidade sociológica para os escândalos políticos, econômicos e culturais que dilaceram o Brasil contemporâneo.

Da pizza ao impeachment

O mundo tradicional perdeu algumas referências básicas durante os primeiros momentos que se sucederam ao que poderíamos chamar de "declaração" da crise financeira. Mas elas não haviam desaparecido. Momentos posteriores mostraram a latência das suas bases, que vergaram num muito determinado momento, mas que voltou a prevalecer na medida em que os seus princípios se fizeram valer e a resiliência dos desafiadores da ordem simbólica foi se enfraquecendo pelos golpes simbólicos sucessivos, dos quais os escândalos são justamente a face visível e os portadores dos termos da chamada à ordem a que todos devem se sujeitar.

Assim, uma cronologia da sequência de golpes e contragolpes durante a crise, bem como uma tentativa de micro-cronologia de alguns de seus momentos mais candentes nos trazem um rico material para pensar a dominação simbólica.

Um primeiro ponto, já tematizado no capítulo anterior, diz respeito às fissuras que a ordem simbólica tradicional já parecia apontar. Evidentemente, a importância deles só pode ser aferida posteriormente, na sequência que montamos no papel, que tenta dar inteligibilidade aos fatos, mas faz perder as interpretações momentâneas do que esses eventos significaram para os contendores no momento em que transcorreram. Mas, uma vez posto no papel, o sequenciamento produz um efeito de validação impossível de ser escondido.

Abaixo uma sequência de notícias indicando a alteração dos panoramas cultural, econômico e político brasileiros a partir da crise do "mensalão", iniciada em 2005:

Sequência de notícias mostrando a progressiva crise da doxa

Scholz, R. A. a. C. (21/9/2006). Escândalos vão minando república sindical. *O Estado de São Paulo*
Online, O. G. (08/10/2006 às 23:22). "Debate: Aerolula e 'lógica da ética' dominam quarto bloco." *O Globo Online.*
Paulo, F. d. S. (19/10/2006). PT impôs agenda a Alckmin, dizem cientistas políticos. *Folha de São Paulo.*
Lamucci, S. (24/10/2006). "Agenda liberal afugenta presidenciáveis." *Valor Econômico.*
Sardenberg, C. A. (01/11/2006). O PSDB acabou. *O Globo.* Rio de Janeiro.
Chico de Gois, C. J. e. L. D. (06/01/2007). Lula sanciona lei do saneamento e abre caminho para investimentos: ao aprovar o marco regulatório do setor, Presidente faz críticas à privatização. *O Globo.* Rio de Janeiro.
Rocha, J. (14/05/2007). Para Santana, crise tirou governo da letargia e foi crucial à reeleição. *Valor Econômico.*
Marchi, C. (11/11/2007). Maioria é contra privatizações, aponta pesquisa:Levantamento 'Estado'/Ipsos indica que 62% do eleitorado é contra e apenas 25% é a favor. *O Estado de São Paulo.*
Galhardo, R. (04/10/2008). "Lula: crise é tsunami nos EUA e, se chegar ao Brasil, será 'marolinha'." *O Globo.*
ALENCAR, K. (01/03/2009). "Bancos fazem lobby com Lula contra demonização." *Folha Online.*
Ribeiro, B. (02/03/2009). "Lula diz que bancos estatais dão segurança ao país em tempos de crise." *Valor Econômico.*
Camba, D. (09/04/2009). "Ingerência política volta a assustar." *Valor Econômico.*
Lins, L. (13/04/2009). "Lula: máquina pública sabe fiscalizar, mas não executar: Para presidente, país desaprendeu a fazer obras." *O Globo.*
Safatle, C. (03/07/2009). "Para os bancos, os tempos estão mudando." *Valor Econômico.*

Uma outra maneira de vislumbrar a sequência é uma lista direta de eventos que podem ser considerados os mais significativos da evolução que culminou com o sucesso e a popularidade do Presidente Lula ao final do seu segundo mandato. Acima, os eventos considerados positivos, que mostram ou a erosão da legitimidade dóxica ou, mais diretamente, a capacidade de propor e impor visões alternativas da realidade social e política. Abaixo, as ripostas da ordem dóxica:

Sequência de termos positivos ou negativos para a afirmação de cada um dos polos em disputa

	Petro-brax	Apa-gão	Elei-ções 2002			Políti-cas Sociais	Sanea-mento urbano
Acu-mu-lação espúria de Ca-pitais				PEC Sistema Finan-ceiro	Men-salão 1		

Con-tabili-zação previ-dência		Aero-Lula	Crise 2009	Maro-linha	Provo-cada por gente branca de olhos azuis	consu-mir	Bancos prova-dos vão comer poeira
	Cor-rupção Incom-petên-cia						

136   Roberto Grün

Em seguida, uma sequência direta, propondo os eventos que marcaram as oscilações mais importantes, culminando com a erosão da legitimidade de Dilma no início do seu segundo mandato (2014-5).

	Sete de Setembro Na Bolsa				Contabilidade INSS / investimentos em saneamento público	BALASH
Paradoxo Eleição Lula	Corrida Contra o Real	PEC Sistema Financeiro	Caso Waldomiro/ Mensalão	Silêncio dos intelectuais		Eleição 2006 AEROLULA

Crise 2008 Empurrão contra-cíclico	Eleição de Dilma	Dilma diminui os juros		Copa do Mundo		
		depois "pisca"	Julho 2013 Disputa pelo significado	"Dilma, vai tomar no cu"	Lava-jato/ petróleo	Verde-amarelo x vermelho

Há uma continuidade sociológica entre as esferas cultural e econômica da sociedade que cabe aqui ser esclarecida e reconhecida no seu potencial explicativo. O ponto de enlace é que, ainda que os objetos empíricos de cada espaço sejam conformados dife-

Da pizza ao impeachment

rentemente, eles estão ancorados na mesma matriz metafórica, o econômico dependurado no cultural. E o cultural sendo entendido num sentido mais antropológico e cognitivo do que costuma ser apreendido cotidianamente.

As metáforas são parte essencial do arcabouço cultural do país ou outra configuração relevante e são acionadas nos discursos performativos e legitimatórios que constroem ou reconstroem a ordem econômica e financeira.

Nossos agentes econômicos são também agentes culturais, que buscam e cultivam essa herança comum, normalmente considerada apanágio dos produtores culturais em senso estrito. Mas a ideia, dóxica, de que eles simplesmente avocam um bom senso lógico e atemporal oblitera as continuidades entre as duas esferas e a sua condição objetiva de intelectuais.

A "verdade keynesiana", contida no último parágrafo da Teoria Geral coloca a questão de maneira crua e eficiente: "As ideias de economistas e filósofos políticos ambos, quando estão certos ou errados são mais poderosas do que comumente entendido. De fato, o mundo é regido por pouco mais do que isso. Homens prático s, que acreditam ser isentos de qualquer influência intelectual são geralmente escravos de algum economista morto." (*John Maynard, Keynes – A Teoria Geral do emprego, juro e moeda*) .

A tirada ao mesmo tempo lógica e histórica de Keynes, se de um lado alerta o leitor sobre as armadilhas do pensamento dito "prático", do outro não incursiona na nossa questão espinhosa dos porquês dessa ilusão de autossuficiência do pensamento cotidiano. Mais uma vez, não se trata do predomínio de uma ideologia econômica no sentido de ser um sistema lógico de ideias que pode ser debatido, mantido ou refutado. O que temos na verdade é um estoque de metáforas ditas "vivas", que normalmente são acionadas de maneira irrefletida para tornar óbvias determinadas linhas de raciocínio e também para expulsar outras do espaço das opções efetivas, ou mesmo refutá-las liminarmente.

Estamos então diante da dominação simbólica nua e crua, que se inscreve duravelmente nos corpos e mentes como habitus sociais construídos pela sociedade e cultura brasileiras através dos tempos. É o peso da Historia sobre cada um dos indivíduos que são socializados no país num determinado período.

Operacionalmente, assistimos no Brasil contemporâneo um funcionamento retroalimentado entre a noção popular de que o Brasil é o país da bagunça e o argumento erudito segundo o qual os juros e outras remunerações do capital financeiro têm de ser muito altas no país por causa da "insegurança jurídica". O primeiro justifica o segundo e o segundo se enxerta no primeiro. E a relação entre os dois confere essa resiliência que chamamos de obviedade.

A austeridade econômica surge então no argumento como uma sequência da necessária austeridade moral, que faltaria aos brasileiros e seria a razão última de seus problemas e do atraso do país. Os escândalos acionam essa sequência no seu início, deflagrando um enquadramento cognitivo que torna óbvia a necessidade de ciclos de austeridade.

Os breves períodos em que essa âncora se perde são momentos de ansiedade, nos quais mesmo os agentes subalternos empoderados pela janela se sentem inseguros. Daí se entende porque os escândalos são eficientes para recolocar a doxa no centro das discussões. Ainda que o material escandalizador e a qualidade do produto cultural ou mesmo as razões intrínsecas exibidas pelos escandalizadores algumas vezes possam parecer pouco expressivos, há sempre, ou quase sempre, uma predisposição social para refutar as transgressões, incluindo aí o sentimento de ilegitimidade dos transgressores.

É assim que a explicação da transgressão só pode ser completa se levar em conta os mecanismos que conferem legitimidade aos indivíduos e ideias que, em princípio, não seriam acatados pela sociedade devido a ofensa à doxa.

Gastar mais do que o habitual durante as crises, primeiro na esfera doméstica, mas também, por extensão, na esfera governamental, é um contrassenso dessa configuração dóxica que se quer lógica. Escapar dela é uma possibilidade que se abre muito raramente e se fecha muito facilmente. Isso porque qualquer abalo na condução da família ou da sociedade "transgressoras" serão imputados, inapelavelmente, à quebra do compromisso com o bom senso dóxico/lógico.

É assim que não foi por acaso que Dilma "piscou" diante dos clamores falando da volta da inflação e ensaiou o retorno ao bom senso apoiado pelos mercados financeiros, seus porta-vozes na mídia, na política e na academia. Mas como a lógica das coisas nem sempre é a lógica dos atores esses movimentos, quando executados por mãos consideradas inábeis – por membros do nosso baixo clero – serão sempre considerados insuficientes e iremos assistir a erosão progressiva de sua legitimidade enquanto condutora da politica econômica, ainda que rendida "às circunstâncias".

A digressão econômica acima pode ter sido ser acompanhada por muitos interessados, não se constituindo, ela mesma, em alguma novidade digna de nota. Mas para nossos propósitos, note-se que a incapacidade de manter a política anticíclica revela a mudança pendular da marcação na balança que mede o poder cultural e simbólico no campo do poder brasileiro.

Não por acaso, segundo nosso modelo, a capacidade de escandalizar volta às mãos dos grupos e pensamento tradicionais. E agora, potenciado pela "evidência" da transgressão. Os esforços "voluntaristas" do governo redundaram em inflação e estagnação econômica. E o voluntarismo recobriria, como por suposto, propósitos crapulosos, identificados no novo escândalo que se criou em torno da corrupção imputada à Petrobrás.

Na exploração cultural e política, a ideia cotidiana de inflação carrega um alto poder metafórico, no sentido de deflagrar sequências cognitivas que enquadram situações e produzem realidade. A primeira, e fundamental, é a ideia de que a corrosão do valor da moeda que seria o significado literal do termo, traria consigo a corrosão de outros valores na esfera social, moral, cultural ou ambiental. Inflação seria sinal de sociedade doente, especialmente de governo doente. O debate brasileiro no início dos anos 2010 sobre o possível papel benéfico de "um pouquinho de inflação" para dinamizar a economia revelou essa característica. Independente de sua qualidade intrínseca, a discussão acaba interditada porque o possível uso estratégico da inflação sugere a decadência moral de seus usuários. Os adversários do governo do período muito facilmente venceram a disputa cultural, impondo a sua visão de que qualquer inflação deve ser imediatamente debelada ou, mais precisamente, combatida através dos instrumentos considerados clássicos na esfera fiscal e monetária: aumento das taxas básicas de juros que o governo paga para financiar a dívida pública e a correlata contenção de despesas sociais que seriam responsáveis pelo descontrole orçamentário ou, em termos mais contundentes, pelo descalabro vivido no país.

Com a volta à "tradição", são também deslegitimados as demais condutas "extravagantes", como a escolha de diretores e presidente do Banco Central do Brasil (BACEN) entre os funcionários de carreira, considerados suscetíveis a pressão direta do governo que os emprega. O retorno do "business as usual" fica completo: num primeiro momento a escolha de diretores pertencentes ao quadro do Banco Central do Brasil significava a sua independência diante dos interesses particulares dos financistas. Na restauração da ordem, passaram a significar a sua submissão aos desmandos da razão política e espúria do governo descomprometido com os fundamentos sadios da economia do país.

A própria caracterização da disputa econômica como uma "piscada" da Presidenta Dilma já revela a desproporção dos recursos culturais e políticos postos em ação no evento. De um lado o "mercado", uma entidade coletiva, demiúrgica e tida como inexpugnável. Ao seu dispor, o "bom-senso" das elites do país, referendando o diagnóstico de transgressão. Do outro, simplesmente uma pessoa. Mais do que isso, uma mulher. De um lado a lógica, do outro, simplesmente a vontade. Muito pode ser ainda explorado dessa configuração. Dentre os mais diversos tópicos, a ilustração da digressão de (Douglas, 1998) mostrando o caráter androcêntrico da noção de homo economicus.

IV
Escândalos e mitologia política

Escândalos produzem um clima cultural extremamente favorável à emergência de mitologias políticas. Estas são artefatos culturais que contribuem para perenizar os efeitos políticos, e especificamente culturais, dos escândalos. Dentre outros aspectos, os mitos políticos são simbolizadores dos temas dos escândalos os quais, ao serem condensados, ganham duração, contribuindo principalmente como mnemônicos que deflagram a lembrança dos temas e situações conspurcados.

Por isso a análise sociológica dos escândalos não pode deixar de passar por uma tentativa de compreensão das mitologias políticas do presente. Na verdade, ao contrário do enunciado cotidiano contemporâneo dizendo que no Brasil tudo, especialmente os escândalos, terminam em "pizza", ou "samba", cada escândalo reforça a construção das mitologias e também dos grupos que as criam e propagam.

Não é então por acaso que no escopo da análise a nossa "pizza" pode ser considerada uma cortina de fumaça que esconde o jogo social que estamos travando e tentando entender. Na compreensão cotidiana a "pizza" seria uma espécie de ágape societal, que apagaria as diferenças e as controvérsias políticas, culturais ou morais. Na verdade ela esconde e mascara o essencial, que é a formação e a solidificação desses grupos, fundamentais para a dinâmica política polarizadora que observamos.

Não há ágape nenhum. Pelo contrário, o que vemos são os efeitos cumulativos dos escândalos seguidos, no qual cada episódio ajuda a retroalimentar os cânones sociais de discussão em torno da polarização social. Nela, cada um dos polos se torna um excelente nicho cultural que constrói as mitologias políticas na medida em que cria as condições e restrições de sociabilidade, de circulação e de insulamento de ideias & informações nas quais vicejam as mitologias políticas.

É então necessária uma análise sistemática desses mitos políticos que vimos se formar e fortalecer nos anos de presidência petista. Assim como os escândalos, a ideia de mitologia política, especificamente as contemporâneas, não são objetos mainstream das análises acadêmicas e também não acadêmicas sobre fenômenos políticos. Podemos mesmo dizer que "levar a sério" as sociedades contemporâneas é uma ideia que costuma estar associada a entendê-las a partir de mecanismos de decisão racionais, imputando a racionalidade como condição de contorno no sentido das pragmáticas derivadas das técnicas de formalização matemática dos processos decisórios.

Longe de achar simplesmente que as sociedades contemporâneas sejam "irracionais", pretendo apenas questionar a validade do apriorismo racionalista para mostrar um ponto que talvez estejamos perdendo quando o adotamos espontaneamente. Trata-se de explorar as mitologias políticas do presente não apenas como artefatos culturais mais ou menos interessantes para análises internas de seus conteúdos ou para tomá-las como manifestações do espírito da época ou ainda para declarações sobre a situação patológica da sociedade, mas também de explorar a relação entre os mitos enquanto artefatos, seus artífices e as técnicas empregadas na sua construção, bem como as suas consequências em termos das mobilizações sociais e políticas às quais eles estão associados e como tais veículos e processos influenciam os resultados dessas mobilizações.

No ponto de vista que adoto aqui, as mitologias políticas são pouco ou mal consideradas na análise do presente e, creio eu, essa desconsideração cobra um preço, dificultando a percepção da dinâmica social e mesmo econômica que produz a atualidade. Con-

Da pizza ao impeachment   145

sideradas como fenômenos efêmeros e distantes da racionalidade imputada aos agentes e/ou aos processos, as mitologias são refugadas para a rubrica das excentricidades e tratadas como resíduos sem maior importância. Tudo se passa como se elas tiveram alguma relevância apenas em algum passado "pré-histórico". No presente, viveríamos sob o império da razão e por isso não deveríamos nos preocupar realmente com elas, que se existem, não passariam de meras curiosidades.

No tópico, invoco Mary Douglas, especialmente quando a antropóloga analisa a inflexão conservadora nos países anglo-saxões do final dos anos de 1980 e diz que um pensamento está institucionalizado, perdendo a perspectiva histórica e a capacidade reflexiva, quando aqueles que o compartilham creem que seu tempo é único e radicalmente diferente do passado (Douglas, 1986, Douglas, 1998). No esquema que estou apresentando, não menos importantes são as reflexões em torno das tentativas de incorporar Foucault na análise política, especialmente as ideias de governamentabilidade e de regime de verdade (Brass, 2000). Tais artefatos heurísticos fornecem pistas importantes para o estudo da construção, da retenção das mitologias políticas e de suas consequências na ação propriamente política de mobilização e imobilização recíprocas inspirando autores mais recentes. É assim que podermos notar uma forte incorporação dessas noções foucaultianas na teoria do Estado de (Bourdieu, 2012) e também autores próximos mas não assimiláveis, como (Desrosières, 2008, Boltanski, 2012).

As mitologias políticas são instrumentos de organização social e cognitiva que fornecem coesão aos grupos, e ainda está por ser provado que poderíamos ter grupos sociais unidos por contratos explícitos, próximos da completude e não metafóricos e polissêmicos. Nesse sentido, inicialmente, é útil a análise das personas políticas que se erigem no Brasil contemporâneo nos diversos sentidos recobertos pelo conceito de "representação" (Boltanski, 1982, Hacking,

146 Roberto Grün

1983, Ginzburg, 1991, Goody, 1997, Boltanski, 2012). Os mitos políticos representam a realidade em vários dos sentidos esclarecidos por esses autores. Mais diretamente, eles a apresentam numa forma considerada simplificada, mas dotada de consistência cognitiva, no sentido de um constructo assimilável e passível de operacionalização ao mesmo tempo cultural e política. Eles dão verossimilhança e conferem centralidade às narrativas que a organizam e as tornam compartilhadas num esquema semântico e de interiorização que pode ser decalcado das formulações de (Rosch, 1977) sobre a produção de protótipos cognitivos que organizam a criação de categorias semânticas e que foram retrabalhadas sociologicamente por (Boltanski, 1982, Boltanski, 2012). Assim, eles são a realidade política no mesmo grau que conferimos à realidade que chamamos de "objetiva". Isso porque, afinal, é por meio deles que a realidade toma forma e também se geram as dinâmicas que podem alterá-la ou se mantém as inércias que a estabilizam.

Em uma perspectiva de análise das dinâmicas sociais imperantes no espaço cultural, a produção de mitos também é reveladora do capital cultural dos seus formuladores. Aqui nos situamos numa lógica de análise sociológica que pode ser decalcada da análise de (Champagne, 1984) sobre a produção de manifestações políticas dotadas de visibilidade e da criação e acumulação de capitais simbólico e cultural na sua generalidade empreendida por (Bourdieu, 1980). Nossos produtores de mitos são uma subespécie de empreendedores morais, capazes de inscrever novidades no espaço simbólico da sociedade e, dessa maneira, fazê-la se pensar diferente de outros momentos. Essa capacidade é a definição mais pura possível de capital cultural. Nesse sentido, temos os mitos como reveladores dos capitais e, portanto, como resultado das assimetrias e da estratificação realmente existentes. Retomando essa linha teórica na sociologia da religião de Weber, os construtores de mitos são portadores de quantidades relevantes de capital cultural, na medi-

Da pizza ao impeachment 147

da em que suas construções simbólicas são retidas por parcelas da sociedade. E isso mesmo se o reconhecimento dessas potências não seja espontâneo nem intuitivo. Afinal, é esperado que muito dos novos estoques simbólicos ainda em processo de incorporação pelas sociedades sejam vistos como idiossincráticos e mal considerados pelas elites tradicionais, que costumam aferi-los e reconhecê-los, tudo como a dimensão cultural dos produtos simbólicos que nos foram legados pelos profetas do Israel bíblico estudados por nosso autor – e por centenas de outros. Um ponto a ser deduzido e mais explorado na nossa análise dos mitos políticos contemporâneos é justamente que a constatação dessa diferencialidade, que cremos demonstrar que é "objetiva", deveria incitar a análise propriamente quantitativa da estrutura social. Grosso modo, penso não ser demasiadamente abusado dizer que se a análise quantitativa não capta essa diferencialidade ela está procurando os capitais em indicadores equivocados.

Pensando a questão a partir da ideia de "nichos culturais" desenvolvida por (Hacking, 1998) para dar conta da generalidade da criação de novas categorias e inscrições sociais, assistimos no Brasil do início do século XXI uma muito peculiar hipertrofia do setor financeiro, que alhures achamos pertinente chamar de "financeirização de esquerda". Na esfera política observamos o desenvolvimento continuado de uma experiência oriunda da esquerda do espectro da representação política mais ou menos bem-sucedida, a julgar pela reeleição de Lula e a eleição e reeleição também de Dilma e, principalmente, pela resiliência que demonstrou apesar das múltiplas tentativas de desestabilização instrumentadas pelos escândalos políticos que sacudiram e sacodem o período (Grün, 2009, Grün, 2009, Grün, 2010). O tempo mostrou que a construção não era perene, mas fica a pergunta, para muitos descabida na esfera moral, mas necessária: como durou tanto tempo?

148 Roberto Grün

A resiliência do governo vindo da esquerda tem sido analisada fundamentalmente como um fato político. Aparece aqui novamente a necessidade de estudá-la também como um fato cultural, convocando uma sociologia capaz de revelar as transformações importantes na estrutura e na dinâmica da distribuição de capital cultural na sociedade brasileira contemporânea. Esse contexto peculiar é o nicho que abriu espaço para a produção e efetivamente viu nascerem várias figuras mitológicas as quais, a meu ver, são ao mesmo tempo produtos, sintomas, artefatos de mobilização e pistas heurísticas para decifrar as lógicas sociais dos tempos em que vivemos.

No início do governo Lula, o somatório das crenças e descrenças deflagradas ou intensificadas no processo resultou na criação de um totem polifrontal, inspirado na figura tradicional do "plutocrata", em torno da imagem pública do financista Daniel Dantas. Posteriormente vimos surgir diversas entidades menos centradas em indivíduos particulares, mas também inspiradas em arcanos da mitologia política do Ocidente que se corporificou no final do século XIX (Birnbaum, 1979, Girardet, 1986, Grün, 2007, Grün, 2008). Nesse sentido, minha hipótese é de que os dois neologismos Mensalão e PiG, que muito ouvimos mencionar em discussões políticas públicas na imprensa estabelecida ou semipúblicas nas novas mídias propiciadas pela internet, são um par de opostos que se consolidou porque tem capacidade de estruturar a percepção da esfera política do Brasil contemporâneo, apesar do conteúdo fantasmagórico que os dois movimentos, ou entidades, podem conter quando os examinamos com lentes objetivistas. É também necessário ressaltar o corolário importante que se deduz dessa análise: as lentes objetivistas talvez estejam produzindo uma forma muito peculiar de cegueira intelectual que esconde o específico da situação política brasileira e das transformações morfológicas que a sustentam, tanto no espaço determinado das esferas política e cultural, quanto na arena mais geral da estrutura social em mutação.

Da pizza ao impeachment 149

Assim, a heurística da análise das mitologias políticas é inspirada e guarda fortes analogias com a sociologia da ciência de inspiração durkheimiana de (Fleck, 1979, orig. 1935). Mitos fornecem coesão aos grupos com a construção de famílias de pensamento que ganham progressivamente autonomia, na medida em que eles (grupos) adquirem estrutura interna e uma identidade que contrasta com o seu oposto. Nessa dinâmica, a possível "verdade" da proposição inicial fica totalmente obscurecida pela verossimilhança conquistada no seu uso interativo. Quando o grupo já está constituído e funcionando, a crença na existência da entidade deixa de ser estabelecida na relação entre o indivíduo cognoscente e o objeto do seu conhecimento e se traslada para a relação entre o indivíduo militante tocado pela pregação religiosa ou política e o grupo que partilha a mesma crença, ou causa. Participar de um grupo torna-se idêntico a compartilhar uma crença. Nesse esquema, crença e causa passam a ser conceitos equivalentes. Um dos méritos da demonstração seminal de Fleck é justamente lançar uma teoria geral da instituição da crença, ao mostrar como esse princípio estruturador decalcado da sociologia da religião organiza mesmo grupos de cientistas (no caso que lhe serve de exemplo, médicos, químicos e biólogos) reconhecidos e muito bem-sucedidos, que comungam explicitamente os princípios de objetividade da "religião da ciência".

O Pig e o Mensalão são coisas nossas, mas o problema é internacional

Internacionalmente, essa análise alinha-se à tendência contemporânea já bastante delineada de tentar explicar as razões e as consequências da profusão de teorias conspiratórias utilizadas e fomentadas para dar conta das circunstâncias e dos desfechos surpreendentes que parecem atentar contra os pressupostos de uma sociedade contemporânea regida pela racionalidade. Uma genealogia

150 Roberto Grün

contemporânea dessas situações teria diversos marcadores, mas os mais conhecidos entre eles são, muito provavelmente, as mil-e-uma novas revelações e interpretações do assassinato do presidente Kennedy em 1961, bem como, mais recentemente, as diversas "verdades encobertas" dos incidentes de 11 de setembro de 2001 também nos Estados Unidos (Weber, 1999, Taguieff, 2005).

Normalmente essa literatura "fantástica" surge e circula prioritariamente nas periferias dos espaços político e cultural. Em situações de guerra cultural mais aguda, separando as famílias ideológicas ou os grandes partidos políticos de um país, alguns desses conteúdos extremos podem "adquirir cidadania plena" e adentrar a arena política mais legítima. Um exemplo recente são os "painéis da morte" que o projeto de plano de cobertura integral da saúde de Obama teria embutido, segundo seus contendores republicanos e a mídia que os sustentava (Calmes, 13/08/2009, Jamieson and Cappella, 2008). No ambiente brasileiro caracterizado pela exacerbação de ânimos suscitada pelos sucessivos governos de esquerda, não é assim tão surpreendente que o Mensalão e o PiG surjam como marcas do tempo, por menos que sua realidade intrínseca seja convincente.

Um ponto importante é a lógica da produção dessa literatura. Situada às margens da cultura legítima, normalmente ela é obra de setores do "baixo clero" tanto intelectual quanto político. Em períodos de normalidade, produtos e produtores ficam confinados em pequenos espaços sem nenhuma possibilidade de ganharem o centro dos tabuleiros que envolvem o campo do poder. A sociologia política de períodos de muita agitação institucional mostra como essas situações extraordinárias catapultam esses atores e seus produtos a oportunidades inéditas na concorrência política e intelectual. Esses momentos em geral propiciam transformações morfológicas importantes e ainda não reconhecidas pelas instituições vigentes, contrastando com períodos de normalidade, em que atores e produtos extremos são privados dos requisitos básicos de reconhecimen-

Da pizza ao impeachment 151

to e, por isso, considerados espúrios e mesmo ridículos (Sternhell, 1991, Noiriel, 2009).

Produtores e produtos marginais desvelam uma versão brasileira da temática internacional do "baixo clero", a que nos acostumamos a partir da repercussão do livro Universidade em ritmo de barbárie (Giannotti, 1986): que nesse contexto aparece como uma espécie de lamento do patriciado intelectual brasileiro ameaçado por uma das vagas passadas de expansão do sistema universitário. As categorias importadas das tradições inglesas e francesas das formas de exprimir as estratégias de contenção das pretensões exageradas de novas e mais numerosas gerações de intelectuais, esgrimidas por Giannotti, rapidamente ganharam amplitude e se transformaram em categorias nativas (Gangneux, 1959, Curtis, 1962, O'Boyle, 1970, Chartier, 1982).

Como se observa no uso amplíssimo e na sua extensão de sentido, a inscrição repercutiu e ganhou corpo no debate público brasileiro. Muito além dos aspectos idiossincráticos que certamente desperta, ela também revela tensões especificamente intelectuais perpassando espaços mais ou menos conectados ao campo do poder do Brasil contemporâneo (Grün 2013).

Como demonstra Duby, lembrar e reiterar incessantemente as hierarquias consideradas naturais dos espaços intelectuais e políticos e com isso tentar produzir reciprocamente a sua reiteração e a estigmatização dos adversários é uma conduta que revela o enfraquecimento da hierarquização pretérita e a tentativa de mantê-la ou recuperá-la. E assim ela se torna um indício dos mais seguros para nos fazer suspeitar de que a ordem em questão esteja abalada e de que haja necessidade científica premente de buscar novas objetividades ainda não totalmente claras.

152 Roberto Grün

A literatura e os literatos

O caso dos "painéis da morte" norte-americanos, o protagonismo da rede Fox News nesse mesmo país (Jamieson and Cappella 2008) e diversos episódios europeus, como as polêmicas em torno da explosão na estação de trem em Madri nas vésperas das eleições gerais espanholas de 2004 (Chueca, 2012), colocam a literatura internacional sobre conspirações diante da necessidade de analisar o deslocamento do seu problema para o centro do tabuleiro político. Um dos principais pontos dessa literatura é justamente o de prevenir a tentação do objetivismo. Ela se manifesta de muitas maneiras. A mais óbvia é uma propensão de usar a autoridade científica para desvendar a existência, ou não, da conspiração, de enunciar a descoberta se recobrindo do manto dessa legitimidade – e conferindo notoriedade midiática ao autor da "descoberta" pela sua aparição em órgãos de grande circulação e repercussão cotidiana.

Um corolário bastante importante, ainda que mais presente nas relações entre espaço intelectual e mídia e especialmente nessa esfera, consiste em acusar um oponente ou concorrente de acreditar e propalar a existência de alguma conspiração e, a partir de uma retórica objetivista que ridiculariza a possibilidade desse evento, desqualificar o adversário como não razoável.

A versão derivada está particularmente presente nas relações entre a mídia estabelecida e os grupos políticos e religiosos que se sentem prejudicados pela falta de atenção ou pela cobertura jornalística enviesada contra eles (Maler, 2012). Tais grupos seriam considerados construções sociais, políticas ou religiosas marginais em relação aos critérios de legitimidade que vigoram nas sociedades respectivas e fariam do próprio isolamento em relação à cultura uma condição para a salvação da alma, da pureza ideológica ou da manutenção da diversidade de comportamento e estilo de vida. Como quer (Douglas, 1996), autora que não se reivindicava o título de pesquisadora das conspirações, mas cuja contribuição dificilmente poderia ser

Da pizza ao impeachment   153

descartada na perspectiva que estou adotando, a constituição de tais grupos marginais é funcional e recorrente nas sociedades contemporâneas; e, assim, deduzo, o tema e a crítica conspiratórios serão também tópicos sempre presentes nos debates atuais.

A busca da objetividade corre, pois, o enorme risco de se tornar um objetivismo intrinsecamente conservador que consagra a distribuição de poderes ao deslegitimar uma das possibilidades mais presentes de contestação simbólica. Afinal, como quer o trabalho recente de forte impacto intelectual de (Boltanski, 2012), os Estados contemporâneos esforçam-se por manter de pé uma realidade que tem nas ideias de conspiração um de seus maiores desestabilizadores. Da mesma forma, encontramos a crítica ao "razoabilismo" jornalístico e de parte da sociologia contemporânea expressa em (Maler, 2012), que corresponde à visão mais próxima ao grupo de seguidores diretos de Bourdieu.

Lembremos que falamos aqui em "poderes" num nível diferente daquele normalmente empregado pelas análises diretamente políticas. Seguindo rigorosamente a análise da dominação masculina, considerada primeva e a mais impregnada na sociedade (Bourdieu, 2002), estamos no espaço da "metapolítica". Trata-se aqui da construção de espaços cognitivos na sociedade que balizam a disputa simbólica entre diversos grupos dotados de capital cultural e simbólico para impor as categorias de apreensão e os respectivos critérios e gradientes que serão considerados relevantes e então empregados para construir e dar sentido à realidade. Aplicada diretamente à política, ela parece frequentar um mundo "infrarreal", alimentando de maneira assistemática os trabalhos práticos de descoberta ou invenção de motes para a propaganda eleitoral ou simplesmente partidária e conferindo a aura de genialidade e a correspondente retribuição econômica aos "mágicos" que a praticam – os quais certamente seriam os últimos a revelar esses "segredos" (Schudson, 1984, Gamson, 1992, Lakoff, 1996, Bourdieu, 2002). Mas quando

154 Roberto Grün

falamos nas "chances objetivas dos candidatos à presidência da República" ou na "correlação objetiva de forças no parlamento", essas objetividades estão largamente sobredeterminadas pela metapolítica acima aqui descrita.

De fato, a illusio que confere legitimidade intelectual ao objetivismo e termina por subsumir a análise dos processos políticos contemporâneos no que diz respeito à análise das mitologias políticas não é uma armadilha fácil de evitar. Como podemos apreender diretamente de (Boltanski, 2009, Boltanski, 2012), a propagação da temática conspiratória potencialmente solapa os fundamentos lógicos e metafísicos da contemporaneidade. O primado da análise racional que indicamos acima não é só um apriorismo desenvolvido no seio do universo intelectual. Muito mais do que isso, é o reflexo erudito da crença universalmente compartilhada no caráter único de nossas sociedades democráticas, nas quais estariam estabilizados ao mesmo tempo o princípio da concorrência democrática e o equipotencial dos indivíduos que a compõem. Não é por acaso que a busca da inteligibilidade da construção do Estado moderno e contemporâneo como processo de "estabilização da realidade" baseada nesses pressupostos se torna uma diferença específica e se configura como um tópico cada vez mais presente nas sociologias políticas de inspiração durkheimiana. E nesse espaço intelectual o tema e os exemplos brasileiros, em grande parte por causa da importância direta adquirida pelas mitologias políticas e pelo desfecho pouco intuitivo de algumas das batalhas conjunturais recentes, acabam se tornando veios particularmente ricos para o desenvolvimento da análise durkheimiana (Douglas 1998, Boltanski, 2009, Bourdieu, 2012).

Da pizza ao impeachment 155

Uma aterrissagem mais segura nos espaços sociais e na história do Brasil

Na problemática do Brasil do início do século XXI que estamos lidando, e na contemporaneidade em geral, o tema das conspirações apresenta-se muito próximo daquele que pretende dar conta da escandalização permanente que rege as democracias contemporâneas. Primeiro cronologicamente: os escândalos geram ou, ao menos, catalisam a produção de mitos. É na atmosfera cultural e política excitada pelo aguçamento da oposição que os produtos & e produtores antes espúrios ganham cidadania. Nessa chave, o estudo das mitologias agrega conhecimento relevante da sociedade brasileira contemporânea que ainda está disperso e não institucionalizado academicamente. Não só em termos de abordagens que vinculam a temática à história das ideias, mas sobretudo daquelas que procuram dar conta das formas de mobilização política e social que dão vida e corporificam a dinâmica social do país. Essa última preocupação, que nos aproxima do materialismo cultural durkheimiano da antropologia e da história e nos distancia dos pressupostos intelectuais e mesmo epistemológicos que informam as análises políticas mainstream, é ainda pouco presente nas tentativas de apreender nossa atualidade política e social. Mas entre outras virtualidades cognoscentes, ela aproxima a sociologia política da sociologia das religiões e, por esse caminho, nos impõe o dever metodológico de evitar a indagação sobre a existência ou não dos deuses e, correlativamente, de nos concentrarmos na busca dos efeitos e das funções sociais da crença.

A pragmática heurística extraída da origem e desenvolvimento dos mitos políticos

Etimologicamente, nosso Mensalão foi o termo cunhado por Roberto Jefferson na famosa denúncia que centralizou a agenda

156 Roberto Grün

política brasileira entre 2004 e 2006 (Prete, 06/06/2005). Compulsando as coletâneas históricas internacionais sobre o tema "escândalo" é fácil notar que tanto na forma quanto no conteúdo a denúncia é herdeira direta da figura do *chéquard* ("homem do cheque") francês quando eclodiu o escândalo do canal do Panamá (De Blic, 2003). E esse, não por acaso, foi catalogado como o escândalo financeiro contemporâneo prototípico,[1] já que inaugurou uma forma e mesmo um conjunto de conteúdos que será reprisado e retrabalhado por agentes midiáticos e políticos nos mais diversos países a partir da segunda metade do século XIX. Num plano mais próximo da análise weberiana das profissões, essa forma tornar-se-á também um constructo canônico a ser reprisado. Afinal, é fácil ver que ela acabou representando uma plataforma segura para a ascensão profissional e acumulação de prestígio de desafiantes dos espaços culturais e políticos em diversos ambientes em que a atividade midiática e política começava a ganhar a autonomia típica da situação do espaço dos capitais culturais nas sociedades contemporâneas (Charle, 2004).

A semelhança dos pretendidos esquemas operacionais é tanta que persiste a tentação de se realizar numa cópia direta, equivalente àquela que (Ginzburg and Rueff, 2010) mostraram para a origem dos Protocolos dos Sábios do Sion em um opúsculo francês menos conhecido (*Dialogue aux enfers entre Machiavel et Montesquieu*,

---

1 Os mercados e o sistema financeiro no geral vivem em simbiose com as diversas instâncias do Estado, em especial as regulatórias, tornando constitutivo o problema da captura dessas últimas por agentes privados. Esse entrelaçamento aumenta com o tempo, na medida em que produtos financeiros mais sofisticados demandam mais supervisão estatal para se estabilizarem como alternativas viáveis. Esse ambiente é particularmente propício à disseminação de teorias conspiratórias – ancoradas ou não no real – sobre vieses na ação daquelas agências em favor ou desfavor dos diversos setores em concorrência ou do sistema financeiro como um todo na sua relação mais ampla com o restante da sociedade.

de Maurice Joly, (Joly, 2009)). Mas desvendar a origem e sua relação com o "arquétipo" mitológico é uma tentação historiográfica que requer caminho e metodologia específicos que não temos a pretensão de empreender no momento, ainda que a análise possa fornecer pistas nesse sentido. Aqui, a questão é abordada um pouco adiante na cronologia, justamente na análise da sua difusão no discurso político e moral brasileiro contemporâneo e as formas como ele produz coesão ou dissolve os grupos já estabelecidos ou aqueles que porventura se formem nos confrontos políticos e ideológicos.

Na linha teórica metodológica e no sentido cronológico aventado, o impacto do Mensalão pode ser avaliado com base na sua repercussão diante das transformações políticas e culturais primeiramente no período de sua eclosão (2004-2005) – que denomino momento t1 – e em seguida (2012-2013) no do seu julgamento (momento t2). Em t2 o julgamento no Supremo Tribunal Federal (STF) pode ser também visto como uma tentativa de estabilização da verdade do Mensalão.[2] As veemências cruzadas, as contestações candentes e demais manifestações revelam a evidente importância que os setores da sociedade que frequentam o espaço público conferiram ao evento. No ir e vir do julgamento, os juízes foram revestidos ora de uma aura de absoluta sabedoria, ora tachados de simplórios indevidamente guindados a postos e posições cuja complexidade iria muito além das suas competências (Santos, 01/10/2012). A declaração formal de culpa dos réus é caso consumado, mas para nossos interesses intelectuais vale mais a legitimidade das decisões, que passa por pacificar o entendimento do evento.

---

2 O desenrolar dos acontecimentos posteriores mostrou a "metástase" do "Mensalão" no "Petrolão". A escala dos malfeitos denunciados nesse último episódio e suas consequências foram mais amplas do que no nosso caso original. Mas dificilmente ele poderia ter sido publicizado tanto na forma cquanto nas consequências se não pensarmos na canônica cultural que o enquadrou como mais um episódio do "descalabro" e da "roubalheira".

De fato, o jogo social em que a estabilização da realidade é mais complexa demonstra ser outro revelador elemento importante da força relativa que os atores inseridos no contencioso dispõem no eixo cultural. A intensidade e a constância das reações contrárias ao entendimento do STF não deixam dúvidas sobre a continuidade do contencioso. Esse jogo fica mais evidente em perspectiva, em uma série temporal em que ele é comparado com outro do mesmo período, a saber, o contencioso relativo à justeza dos sistemas de cotas raciais e sociais para o ingresso nas universidades públicas. Objeto de muita controvérsia desde os anos de 1990, o sistema foi progressivamente se instalando, mesmo nos espaços inicialmente menos propensos a aceitá-lo. E não é pouco o que está em jogo, já que no caso das cotas se trata da questão doutrinária transcendental da democracia contemporânea: o que quer dizer a igualdade? Como comparar capacidades? Como as origens sociais e raciais a afetam e, consequentemente, qual seria o conteúdo da igualdade entre os cidadãos? Cabe ao Estado criar as formas de promovê-la? No nosso quadro de referência, ainda que seja contraintuitivo, é impossível deixar de notar que o grupo atingido pelo Mensalão reagiu construindo o PiG e mostrou uma imensa acumulação de capital cultural e simbólico ao inscrever na sociedade brasileira contemporânea o novo entendimento sobre a igualdade entre os indivíduos, processo que culminou na decisão quase unânime do STF (STF, 09/05/2012).

O PiG e sua historicidade

O surgimento do PiG – "Partido da Imprensa Golpista", expressão popularizada pelo jornalista Paulo Henrique Amorim – pode ser entendido como a lapidação de um artefato cultural e político eficiente para contrapor a militância petista e adjacentes à ofensiva que visava assegurar a hegemonia cultural de seus adversários e suas consequências na esfera política. Esta acreditava, pelo menos

Da pizza ao impeachment 159

nos momentos iniciais da disputa, que o Mensalão comprovaria a corrupção moral dos dirigentes do Partido dos Trabalhadores (PT). Esse artefato cultural, tanto na sua forma quanto no seu conteúdo, não nasceu por aqui e nem agora. Etimologicamente, ele é herdeiro de uma crítica à imprensa que remonta pelo menos a Balzac[3] (Balzac e Mortier, [1838] 1991), que teve certamente em Karl Kraus o maior tribuno em termos de impacto internacional (Timms, 1986, Kraus, 1988, Bouveresse, 2001, Timms, 2005, Kalifa, 2007) e se fez notar no Brasil desde os primórdios de nosso jornalismo (Lustosa, 2000). As flutuações do próprio interesse intelectual na obra de Kraus pode ser uma boa medida dessa sensibilidade, que tudo indica ser crescente no mundo contemporâneo (Bourdieu and Bouveresse, 2000).

Parte do seu interesse na cena brasileira vem da contraposição que estabelece justamente com o mito de origem da grande imprensa internacional da atualidade e de sua especificação local. Essa diz que a imprensa é o legítimo 4º Quarto Poder da República pelo por causa de seu papel, considerado decisivo, em episódios como o da a Campanha das Diretas, o impedimento de Collor e... a cobertura do Mensalão (Diniz, 09/08/2012, Molica, 2005). O mito também deve muito e, não seria excessivo dizer, é decalcado do seu homólogo norte-americano: a descoberta e a cobertura do famoso caso Watergate. A memória e a iconografia desse evento são celebradas universalmente nas escolas de jornalismo e comunicações; ele se tornou uma espécie de forma canônica que fornece o quadro de referências e gradiente para enquadrar e produzir o par "escândalos e ação da mídia" em nível internacional (Pakula, 1976, Schudson, 1992).

Ir contra esse arrazoado, ancorado na lei, ratificado no meio acadêmico, celebrado na indústria cultural e, por conta disso, gra-

---

3 Ver (Kalifa, 2007) para a recepção imediata à críticas de Balzac e a evolução posterior desse forma de contencioso no século XIX.

160 Roberto Grün

vado na consciência de todos, não é tarefa fácil. Entretanto, mesmo uma rápida passada pelo registro dos grandes órgãos da mídia brasileira (Neto, 02/12/2011, Ombudsman 18/12/2011, Guzzo, 22/07/2009) mostra o desconforto e indiretamente a retenção que a ideia de um "Partido da Imprensa Golpista" produz na mídia e, assim, a robustez que a categoria nativa adquiriu ao ser introduzida no debate público brasileiro. Ao fazer essa constatação somos, mais uma vez, obrigados a atribuir uma boa magnitude de capital cultural àqueles que o introduziram o PiG.

Em uma primeira mirada, Paulo Henrique Amorim usou a sigla em seu blog Conversa Afiada depois de um discurso proferido pelo deputado petista Fernando Ferro (PE).[4] Mas a trajetória do termo e de suas acepções até o momento da retenção é realmente o grande passo sociológico a ser esmiuçado: diversas manifestações mostram que ele não foi recebido "natural e acriticamente" como aconteceu em relação à expressão "baixo clero". O próprio Lula, quando presidente, teria conhecido a sigla apenas quando se reuniu com os blogueiros que apoiavam seu governo (Costa, 25/11/2010). Mesmo em blogs de sustentação que não o de Amorim, o termo é usado com muito mais frequência pelos comentaristas externos do que por seus propulsores imediatos.

A qualificação das acusações e dos acusadores

As formas retóricas que se desenvolvem na disputa sugerem a continuidade do debate que, ao que tudo indica, foi iniciado no Brasil por (Giannotti, 1986), quando introduziu a ideia de "baixo clero" como categoria explicativa das tensões no ambiente universitário. Assim, o PiG seria mais uma criação espúria de "blogueiros sujos" ligados à "central de boatos petista" (Globo, 06/10/2006,

---

4 Disponível em http://www.conversaafiada.com.br/;http://pt.wikipedia.org/wiki/Partido_da_Imprensa_Golpista.

Da pizza ao impeachment 161

Online 10/10/2006, acessado às 17h35, Fraga, 19/08/2010). Essa caracterização guarda toda a tipicidade da crítica que o "alto clero" faz da produção dos "escrevinhadores de punho puído", uma atualização até surpreendentemente próxima das figuras e das situações estudadas por (Darnton, 1991) para a França pré-revolucionária e generalizada como problema de história intelectual por (Chartier, 1982). No exemplo da história, falamos dos produtores de libelos[5] e panfletos anônimos ou assinados por pseudônimos, em geral os "pobres diabos" de Voltaire, que se reuniam, real ou imaginariamente, na Grub Street esmiuçada por (Eisenstein, 1992) e tornada famosa por (Darnton, 2010). O progresso de então na imprensa e nos transportes permitiram a produção e a distribuição desses opúsculos, avidamente consumidos e que, segundo diversos autores, contribuíram para a dessacralização das autoridades "divinas" do Ancien Régime e assim, indiretamente, para a deflagração da Revolução Francesa (Farge 1992, Chartier, 2000). Na atualidade, a internet teria se transformado numa nova onda de progresso tecnológico que facilitaria, agora simultaneamente, a produção e a circulação da literatura considerada difamatória das autoridades legitimamente constituídas, ou contestadora de um *status quo* cultural e político intolerável, se a situação for lida a partir do ponto de vista contrário. A novidade estabelecer-se-ia por conta de não haver espaço para a sua circulação no estado imediatamente anterior dos espaços intelectual e político e, consequentemente, tal dificuldade interromperia a sua produção. Nessa dupla analogia, os "pobres diabos" de Voltaire seriam os "blogueiros sujos" da atualidade enquanto a Grub Street de hoje seria a "central de boatos petista" (Aldrin,

---

5   O filme francês *O insolente* (1996), dirigido por Edouard Molinaro, com Fabrice Luchini no papel central de Beaumarchais, apresenta um diálogo delicioso transcorrido no cárcere entre este personagem das "altas letras" e um "pobre diabo" que discorre sobre suas estratégias literárias e de marketing.

162 Roberto Grün

2005, Lawson-Borders, 2005, Sunstein, 2007, Grün, 2008, Grün, 2011, Boltanski 2012).

Mais uma vez, por mais tentadora que seja a analogia histórica é sempre bom lembrar que o ganho de autonomia tornou a estrutura da atividade intelectual da contemporaneidade intrinsecamente diferente daquela da França pré-revolucionária (Charle, 2004). Diversos grupos digladiam-se pela primazia intelectual, e a retórica "anti baixo-clero" é o recurso mais usado por um determinado grupo mas não é de maneira nenhuma seu monopólio. No calor da discussão sobre o julgamento do Mensalão no STF, acompanhamos a acusação simétrica por parte de um cada vez mais caracterizado segmento do "alto clero" favorável ao governo federal petista em relação aos arrazoados dos juízes do STF. Estes, assim como os comentaristas que ecoaram as teses da culpabilidade dos antigos dirigentes do PT, foram qualificados de "Odoricos Paraguassus" (personagem do prefeito da "mítica" Sucupira, falastrão, pomposo e pouco ilustrado da novela *O Bem Amado* veiculada pela Rede Globo em 1973, protagonizado por Paulo Gracindo).[6] Os juízes estariam praticando algum tipo de justiça sumária, veiculada por uma retórica de estilo duvidoso, e aceitariam ser açulados pelo coro da imprensa "pig-ista" (Santos, 01/10/2012). Nada mais reconhecível para quem estuda as retóricas deflagradas pelos contenciosos "alto/baixo clero" do que as categorias usadas no texto de Wanderley Guilherme dos Santos.

Mas não se trata de julgamento das posições de cada grupo e sim de sugerir pistas de análise a partir do tipo de retórica que está sendo usada. Nesse sentido, se é impossível deixar de levar em conta o par "alto clero/baixo clero", é não menos necessário tratar as acusações e as presunções como um jogo de atribuições no qual eventuais propriedades intrínsecas aos indivíduos e às situações es-

---

6 Disponível em http://pt.wikipedia.org/wiki/Odorico_Paragua%C3%A7u.

Da pizza ao impeachment   163

tão largamente sobredeterminadas pelos estados sucessivos da contenda. As manifestações a propósito dos rumos do que denomino t(2), o julgamento do Mensalão, por parte dos intelectuais simpáticos ao governo federal petista , muito repercutidas na nova mídia da internet, fornecem justamente um bom contraponto factual que complexifica a apreciação da realidade e termina contribuindo para salvaguardar a objetividade sociológica da proposta de análise.

A riqueza da conjuntura brasileira nos oferece um caminho promissor. De um lado encontramos um fundamento objetivo para a pesquisa das qualidades intrínsecas dos contendores e, de outro, proverbialmente, a astúcia da razão se manifesta fornecendo sua própria "dessubstancialização objetivante". Penso aqui no espaço estrito da política econômica, em que assistimos a uma "real" contraposição entre "alto e baixo clero", ademais fortemente midiatizada. Nesse subespaço, ela é bem mais tipificada pela constatação da diferencialidade e do seu peso inicial e pelas formas que tem tomado a progressiva desamarração desse constrangimento. Nessa esfera, fica clara a diferença de origem e trajetória entre a chamada equipe dos "economistas do real", o núcleo duro do grupo de economistas que formulou e implementou as políticas nos mandatos de Fernando Henrique Cardoso (Oliveira, 20/03/2002) e aqueles que os sucederam nos governos petistas. A diferença favorável à equipe do último governo de FHC implicaria em uma hegemonia cultural do seu grupo e a consequente imposição de sua tutela, que se impôs mesmo no período imediatamente posterior à derrota eleitoral de seu candidato à presidência. Ela começou pela base intelectual e estendeu-se às formulações mais operacionais das políticas econômicas, circunscrevendo as alternativas abertas aos formuladores e realizadores das políticas que afetam ou poderiam afetar a marcha da economia nos governos petistas.

A forma mais geral desse constrangimento pode ser encontrada nas frequentes acusações de que as políticas econômicas e sociais

164 Roberto Grün

dos governos petistas seriam meras cópias mais ou menos fiéis daquelas implementadas pelos tucanos do governo anterior. Como vimos e agora iremos aos detalhes, operacionalmente essa pressão veio à tona com o incitamento da imprensa e de acadêmicos simpáticos ao governo FHC para que os petistas, uma vez tendo alcançado posições além de suas capacidades, fizessem bem feita a "lição de casa" que os tenores do governo anterior lhes haviam prescrito. Nesse sentido, é particularmente interessante a explicação sobre as condições que possibilitaram a política não ortodoxa do segundo governo Lula e do governo Dilma com base na análise cruzada das prosopografias e do quadro de coalizões de grupos e cognitivas no presente (Grün, 2013). A partir do segundo governo Lula, seus integrantes ganharam coragem[7] e, como vimos no capítulo anterior, passaram a afirmar progressivamente que o que faziam era fundamentalmente diferente do que ocorrera no governo anterior. A contraposição é muito nítida na política de enfrentamento da crise financeira, que sofreu tentativas de impugnação por parte dos até então hegemônicos "economistas do Real" sem que, num primeiro momento, elas tenham afetado o rumo do governo (Grün, 2011).

Altos e baixos do Brasil contemporâneo

Da digressão podemos inferir, por ângulo diverso do apresentado nos capítulos anteriores, como o par baixo clero/alto clero acabou se transformando num automatismo impensado que, legitimado, dirige a assimilação dessas disputas ao mesmo tempo culturais e políticas que são centrais na definição da contemporaneidade brasileira. Como vimos, a relação entre baixo clero intelectual ou político e transformações sociais tem se tornado um tema frequente

---

7   E aqui nada é mais sociologicamente explicável do que a "coragem" ganha pelos petistas na medida em que, no decorrer dos anos, desempenham posições e se enraízam no campo do poder.

Da pizza ao impeachment 165

entre aqueles que se ocupam da história cultural e social moderna. Observando a relação entre as categorias trabalhadas para dar conta da história e aquelas que impensadamente usamos para compreender o presente, fica fortemente sugerido que acabamos importando as anteriores. Essa discussão é particularmente viva, sobretudo em autores como Darnton, Chartier, Anderson e Thiesse, que analisam o papel do "baixo clero" intelectual e político na Revolução Francesa e na emergência dos nacionalismos dos séculos XVIII e XIX. Com efeito, não foi por acaso que Bourdieu, explicitamente inspirado na discussão histórica, ensaiou atualizar essa inspiração para explicar algumas dinâmicas sociais do State-building contemporâneo. Na teoria do Estado de Bourdieu, revelada recentemente em sua sistematicidade (Bourdieu 2012), os grammariens, ou membros do baixo clero intelectual, revoltados contra a ordem cultural e econômica que os exclui ou subordina, podem produzir dinâmicas políticas que acabam por transformar o próprio Estado. Mais do que isso, essa dinâmica estaria na origem de muitos Estados nacionais e de diversas inovações institucionais que criaram os Estados contemporâneos (Chartier, 1982, Anderson, 1983, Bourdieu, 1993, Bourdieu, 1994, Bourdieu, 1998, Thiesse, 1999, Chartier, 2000, Bourdieu and Chartier, 2010, Bourdieu, 2012). Reciprocamente, os últimos 4 anos de Lula foram marcados pelo contraste que ilumina ainda mais as peculiaridades da situação brasileira contemporânea, marcada por um otimismo que contrastava com a cena internacional do período (BBC, 09/07/2012).

Sintomaticamente, no decorrer das disputas ao mesmo tempo econômicas, políticas e culturais em torno da aceitação dos novos rumos econômicos no período imediatamente após a crise financeira de 2008, grupos de "ex-integrantes do baixo clero", como o de Delfim Neto, mostram e flexionam os habitus análogos aos da equipe econômica que ascendeu a partir do segundo governo Lula. Eles justificam sua adesão também pelo sucesso da ação social do

166 Roberto Grün

governo petista, e não é por acaso que se produziu uma convergência programática com a equipe petista que pode ser mesmo considerada uma convergência cognitiva (Netto, 12/06/2011). Tal paradoxo explica-se quando consideramos que, se as origens políticas de cada grupo não poderiam ser mais opostas, as origens sociais são análogas e, nesse caso, são essas que conformam os habitus e as inclinações em termos de cultura econômica, indo do "desenvolvimentismo" de Delfim, e dos militares que o convocaram e sustentaram, ao "neodesenvolvimentismo" do governo petista. Estamos assim diante de mais um caso em que opera a "mágica da homologia" tão cara a (Bourdieu 1984), que empurrou Delfim ao apoio das definições básicas da equipe governamental petista.[8] Esta, por sua vez, ganhou um aliado precioso – ainda que, como veríamos depois, temporário – na difícil tarefa de se legitimar perante setores importantes da economia, em especial o vital setor dos grandes bancos tradicionais (Safatle, 10/02/2012, Grün, 2013, Grün, no prelo).

A configuração da esfera econômica mostra claramente o contraste direto entre baixo e alto clero. Quanto à esfera da política e da vida intelectual que a suporta, é preciso impor nuances. Vimos as circunstâncias que levaram parte do "alto clero" intelectual, medido pelas métricas consagradas da cientometria do presente, respaldar a política e a gestão econômica do governo federal petista. Como analisado anteriormente, esse apoio pode ser explicado por tensões internas ao espaço cultural profundamente tensionado pelo predomínio da visão economicista e especificamente financista dos problemas nacionais no período FHC e pela expansão recente do sistema universitário público (Grün, 2005). E, internamente ao espaço dos economistas, a explicação incide sobre o suporte que

---

8   E, talvez, possamos estender a explicação da homologia de habitus para dar conta da surpreendente acalmia militar no mesmo período. Entretanto, como vimos, essa convergência não resistiu à deslegitimação de Dilma.

Da pizza ao impeachment 167

Delfim Neto, Bresser Pereira e outros economistas reputados, e marcados geracionalmente, deram aos governos petistas de Lula.

Surge então uma especificação da hipótese do aparelhamento do espaço cultural pelo grupo ligado a Fernando Henrique quando esse ascende na esfera política. Assistimos o conflito das diversas disciplinas de humanidades pelo direito, ou monopólio público, de "dizer o Brasil". Concretamente, "dizer o Brasil" significa construir e fazer aceitar as categorias que delineiam a percepção da realidade do país, institucionalizando suas versões legítimas. Esse atributo, central da hierarquização do mundo intelectual, esteve quase totalmente nas mãos dos economistas neoclássicos próximos do mundo financeiro no período FHC e, não por acaso, prevalecia sua visão rigorista dos pequenos graus de liberdade concedidos às atividades de política social ativa, então totalmente subordinada ao que essa corrente estabelecia como os "limites do orçamento" e "impossibilidade de políticas sociais ativas".

Nesse contexto, o Brasil era concebido a partir de uma retórica econômica pessimista, trazida pela economia política clássica e seus desenvolvimentos posteriores. Para a presente digressão, importa estabelecer que a palavra-chave da frase anterior é "economia". No período FHC, os economistas neoclássicos e seus porta-vozes ocuparam praticamente a totalidade do espaço discursivo que importava para "dizer o Brasil". Nos governos petistas aconteceu uma rejunção entre as políticas econômica e social que restabeleceu o "fundo de comércio" das outras disciplinas (Grün, 2005, Grün, 2005).

Assim, a tentativa de dotar o Estado de mecanismos de intervenção social mais amplos e capilarizados e, principalmente, a sistemática recomposição do valor do salário mínimo, tal integração, característica distinta que percorreu a quase totalidade dos governos petistas, concretizada na extensão da política social que lhe confere, segundo seus apoiadores, uma centralidade inédita na história do Brasil, é inextricavelmente um fenômeno político e intelectual – uma esfera apoiando a outra. Sua ocorrência carreou apoios à administração federal capitaneada pela petista, além de solidificar a família intelectual de que ela é originária num panorama internacional pouco favorável à sua expansão, como mostrou a gestão da crise financeira atual na maior parte dos países ocidentais.

Na nova paisagem intelectual, vivemos no período uma situação inédita na qual o "grande problema do Brasil" deixou de ser o "descalabro econômico" causado pela inflação e corrupção e se transformou no "resgate da dívida social", que teria sido produzida pelas elites tradicionais, insensíveis às demandas e às necessidades populares.

Na narrativa do descalabro, caso houvesse a estabilização da moeda brasileira, assim como o correlativo comportamento do governo, seguir-se-ia um período de crescimento econômico, uma vez que os investidores e demais agentes econômicos estariam seguros de que a estabilidade nos ambientes econômico e político permitiria o investimento de longo prazo, tanto o econômico quanto o de outras naturezas. Já na narrativa que forneceu coesão ao grupo petista, as políticas sociais engendrariam um ciclo virtuoso de crescimento econômico e de otimismo produzido pelo aumento da demanda de produtos populares e pela inclusão na cidadania dos vastos setores da população até então dela excluídos.

De fato, no papel a transformação parece ser fácil de compreender, mas ela só é possível a partir de mudanças profundas no conjunto de convenções cognitivas que rege a apreensão da realidade. No arrazoado que fundamentava a convenção anterior, nada poderia ser feito ou durar enquanto o problema das contas públicas não fosse resolvido. Consequentemente, qualquer reivindicação social ou de outra natureza – ambiental, por exemplo – era facilmente fulminada com base em uma argumentação sobre a impossibilidade do seu custeio e no ceticismo sobre a capacidade governamental de solucionar qualquer problema social concreto. E a armadilha político-intelectual do período tinha a ver com o fato de os ocu-

Da pizza ao impeachment 169

pantes dos postos governamentais voltados para a economia e seus intelectuais mais próximos possuírem o monopólio prático de aferir e dizer o que era e como deveria ser gerido o "descalabro", tendo a seu favor o ceticismo internacional da época que relativizava o possível impacto de qualquer política social sistemática.

É difícil escamotear a violência simbólica perpetrada permanentemente no período sobre aqueles que ousassem se insurgir contra o império intelectual da contabilidade pública definida pela ortodoxia ou contra o bom senso avesso às políticas sociais. Eram rapidamente intitulados "dinossauros" e enviados para o parque Jurássico, não sem antes passarem pelo corredor polonês imposto pela mídia tradicional (Tavares, 30/03/97, Grün, 2005). O pensamento econômico hegemônico ocupava todos os espaços e constrangia qualquer contestação. Como resultado, o jogo intelectual pendia decisivamente para aqueles economistas e comentaristas midiáticos informados pelo "bom senso" que deles emanava; as outras modalidades de intelectuais eram confinadas à tecnicalidade de suas especializações e, mesmo lá, sujeitos à extensão da competência da ortodoxia dominante (Almeida, 2008).

Descalabro econômico e moral ou resgate da dívida social?

O escândalo do Mensalão e, sobretudo, o "petrolão" que o sucedeu, deflagram e carregam evidentemente uma mnemônica que faz lembrar o descalabro econômico. Parte do impacto que eles causaram na dinâmica política e cultural pode ser explicada justamente por essa virtualidade de juntar todos os partidários da ordem cultural ameaçada em torno de uma bandeira que ganhou apelo popular, reiterando os conteúdos latentes que remetem à necessidade de ordem como condição preliminar para qualquer progresso. Nessa dinâmica, a "anomia" cultural do poder que o jogo eleitoral conferiu ao grupo saído do "baixo clero" só poderia ser um sintoma da anomia mais geral – econômica, política, social – que estaria

170 Roberto Grün

ameaçando a sociedade como um todo. Assim, a "roubalheira" dos petistas e asseclas, denunciada e reiterada nesses episódios, não seria simplesmente mais uma manifestação dessa chaga que nos persegue desde Pedro Álvares Cabral, mas uma séria anomalia que os homens de bem, educados e criados propriamente e por isso dotados de bom senso, têm por missão patriótica evitar a qualquer custo.

Seguindo a inspiração sugerida pelos quadros culturais do capitalismo tardio indicados por (Douglas, 1996, Douglas, 1998) com base nas consequências culturais da partição "hierarquia versus mercado" de (Weber, 1995), a resposta para esse problema seria mais uma rodada de rigorismo, desde a esfera moral até a orçamentária. Os petistas, identificados como o "baixo clero" intelectual, estariam aliados ao "baixo clero" político em geral, fomentando o perigo que desafia a estabilidade das instituições políticas e econômicas duramente conquistadas no imediatamente anterior período FHC. Não é demasiado dizer que o quadro poderia ser caracterizado como "os plebeus petistas ameaçando a ordem conquistada pelo grupo mais patrício que já frequentou os governos federais". A purificação política seria assim uma necessidade imperiosa, inclusive para a manutenção ou a conquista do bem-estar econômico, mas também para a restauração de certa ordem cósmica que dá segurança aos constructos do homem sobre a Terra.

Correlativamente, a maior ou menor capacidade de criar e difundir tal associação na sociedade fornece o gradiente dos estados sucessivos de predomínio ou declínio da cultura que difunde a ideia de descalabro. Em minha proposta de análise metapolítica, a aferição possível desses "estados d'alma" da sociedade se dá essencialmente durante os processos eleitorais, quando aumenta a probabilidade de disputa por uma agenda amplamente difundida. Afinal, há ideias circulando, métodos de pesquisa "qualitativa" que se constituem em instrumentos para aferi-las, além dos "marqueteiros", profissionais que se encarregam de empalmá-las e mercadejá-

Da pizza ao impeachment 171

-las na sociedade.[9] E os resultados das quatro eleições seguidas que entronizaram os presidentes petistas talvez demonstrem que essa pregação certamente ecoa, mas não tem sido hegemônica no Brasil. Já quando nos encaminhamos para a era do "resgate do social", o mundo, ou seja, as categorias de apreensão da realidade que acionamos automaticamente, altera-se drasticamente, como nas revoluções científicas submetidas ao quadro de análise da filosofia analítica (Horwich, 1993). Uma série de atos e palavras governamentais antes condenados foi se tornando comum, a começar pela valorização do salário mínimo, a intensa formulação e extensão de políticas sociais antes consideradas impossíveis ou ao menos indesejadas e outras heresias. Mas antes de avaliar a qualidade intrínseca do conteúdo e da extensão dessas novidades, aqui importa mais o registro de que seus formuladores e todos os que os apoiam ganharam cidadania intelectual, e isso alterou a estrutura do jogo nas esferas culturais, acadêmicas e políticas. Encontramos, assim, uma notável homologia entre as disputas no âmbito intelectual e acadêmico e o espaço de formulação das políticas econômicas e sociais.

A tensão especificamente cultural "empurrou" diversos grupos para a defesa das novas políticas de um governo vindo da esquerda do espectro político, o que com certeza o revigorou a ponto de apresentar uma notável resiliência diante dos escândalos que o sacudiram. E não por acaso, essa construção só cedeu quando o próprio governo, premido pela grita da volta da inflação, "pisca" e devolve a primazia discursiva ao pensamento tradicional. Rapidamente a "reconquista" é empreendida pois o construto intelectual que possibilitou a abertura da janela heterodoxa se desfez diante dos sinais

---

9   Uma boa pista de pesquisa complementar a essa digressão seria justamente a da gênese e do desenvolvimento da aura de "genialidade" dos nossos profissionais do marketing político e da oposição e complementaridade enxergada entre eles e os cientistas políticos encarregados das medições "objetivas" da ação política.

contraditórios do governo tanto para sua base de sustentação, que se desmoraliza no debate público, quanto para seus adversários intelectuais, que "demonstram a fragilidade" das políticas e posturas governamentais.

Operacionalmente, uma boa questão para tratar o contencioso e confirmar as condições de validação da hipótese é o seguimento das habituais denúncias sobre a existência de receptores indevidos no programa Bolsa Família ou em outras políticas de redistribuição de renda do Ministério do Desenvolvimento Social. A sociologia pragmática oferece uma boa pista investigativa ao indicar a procura do "aumento de generalidade" nos debates sociais para aferir seus resultados efetivos (Boltanski, 2009). Em um panorama dominado pelo rigorismo antidescalabro, essas denúncias tendem a deflagrar a busca frenética por acusações análogas e fazer a sociedade produzir ou aceitar outras semelhanças inusitadas com o que denominam situação de caos e escândalo.

O somatório das denúncias deveria conduzir à deslegitimação do programa, prelúdio do seu encerramento ou descaracterização, como no caso do "salário-família", tornado irrelevante no decorrer do tempo. Durante o processo do Mensalão, por sua vez, as buscas da "bala de prata" que deveria fulminar Lula e seu prestígio são bons exemplos de como funciona essa dinâmica a um só mesmo tempo cultural e política. Se, ao contrário, a legitimidade do princípio estruturador do "resgate da dívida social" estiver de pé, nesse caso as denúncias serviriam apenas de exemplos de disfunções, as quais, uma vez corrigidas, acabariam melhorando a eficiência do sistema e das políticas redistributivas em geral.

Do outro lado do nosso ringue, a narrativa do descalabro ganha uma nova, e forte, roupagem com a Operação Lava-jato, iniciada em 2014, sobre corrupção na Petrobras. Ainda que com números superlativos, o enredo do Mensalão 1 se repete e, dessa vez, encontrando o outro lado mais desprotegido pela suspensão da disjunção.

Da pizza ao impeachment 173

Nesse novo episódio, a sintonia entre as diversas esferas e espaços profissionais envolvidos no escândalo se fez mais fina. Os setores do judiciário que alimentam a mídia e a oposição diretamente política ao governo atuam quase sem resistência. No cotidiano das refregas, tudo se passa como se o Ministro da Justiça e a Presidenta da República adotassem uma postura pusilânime diante da ofensiva adversaria. Mas a lógica do argumento aqui desenvolvido faz crer que o problema teria um componente estrutural.

A disjunção entre política econômica e social tinha galvanizado os grupos de apoiadores dos governos petistas na esfera intelectual. As políticas econômicas rigoristas, encetadas depois que o fantasma da inflação voltou a rondar o país desalinharam o contingente que, conforme o desfecho dos diversos escândalos no período, normalmente defendiam o governo contra o alto clero majoritário e hegemônico. Mas, diante da guinada conservadora do governo, viu esboroar a consistência do constructo que defendia. E do outro lado do tabuleiro, as condições para a deflagração de uma "verdadeira crise política", como querem Bourdieu e Dobry acabaram se colocando: estabeleceu-se a sintonia fina entre campo político, midiático e jurídico e assistimos o enredo que os analistas chamaram de "tempestade perfeita" que abateu o governo petista.

Da "concretude" da política econômica à "vacuidade" da disputa cultural

Ainda que os respectivos históricos sejam bem identificados, o tratamento conjunto Mensalão-PiG representa não só uma oposição simbólica, mas também um par de neologismos recentes, cuja gênese e difusão são recuperáveis na internet. É claro que podemos encontrar utilizações anteriores de cada um dos dois termos ou dos conteúdos que eles têm abarcado nos governos petistas. Caso elas se confirmem, terão provavelmente um sentido diferente, já que serão referidas a oposições menos fundamentais na disputa política. Mas a

174 Roberto Grün

ideia de "PiG", como o par genérico "imprensa a serviço das elites tradicionais versus governo comprometido com as aspirações populares" parece ser uma repetição de certas interpretações relativas à situação crítica vivida durante a última crise do segundo governo Vargas.[10] Já o "Petrolão" repõe, de maneira mais incisiva do que o "Mensalão", a figura do "mar de lama" que povoou a imagética da crise final do último governo Vargas e os estertores do governo Goulart.

Nessa rubrica, é interessante analisar as tentativas contemporâneas de utilizar os "framings" de outros períodos de disputas culturais e políticas agudas, como justamente a do suicídio de Vargas em 1954. Assistimos recentemente, no calor da disputa do Mensalão, a ensaios de reescrita do famoso crime da rua Tonelero, ocorrido em agosto daquele ano: a tentativa de assassinato de Carlos Lacerda que teria sido perpetrada pelos (ou a mando de) membros da guarda particular de Vargas, dando novo alento às versões contestatórias da história oficial (Cony, 24/08/2004, Mendonça, 2002).

Em termos de história intelectual, trata-se de um exemplo significativo de desestabilização de uma versão "pacificada" da história do Brasil que muito provavelmente é reflexo do contencioso que agita nossa "República das Letras" contemporânea. Esse curioso contencioso "recém-reaberto", além de outros como o da Escola Base,[11] ou os processos de execração pública e cassação de mandato, seguidos de reconsideração moral de facto de Ibsen Pinheiro e de Alceni Guerra são marcadores expressivos dos contornos dessa temática no Brasil contemporâneo. Poderíamos mesmo construir uma série a partir das analogias, e diferenças, entre esses episódios,

---

10 Essa interpretação pode ser decalcada, por exemplo, da biografia de Samuel Wainer, jornalista que fundou e editou o jornal *Última Hora* com o estímulo direto de Getúlio Vargas no início dos anos de 1950. Disponível em <http://cpdoc.fgv.br/producao/dossies/AEraVargas2/biografias/samuel_wainer>.

11 A esse respeito, ver <http://pt.wikipedia.org/wiki/Escola_Base>.

Da pizza ao impeachment

e certamente ela carregaria forte poder explicativo das dinâmicas cultural e política da sociedade, colocando-nos, mais uma vez, diante da necessidade imperiosa de buscar as fontes de estudo da nova morfologia social, a cujo engendramento estamos assistindo nesse fascinante início do século XXI.

Uma boa pergunta teórica para a sociologia pragmática (Boltanski 2009) é justamente sobre a relação entre uma desestabilização "primeva" da realidade (no nosso caso as polêmicas em torno do Mensalão/PiG) e as outras que a seguiram na cronologia do Brasil contemporâneo. Por que aqui apenas certos aspectos e não outros, também relevantes para parcelas da sociedade, podem ser contestados e polemizados? Essa capacidade de desestabilizar a realidade está espalhada por toda sociedade ou apenas restrita aos setores dotados de capital cultural suficiente para serem reconhecidos como locutores legítimos da história ou do presente?

Quando o foco recai sobre a realidade brasileira, esbarramos claramente nos limites da sugestão "pragmática" e, dados empíricos considerados, somos conduzidos obrigatoriamente de volta aos princípios da sociologia crítica de Bourdieu. De fato, seguindo nosso roteiro "epidemiológico", vemos jornalistas que pouco puderam agir na época do crime da rua Tonelero levantarem novamente, agora já consagrados nesse início de século XXI, dúvidas sobre a versão estabelecida da história até então "pacificada" (Cony, 24/08/2004). Da mesma forma, órgãos que se consideram a consciência pública da imprensa, em especial da bem estabelecida, são criados por membros outrora centrais no meio jornalístico que retornam ao trágico caso da Escola Base, cujos donos foram acusados injustamente pela imprensa de abuso sexual contra crianças, para lembrarem (e constrangerem) seus pares, agora proeminentes profissionais, do que consideram ser os limites da sua atividade (Dines, 10/04/2006).

176 Roberto Grün

No mesmo sentido, podemos generalizar o processo ao avaliar os principais blogs que se contrapõem à mídia bem estabelecida e que, no período, repercutiam e apoiavam os pontos de vista do governo federal e do seu principal partido político. Eles foram criados e continuam sob a batuta pessoal de jornalistas outrora importantes no circuito dominante e se tornaram instrumentos para a sua reconversão profissional.[12] Assim, nossos processos de estabilização e desestabilização ganham inteligibilidade sociológica tanto na dimensão gramática quanto na morfológica. Na primeira esfera, os estabilizadores e os desestabilizadores, dotados do domínio técnico da linguagem, aí incluída a capacidade de formular argumentos nas esferas de justiça cabíveis do contemporâneo, sabem, até certo ponto, produzir mensagens inteligíveis no atual momento do debate público. No segundo eixo, eles possuem trajetórias políticas e profissionais que lhes conferiram notoriedade, isto é, as grandes magnitudes de capital simbólico que geram a atenção social necessária para que suas mensagens sejam percebidas e avaliadas (BICHOFFE 2013). Assim, a empiria sociológica brasileira – sem desprezar, evidentemente, essa dimensão – obriga-nos a ir além do sentido da expressão "o que está sendo falado?", em direção ao nosso tradicional e perene bordão "sabes com quem estás falando?".

Constata-se, portanto, uma importante divisão no polo jornalístico da atividade cultural produtor de uma dinâmica que pode ser explorada internamente ou no movimento político mais geral. E mais: um corolário analítico interessante e saboroso é que tudo se

---

12 Em especial Luiz Nassif, Paulo Henrique Amorim e Luiz Carlos Azenha, cujas biografias profissionais estão registradas na Wikipédia brasileira. É necessário ter em conta que tais perfis são moventes, acompanhando o jogo social de acumulação e impugnação de capital simbólico dos atores sociais relevantes e, indiretamente, servindo também de índice para a postulação do rol de atores sociais relevantes. Para uma problematização da Wikipédia como fonte científica e como espaço de luta pela reputação dos famosos, ver (Sunstein, 2007).

Da pizza ao impeachment 177

passa como se a tensão intelectual sobre como dar conta do presente também desestabilizasse o passado.

O acompanhamento cotidiano do que podemos chamar de "primeira fase" do Mensalão mostra a hipótese da sociologia da religião se corporificando. Numa lógica típica de um campo autônomo, instaurou-se uma corrida profissional no meio jornalístico para procurar o chamado "batom na cueca" – a prova indelével e irrefutável da culpabilidade de Lula nos deslizes apontados. Se, ao que parece, passados muitos anos de busca e depois de finalizado o julgamento no Supremo Tribunal Federal, tal comprovação não surgiu, isso deixou de ser relevante, porque a própria corrida construiu a verossimilhança da culpa, ao menos nos setores que se informam e constroem a opinião política e moral através da grande imprensa.

Os vários momentos e as "quase certezas" de cada reportagem, a nova denúncia ou o ciclo alimentado pela interação das duas ordens de fenômenos midiáticos construíram uma espécie de mosaico cuja forma já era suficiente para corroborar o que "todo mundo já sabia", embora faltasse o detalhe final. Um corolário importante dessa configuração é que no meio jornalístico estabelecido, provido por critérios competitivos e cooperativos, duvidar da existência do Mensalão e do papel que Lula exerceu ali é uma liberdade de espírito impossível, porque compromete a estrutura de legitimação do grupo profissional. Aqueles que insistem nessa postura se fragilizam nas redações da imprensa consagrada e tendem a se aproximar do "bloco dos blogs" (ou do conjunto de posições de relações públicas, no setor público ou privado, que vicejam como corolárias do jornalismo estabelecido), tornando-se marginais na profissão, embora possivelmente ganhem maior evidência no processo político.[13] Vis-

---

13 A trajetória recente de Paulo Moreira Leite, jornalista de grande visibilidade, é um bom indício desse processo. Nesse sentido, investigar trajetórias análogas menos salientes seria um objeto profícuo de pesquisa (http://www.portaldosjornalistas.com.br/jornalista/paulo-moreira-leite).

178 Roberto Grün

to de fora, tal panorama tem tudo para alimentar hipóteses conspiratórias, senão como explicar que os indícios de culpabilidade de Lula e de seus auxiliares, ainda que frágeis, tenham sido investigados à exaustão, enquanto evidências em sinal contrário que vão desde a modéstia de seu patrimônio até sinais de comportamento semelhantes aos de seus adversários na criação e na manutenção de coalizões parlamentares – tenham sido desprezadas sem cerimônia? Mutatis mutandis, parece-me que ocorreu no âmbito da política e da justiça a mesma dinâmica de competição e cooperação que se dá no meio jornalístico – um produto típico de um campo profissional funcionando plenamente –, o que produz, reproduz e reforça processos e movimentos como o Mensalão e o PiG.

A dinâmica dos fatos e sua condensação em episódios

Vários indícios compuseram a hipótese de que esse período controverso é constituído e apresenta novidades morfológicas importantes, que dão a base para as novidades políticas. Como uma espécie de consagração do significado mais geral da dinâmica desses processos, há também contraposições que objetivam suas disputas e servem como verificadores empíricos das características dos contenciosos, dos contendores e de suas propriedades sociais. A análise dos momentos mais agudos da disputa revela dois polos com geometria circunstancialmente variada, mas com núcleos cada vez mais constantes, o que denota a possibilidade de que esse arranjo se torne uma prática consolidada em um futuro não muito distante.

Um exemplo marcante nesse sentido, fartamente midiatizado, transcorreu no início de 2010, quando a questão envolvida na proposição do PiG emergiu nitidamente em dois eventos claramente opostos e diretamente relacionados. O primeiro ocorreu na interface entre o governo federal atingido pelos escândalos e os grupos que contestam a predominância da mídia privada tradicional e das elites culturais conservadoras. O segundo agrupou justamente a

Da pizza ao impeachment 179

mídia mainstream e seus apoiadores – nomes de peso do período presidencial de FHC, como Boris Fausto e José Arthur Giannotti –, carregando uma penca de atores que, mesmo reivindicando a condição de acadêmicos, poderiam ser chamados de arrivistas, se considerarmos os frios critérios classificatórios cientométricos da inserção e da consagração acadêmicas vigentes na segunda década do século XXI. Naquele momento, o contencioso poderia ser identificado a partir da contraposição entre a I Conferência Nacional de Comunicação,[14] convocada por setores do governo e apoiada por aqueles que criticam a mídia tradicional, e o I Fórum Democracia e Liberdade de Expressão, organizado pelo Instituto Millenium e fortemente apoiado pela associação dos proprietários de jornais.[15] Essa dupla de eventos claramente simétricos e opostos é uma porta de entrada magnífica para o estudo do urdimento e das formas de continuidade da contraposição, além de servir de guia para pesquisas que buscam outras condensações relevantes surgidas, em geral, na esteira de um evento politicamente importante e controverso.

É assim que nosso exercício de sociologia política inspirada nos enfoques da sociologia da religião nos conduz a uma explicação da lógica envolvida em movimentos como o Mensalão e o PiG. Quaisquer que sejam os aportes empíricos "objetivos" trazidos pela análise dos comportamentos "efetivos" dos grupos midiáticos ou dos apoiadores do governo petista, sobram evidências de validação desse novo tipo de entidade, haja vista a realização simultânea, com pompa e circunstância, dos dois eventos mencionados anteriormente: espécie de "missas" simétricas, em que cada um dos dois grupos cultua e entroniza suas entidades no panteão político brasileiro. E, não menos interessante, tal dualismo empurra e

---

14 Disponível em http://www.confecom.gov.br/.

15 Disponível em http://portalimprensa.uol.com.br/portal/agenda/2010/02/18/imprensa33824.shtml.

corporifica o par Mensalão-PiG. A exaltação de um deus tem como contrapartida a reiteração de seu antagonista, o diabo, reforçando o sistema simbólico que produz as categorias de apreensão da realidade discutidas aqui.

No espaço mais restrito das disputas culturais propriamente ditas, é também notável, e altamente indiciário, que o fragor das lutas também amplia, depura ou restringe os contingentes intelectuais que sustentam cada uma das pontas do nosso par. Nesse sentido, o instante t(2) – posterior à condensação apresentada aqui – acrescenta poder revelador ao jogo. As hostes que atacavam o Mensalão, parcialmente dispersas pelas derrotas eleitorais seguidas na disputa presidencial de 2010 e na eleição municipal de São Paulo em 2012, encontram um excelente ponto de encontro no repúdio a práticas espúrias associadas à imagem daquele evento (ou pseudoevento). Não é por acaso que o julgamento do Mensalão no segundo semestre de 2012 ganhou tanta atenção e lançou luzes inéditas sobre os protagonistas diretos e sobre os comentaristas do rito jurídico a ele associado. As sentenças lavradas ali podem ser consideradas definitivas pelos juízes que as proferiram e pelos membros do grupo que a proclamaram, mas, creio ter demonstrado, imaginar que a realidade por eles anunciada está estabilizada é pouco sábio sociologicamente.

O processo que levou à construção da ideia engendrada sob a sigla PiG tem vários aspectos desafiantes em termos analíticos e também para os políticos e intelectuais que investiram suas energias na corporificação dessa ameaça. Vimos que se os traços mais gerais do PiG são enraizados historicamente, compartilhados e mesmo reiterados pela ação contrária dos grupos adversários, sua denominação revela hostilidade. Tal situação não surpreende, já que se trata de uma criação intelectual de um segmento inferiorizado no mundo cultural; daquilo que os usos e costumes da sociedade brasileira contemporânea convencionou chamar, e estigmatizar, de "baixo clero". A confissão do seu uso através da incorporação da

Da pizza ao impeachment 181

denominação é um ato penoso mesmo para indivíduos que objetivamente poderiam ser considerados integrantes dessa categoria, como vimos na menção ao próprio Lula. Isso porque empurra seu usuário a assumir o rótulo de membro do "baixo clero", crente e propagador de teses conspiratórias rechaçadas pelo bom senso, contra o qual se levantam as armas e a lógica de nosso "razoabilismo". Talvez aí resida uma das maiores fontes de resiliência da ordem intelectual tradicional e da proeminência de seus defensores diretos. Ela se nutre de uma rede de significados que ao mesmo tempo produzem e reiteram o bom senso.

A gangorra é desigual

É dessa maneira que a inércia cultural joga a favor do Mensalão e contra o PiG. Na linguagem derivada da estratégia militar, ela transformou a luta pelo reconhecimento do Mensalão em downhill e, ao contrário, tornou uphill o reconhecimento do PiG. Com efeito, essa analogia ajuda a dar conta das possibilidades, embora restritas, da sua apreensão pela parcela da sociedade que disputa a primazia cultural, ao menos em tempos apaziguados. O escândalo posterior do "Petrolão", claramente decalcado culturalmente do nosso Mensalão mostra a construção, manutenção e mesmo expansão do quadro cognitivo que nos faz apreender as relações entre nossos políticos do baixo clero e quaisquer segmentos das elites tradicionais como altamente susceptíveis a tentações de corrupção. A mesma tendência de a polissemia dos episódios considerados acabar culpabilizando nossos petistas e associados e, correlativamente, inocentar ou relativizar os políticos de origem social ou cultural mais elevadas. E a crítica desesperada das razões dos membros do baixo clero, liminarmente desqualificadas no debate mostram a existência de uma configuração durável.

V
Os escândalos, seus atores, suas agendas e seus resultados

Se a dinâmica social que descrevemos tem autonomia, ela produz os atores que a realizam. Afirmação forte, não só no espaço teórico da sociologia, mas sobretudo quando confrontada ao ambiente dilacerado que o campo dos escândalos que funciona no Brasil produz e retroalimenta. A polarização privilegia uma determinada visão moral dos indivíduos, grupos e da sociedade como um todo. Nela, seríamos seres morais, "Coxinhas" e "elite branca" de um lado e "Vagabundos", ou "mortadelas" do outro, como querem nossos debates e arengas cotidianos (Reverbel, 17/02/2016) ou, numa visão cientificista e edulcorada, meros suportes das estruturas que nos comandam?

A explicação aqui desenvolvida confere mais força às estruturas, mas não as torna completamente independentes do escrutínio humano. Explica as ideias e os comportamentos dos atores, mas não os justifica. Talvez mesmo o contrário: o ato de explicitar a força das estruturas deve, idealmente, funcionar como uma ajuda suplementar a auxiliar os indivíduos a, apurando seu senso moral, se situarem e perceberem mais claramente a favor e contra quem e o quê estão atuando. Situar os constrangimentos e direcionadores estruturais da ação cultural e política ajuda a saber o tamanho da montanha a ser escalada, da onda a ser surfada ou do tobogã a ser escorregado. Como já quis Engels, a liberdade é a consciência da necessidade.

Evidentemente, nos acostumamos a avaliar melhor o peso das estruturas econômicas do que aquele, mais fugidio, das estruturas culturais ou simbólicas, como aquelas que estão atuando no nosso espaço empírico. Estruturas simbólicas são duplamente enganosas. Primeiro porque elas são difíceis de aceitar já que nossa cultura política e cívica faz com que as confrontemos com nossa propensão a acreditar no livre arbítrio e nas possibilidades infinitas de esclarecimento cultural. Em seguida pelo fato, ao meu ver mais sutil, de que as estruturas simbólicas funcionam mais a partir de metáforas inconscientes do que como ideias explícitas e facilmente enunciáveis.

A dureza das estruturas simbólicas se reforça enormemente pelo desconhecimento dela por parte daqueles que lhes são submetidos. A tradição de estudo das ideias as vincula aos autores de linhagens intelectuais. Aquelas ideias que nos interessam aqui são mais aquelas que se produzem e difundem nos sistemas mitológicos contemporâneos. Mais conhecidas como zeitgeist, elas também circulam pelos autores reconhecidos de um período e tendência, mas não são necessariamente produzidas por eles e nem integralmente presentes nas suas obras. Não sendo fixadas sistematicamente em nenhum suporte legítimo, elas não são percebidas como constrangimentos ou "framings" realmente atuantes. Especialmente nossas mitologias políticas, "obras" espúrias quando confrontadas à tradição racionalista de estudos políticos, essas têm muita chance de passarem rapidamente para o oblívio social.

As mitologias tendem a ser consideradas idiossincrasias, não exatamente ideias, mas "manias", ou no máximo, "folclore" desinteressantes ou destituídos de valor intrínseco e portanto pouco rentáveis como objeto de esforço intelectual legítimo. Sem anteparo na produção sistemática e acumulável, elas têm uma grande probabilidade de irem se perdendo para a pesquisa histórica no futuro. Por isso, se em algum lugar, tipicamente elas acabam sendo retidas mais na literatura do que na produção científica. As mitologias tendem assim a se tornarem parte das curiosidades do tempo, que dão sabor e contexto a narrativas ficcionais e podem ser recuperadas para a análise apenas parcialmente, já que não podemos ter con-

Da pizza ao impeachment 185

trole sobre a seleção de fatos e histórias idiossincráticas de períodos anteriores que foram realizadas, com propósitos ficcionais, pelos literatos e demais produtores culturais.

Mas, conforme já antevimos e agora iremos sistematizar, essas mitologias não surgem por acaso e nem por geração espontânea. Elas são o resultado de ações concatenadas de grupos de atores culturais e políticos que são criados e reiterados no nosso campo dos escândalos. No nosso esquema interpretativo, eles correspondem a um grupo bem caracterizado de atores, esses "pequenos intelectuais" já referenciados em Weber, que encontram na criação de mitologias, produtos culturais espúrios que produtores situados no alto da escala do ofício abominam, um mercado florescente para um tipo de artefato cultural que eles estão propensos a produzir.

A academia tende a prestar mais atenção aos chamados "neocons" instiladores, a partir do "mensalão" e corolários culturais, da culpa intrínseca dos petistas e de seus líderes em particular. Eles vieram da vida universitária, mas a atacam sistematicamente, nominalmente por considera-la pervertida, normalmente pela esquerda política, às vezes pelo burocratismo "inerente ao funcionalismo público". Em alguma medida, olhando pela aceitação de seus produtos estritamente na internalidade do espaço intelectual, os neocons seriam parte do nosso "baixo clero". Em outra, a sua própria existência e sucesso econômico ou midiático embaralham esse tipo de classificação, mostrando assim, indiretamente, os limites "objetivos" do uso científico desse sistema que classifica os cientistas e produtores intelectuais.

Como "baixo clero" se gozam de tanto prestígio midiático e, provavelmente, de recompensas materiais? Como eles se relacionam com as instâncias ditas "legítimas" de produção intelectual erudita?

Do outro lado do ringue, mas em equilíbrio dinâmico com os primeiros, aparecem os criadores e perpetuadores do "PiG". Na configuração que estamos assistindo no Brasil contemporâneo, eles apresentam menos credenciais acadêmicas e mais anterioridade, e legitimidade, no espaço da mídia. Esses também poderiam ser considerados "baixo clero" pelo aspecto circunstancial de sua produção e pela incipiência de sua formação estritamente acadêmica. E, se obtiveram algum apoio governamental nos governos petistas, diminui ainda mais sua legitimidade no espaço original de onde vieram, pois seria sinal de "chapa branca", a nominação nativa para o jornalismo que é produzido diretamente a partir de demandas governamentais. E aqui, "chapa branca", é o oposto à inserção legítima, aquela que é suscitada pelo mercado editorial e que se viabiliza, reza a versão prevalecente, através da compra do produto pelo consumidor final.

Entretanto, por maiores que sejam as distâncias "ideológicas" e funcionais desses dois grupos e menores ou mais sujeitas à crítica que sejam as suas credenciais legitimadas, eles têm vários aspectos em comum. O principal deles, para nossos propósitos atuais é que simultaneamente e de maneira quase automática, contribuem para a constituição do campo dos escândalos como espaço cultural obrigatório na sociedade brasileira contemporânea. Quem quiser falar sobre os destinos do país e ser ouvido, tem de adaptar sua produção e encontrar maneiras de veiculá-la no espaço discursivo constituído fundamentalmente por essas duas pontas.

Na legitimação parcial de cada um deles, podemos notar um conjunto de entrelaçamentos que robustecem a posição dos indivíduos no polo respectivo e constitui comunidades discursivas das quais nossos histriônicos (para os habitus do alto clero) se alimentam e eles mesmos retroalimentam de uma maneira provavelmente mais sutil. Os aglomerados de atores que vão surgindo se transformam em espaços discursivos comuns para agentes situados aproximadamente no mesmo lado do ringue. Sem grandes surpresas até aí. Mas o mais interessante, e menos intuitivo, é que os dois

Da pizza ao impeachment 187

lados do ringue constroem, mantém e aumentam o interesse da sociedade pela luta.

A descrição do debate social, da esfera pública como uma arena de disputa viril acaba contaminando a todos e produz algo semelhante à entidade que anuncia. Produzimos então o mundo das "guerras culturais". E esse conceito, assim como outros que estamos examinando, deixa de ter apenas veleidades explicativas para se tornar um enunciado performático. Isso posto, passa a gerar sequências mnemônicas que enquadram eventos e produzem respostas esperadas no sentido de aumentar o estranhamento e a belicosidade mútuos.

Num primeiro olhar, informado pela aspereza das disputas cotidianas, tudo separa nossos "neocons" dos não menos brasileiros "blogueiros sujos". Mas o olhar sociológico nos obriga a procurar também as semelhanças. Como já nos acostumamos na publicidade esportiva das lutas profissionais, os disputantes podem se odiar ou não. Podem se socar até a morte, mas não podem deixar de colaborar no fomento do interesse da sociedade pela contenda que estão por começar.

Dinâmicas interiores diferentes produziram cada um dos polos. Elas se explicam pelas características anteriores de cada um dos grupos em disputa. Podemos notar que os extremos se formam em torno de alguma habilidade ou recurso cultural especificamente raro no subespaço de referência.

Para os "blogueiros sujos", falamos de anterioridade e familiaridade profissional no espaço da mídia. Uma vez que o jornalismo mainstream se apresentou no período quase unanimemente contra o governo capitaneado pelo PT, não é por acaso que agentes dispondo de legitimidade nesse espaço, mas tendo sido expulsos dele, encontrem um novo espaço de reconversão profissional na confluência da nova mídia propiciada pela internet e a demanda por legitimidade do nosso baixo clero.

188   Roberto Grün

No caso dos nossos "neocons", também temos razões objetivas muito fortes. A primeira delas é a política de ampliação da rede de ensino universitário empreendida pelo governo petista, que tende a lançar alianças com a maior parte, numericamente, do corpo universitário que se forma, reforça e se profissionaliza com os novos campi e contratações. E, no cerne dessa profissionalização, vemos que a academia estabelecida vai se autonomizando através da cientometria, a mensuração sistemática da produção estritamente científica, excluindo a divulgação e vulgarização, antes gêneros aceitos e praticados nas ciências humanas e outras. Cria-se então um feroz espaço de concorrência interna, que desdenha critérios exteriores de hierarquização. Assim, nada mais esperado do que vermos os atores pegos no contrapé dessa tendência tentarem validar seus trunfos em outras arenas. Dentre os espaços disponíveis para o uso dessas qualificações de valor declinante na academia, o da mídia estabelecida é um dos quais eles são mais raros e valiosos. E será nesse espaço que irá desaguar o esforço de se contrapor à escalada da sua desprofissionalização. Curiosa, mas não despropositadamente, ela coincide e é retroalimentada pela desprofissionalização da atividade jornalística, que estaria ligada ao advento da internet. Rapidamente, os títulos universitários desvalorizados no espaço original reganham a nobreza antiga e lhes permite serem classificados como "analistas" ou "especialistas" pela mídia. Ainda que tal pretensão pareça descabida no mundo acadêmico estabelecido, ela encontra um novo espaço sedento de exibir sinais de legitimidade externa para sua atividade de comunicação de conteúdos.

De um lado ou do outro, esses velhos/novos agentes se apresentam como cruzados de uma guerra santa a qual, ou seu lado ganha, ou o mundo entrará numa danação eterna. Em momentos mais calmos, tais pretensões de estabelecer a verdade eterna pareceriam simplesmente egolatria, avidez econômica e mesmo um raso diletantismo. Mas não são esses os tempos. Cada "audácia" veiculado

Da pizza ao impeachment   189

de um lado vira "absurdo" a ser exorcizado do outro e vice-versa. Os freios típicos de cada espaço, que normalmente seriam acionados pelos intelectuais estabelecidos, ou simplesmente produtores culturais legitimados de cada lado, deixam de ser percebidos (ou mesmo acionados). A espiral de aumento de tom e pedestrianismo parece não ter limites. O ultimatismo se torna um direcionamento automático passando a percorrer e influenciar todo o espaço cultural. E surge a pergunta inultrapassável: já que nossos escandalizadores parecem comandar o espetáculo, quais são as relações de retroalimentação entre esses "novos" intelectuais e os tradicionais? Como se dá esse convívio? Os novos representam uma ruptura em relação ao passado? Ou seria mais correto procurar as continuidades? Quais seriam as formas de convívio em cada polo? Teriam uma mesma lógica ou não?

Ainda que as características de cada polo indiquem a relevância de propriedades sociais distintas, um ponto em comum poderia ser salientado: o momento e as razões para o "desvio" dos indivíduos em relação à trajetória modal de seus colegas e de sua coorte, bem como o tipo de solução encontrada para a reconversão profissional e identitária. As reconversões são, evidentemente, o resultado do encontro entre disposições e habilidades sociais dos agentes em questão com a estrutura de oportunidades que se abre para eles num determinando período e local, vivenciado como crítico na biografia individual, e coletiva.

A ascensão dos petistas ao governo federal e a propalada crise da mídia diante do advento da internet são, em sentidos inversos, as razões que podemos invocar para cada grupo de agentes. Do primeiro evento, podemos perceber um desarranjo da estrutura cósmica da sociedade, que deve ser imperiosamente sanada, se quisermos continuar recebendo os favores celestes. Como vimos, a ascensão ao governo federal de um grupo marcadamente "baixo clero", ao questionar implicitamente as teodiceias vigentes, subver-

190 Roberto Grün

tia as referências identitárias de boa parte das classes médias e das elites brasileiras. Numa primeira aproximação, que cabe ao leitor crítico julgar se essencialista ou não, diríamos que aquelas referências culturais não eram explícitas, nem poderiam sê-lo num mundo cultural regido pelo multiculturalismo sancionado pelo consenso atual das Ciências Humanas internacionais. Logo, o mainstream da academia não poderia oferecer as referências eruditas necessárias para organizar o pensamento cotidiano de oposição às novidades que estavam sendo trazidas à esfera pública. Havia então, no mercado cultural, um conjunto de posições disponíveis e com demanda assegurada, para serem preenchidas por aqueles que se dispusessem a fornecer essas referências.

Do outro lado do nosso tabuleiro cultural e político a mídia mainstream começava a ver na profusão de meios proporcionada pela internet um perigo mortal para a sua vitalidade e mesmo a sua continuidade. A resposta foi um enxugamento das redações tanto em número de profissionais, quanto de salário médio e possível especialização temática. Além disso, se observa uma certa ideologização do conteúdo das notícias sobre política e costumes, que também pode ser entendida como uma singela adaptação ao mercado consumidor disponível. Esse movimento se deu imaginando a necessidade de preservar um público alvo que seria de classe média tradicional e conservadora, especificamente o segmento cronologicamente socializado antes do advento da internet e por isso resistente ao abandono do suporte tradicional dos periódicos em papel. Nesse contexto, ficam de fora jornalistas mais experientes e/ou mais especializados que por diversos motivos não se inseriram nas gestões dos periódicos ou das empresas da mídia. Aqui também, um conjunto de profissionais reconhecidos estarão disponíveis para a reconversão. No caso, aproveitando a difusão do novo suporte telemático que possibilitou a emergência dos blogs. É claro que esse novo meio também foi ocupado por indivíduos e grupos que con-

Da pizza ao impeachment   191

tinuaram próximos ou ligados às empresas tradicionais. Mas esses
últimos agem como complementares à edição central dos órgãos
aos quais se vinculam, enquanto os exteriores às empresas acabam
achando um nicho ideológico e econômico consistentes na sustentação dos governos federais, extremamente carentes desse recurso.

Temos então, além dos grupos de intelectuais e agentes culturais
pré-existentes e mais conhecidos, a emergência dos dois novos segmentos, cuja gênese e lógica de funcionamento remete diretamente
à polarização política e cultural do Brasil contemporâneo. Um dos
pontos chaves a ser avaliado é se e como essa mudança da paisagem
altera as regras gerais do espaço cultural e acadêmico do país.

A lógica da análise indica que sim, altera. A polarização afeta
a todos, ou quase todos pois as possibilidades de recepção ficam al-
teradas pelas expectativas nela criadas. Logo os produtos e agendas
dificilmente poderiam passar ao largo do estímulo que os coloca
como reforçando um ou outro polo da nossa confrontação. Mais
uma vez, a presunção de livre-arbítrio nos afasta de uma conclusão
dessa natureza. Entretanto, a análise estrutural a impõe, já que os
campos culturais e universitários são espaços sujeitos a sistemas de
forças, que empurram os indivíduos e grupos para determinadas
posições e os afastam de outras.

Explicações alternativas e convergências

A polarização pode também ser explicada pelo determinismo
tecnológico. Autores mais situados no espaço da comunicação
política enfatizam a transformação da sua atividade a partir das
novas tecnologias de dataminig, microtargeting & narrowcasting
que possibilitam a identificação, focalização e desenho de mensagens políticas ou genericamente ideológicas a grupos de eleitores
e cidadãos reunidos em torno de alguma preferência comum, descoberta pela frequência em sites, assinaturas de periódicos ou manifestações de preferência ou repúdio registradas em meio digital.

Essas tecnologias fazem o esforço de propaganda política se desviar das mensagens que visam o público em geral para aquelas mais específicas, destinadas a segmentos determinados. Tal translação empurraria os cidadãos a posições políticas ou morais mais rígidas porque deixariam de estar expostos a mensagens que poderiam contradizer suas convicções prévias. Pelo contrário, as mensagens apenas reforçariam suas predisposições básicas ou anteriores. A reiteração contínua dessa lógica produziria a polarização política que estamos assistindo no mundo inteiro e então o espetáculo que estamos vendo no Brasil contemporâneo é apenas a faceta particular da tendência mais geral.

Num primeiro momento estaríamos diante de uma explicação alternativa e concorrente para os fenômenos que descrevemos. Uma aproximação mais fina mostra uma relação mais complexa. Essas técnicas já existiam e eram praticadas por alguns anos no marketing comercial e a ideia de utilizá-las na comunicação política é posterior, sugerindo que foi a própria constatação da polarização que chamou a atenção para a possibilidade da adaptação e uso do conjunto de instrumentos na esfera política.

Voltamos assim ao nosso campo dos escândalos, apenas introduzindo mais um grupo de atores, esses nem tão intuitivos. Afinal, as mitologias midiáticas do presente insinuam que os "marqueteiros" e a galáxia toda de agentes que se ocupa profissionalmente de eleições e da política em geral seria composta de indivíduos portadores de atributos especificamente técnicos, desprovidos de ideologia própria, ou pelo menos capazes de relevá-la, dependendo do cliente que esteja solicitando seus serviços.

Mas não é isso que podemos observar. Pelo contrário, estamos diante de mais um propulsor que tenta encaminhar a sociedade para a polarização e é nela que os diversos tipos de profissionais tendem a balizar o enquadramento do jogo.

Da pizza ao impeachment   193

Sobra uma pergunta mais geral de sociologia política: a sabedoria eleitoral convencional reza que a sociedade está permanentemente dividida entre os dois polos tradicionais de direita e esquerda, cada um mais ou menos do mesmo tamanho, e a tarefa fundamental dos políticos e pessoal anexo que se envolvem em eleições majoritárias é o de conquistar o voto dos cidadãos "centristas" cujas opiniões flutuariam entre os dois polos. A "grande" política eleitoral tratar-se-ia assim de convencer os centristas de que as propostas vindas da esquerda, ou da direita, seriam na verdade as da nação como um todo. A "sabedoria" do marketing político estaria em convencer o eleitor "médio" dessa associação, ou seja: quem convencesse os centristas, venceria as eleições. Mas não é isso que constatamos no presente.

O conjunto de evidências que bordamos ao revelar o campo dos escândalos poderia, inicialmente, sugerir que os escândalos vão contra essa tendência geral das sociedades e, portanto, estaríamos diante de mais um argumento forte indicando que eles são efêmeros e não merecem serem considerados tão importantes assim. Mas não é isso. É a política em geral que se adapta e se joga no campo dos escândalos, aceitando as suas incitações.

Assim como o surgimento da blogosfera brasileira comporta uma leitura de sociologia política indicando que os usos sociais iniciais do instrumento em grande parte moldam seu desenvolvimento futuro, podemos estender o argumento para explicar a aterrissagem das novas técnicas de marketing político direto. E se o primeiro bloco de inovações ao mesmo tempo sociais e tecnológicas assinala um espaço de usos tipicamente "não profissionais", o segundo bloco carreia evidências no sentido contrário. As novas técnicas de estatística são consideradas sofisticadas e "capital intelectual" valioso de seus portadores. Mas os dois grupos ganham essa marca genética de instrumentos de diferenciação e de polarização.

E eis nosso campo dos escândalos formatando a estrutura cultural da sociedade.

194 Roberto Grün

Essa nova paisagem, desenhada originalmente pelos nossos intelectuais "ex-cêntricos" dos dois lados do tabuleiro é duradoura? Suavizamos a nomenclatura, deixando de chama-los de "baixo clero" para, justamente, chamar a atenção para as mudanças significativas que eles produziram na a esfera de atuação precípua. Mas....até que ponto foram eles mesmos que produziram essa modificação? Não estaria ela já embutida nas formas anteriores de funcionamento do espaço cultural da sociedade? Quando o conceito de "baixo clero" deixou o espaço interno da reflexão histórica e sociológica para se tornar argumento na disputa inter-pares, será que já não enquadramos a realidade interna do espaço cultural como um ringue e nos predispusemos à guerra? E a polarização não é simplesmente um fruto amargo, mas esperado, dessa violência simbólica, que poderíamos chamar de "primeira"? Mas, candidamente, será que poderíamos esperar maior reflexividade dos intelectuais do que dos demais cidadãos?

Num primeiro momento podemos localizar, factualmente, locais de reunião, os "lieux neutres" de Bourdieu congraçando os neocons com diversos membros do grupo que consagrou a nomenclatura que manejamos no momento (Bourdieu and Boltanski 1976). Essa reunião assinala uma convergência, que precisa ser explicada em diversos níveis.

Aparecem então na cena, retumbantes, o Instituto Millenium e as redes de conselheiros de organizações patronais ou profissionais, as diversas emissões televisivas consagradas à "análise aprofundada" da realidade política. Mas, mais decisivamente do que a enumeração de órgãos e instituições de encontro ou de organização interna do grupo, é mais interessante observar os apoios recíprocos diretos ou tácitos, mais típicos da situação, já que os diversos grupos de produtores culturais que se enlaçam têm origens e habitus diferentes. O que precisa ser esmiuçado é então as formas de convergência, de anulação das reservas mútuas e de construção de afinidades.

Da pizza ao impeachment

Essess formuladores intelectuais daquelas teorias com apelo massivo estão sendo denominados no debate político brasileiro de "neocons" –neoconservadores. A denominação parece ser decalcada da terminologia norte-americana que designa nessa rubrica um grupamento específico de intelectuais com um percurso modal. No caso dos Estados Unidos, eles tiveram sua origem na esquerda não stalinista de Nova Iorque, em segmentos majoritariamente de origem judia asquenaze e foram progressivamente se identificando com a política exterior de combate à URSS e ao comunismo em geral e, diferencialmente, com algumas (mas não todas) causas conservadoras de política interna daquele país. Tiveram ação destacada em diversas iniciativas de combate ao que, naquele país, é chamado de liberalismo e posteriormente foram se concentrando em think tanks conservadores que obtiveram muita influência na mídia e no sistema político. O momento revelador da amplitude da tendência foi durante os governos Reagan, em que diversos deles ocuparam postos importantes no Executivo, além de mostrarem muita influência na formulação de políticas públicas, na condução da economia e sobretudo na política exterior (Wald, 1987, Isserman and Kazin, 2000, Guilhot, 2006)(Oppenheimer, 2016).

Os "nossos" neocons têm, evidentemente, características que os aproximam da denominação original, mas no embate que estamos assistindo sobressaem as especificidades brasileiras. Eles portam um elenco de qualidades bem específico no espaço cultural. Primeiro, a socialização original nesse espaço que lhes faz capazes de produzir artefatos culturais e políticos dotados de um mínimo de generalidade e de consistência interna que os torna aceitáveis para públicos mais amplos do que sua clientela específica. Pensando na especificidade de seu labor intelectual, ele se caracteriza por conter algum grau de universalidade, ao contrário dos produtos culturais produzidos pela maior parte dos líderes religiosos e esotéricos, que

196 Roberto Grün

circulam muito intensamente, mas no circuito limitado pela geografia das suas seitas de origem.

Indivíduos dominados quando o espaço intelectual está dotado de autonomia, os neocons brasileiros apostam, ou mais precisamente, são inexoravelmente deslocados para a heteronomia, para a validação externa de seus produtos por um público alheio aos debates e estranho ao habitus engendrado no campo acadêmico. Não é assim por acaso que não perdem uma oportunidade de diminuir o prestígio desse espaço diante das audiências leigas, principalmente quando a notoriedade pública lhes traz os holofotes da atenção midiática.

Difícil deixar de pensar nas feridas narcísicas provocadas pelo não reconhecimento no espaço de atuação, e de socialização, original dos indivíduos de que falamos. Mas o fenômeno intuitivamente afeito à psicologia individual acaba ganhando âmbito societal na medida em que estamos diante de uma "fábrica social de ressentidos". É característica intrínseca do campo intelectual um tipo de violência simbólica não nominada que impõe a hierarquia interna a seus participantes através da ridicularização direta ou apenas ameaçada dos produtos do baixo clero, criando composições variáveis de revolta impotente e de submissão moral dos inferiorizados, que trazem o termo "ressentimento" para o centro da nossa discussão.[1]

O ressentimento alimentando a heteronomia

Do lado do balcão de ideias que nos interessa no momento, vemos que rapidamente, a fluidez das palavras, dos epítetos e, principalmente, a solicitude em dar respostas a questões que não foram engendradas no campo acadêmico é boa qualidade em determina-

---

1 A história cultural registra sistematicamente o ressentimento "estrutural" dos pequenos intelectuais diante da falta de posições institucionais à altura do que eles creem ser o valor dos seus investimentos educacionais e culturais de maneira geral (O'Boyle, 1970), (Chartier, 1982).

Da pizza ao impeachment

197

dos estados do espaço midiático, especialmente nos momentos de polarização política. Mas esse elenco é visto negativamente no outro lado do nosso balcão, o espaço intelectual e acadêmico em especial, onde essa "versatilidade" é lida como um indício muito forte de diletantismo e de oportunismo. Nada mais esperado, portanto, que na medida em que avança o reconhecimento externo desses agentes, o seu sucesso midiático, mais diminui a sua legitimidade no campo de origem e, reativamente, maior o estranhamento e a propensão de adotar comportamentos que choquem seus antigos pares e produzam a desvalorização das propriedades consideradas positivas internamente, bem como do campo intelectual propriamente dito.

Qual é a economia política específica da construção desse mercado localizado para ideias? Mais mundanamente, como pode ser explicada a notoriedade desses novos intelectuais brasileiros? De um lado a construção de um novo espaço discursivo. Um ponto contraintuitivo é que esse espaço não existiu sempre, mas existe no presente como o resultado de um trabalho coletivo de estabelecimento de novas sensibilidades ou de retroalimentação seletiva e diferencial de antigas. Ele se faz através de reforços recíprocos nos quais os diversos intelectuais ditos "neocons" certamente competem entre eles pela primazia da sua legião e predileção do público, mas também que a temática apresentada por cada um na tentativa de criar agenda na esfera pública compõe com aquela de seu êmulo. Concorrentes sim, no duplo sentido de disputarem um espaço mas também de convergirem para a construção mesma desse espaço.

Assim, a vilificação do pessoal político que se reuniu em torno dos governos petistas tem diferenças de tom, de elegância, de aspectos que são abordados, mas todos eles convergem para produzir e consagrar o estigma dos ocupantes do governo federal neste início de século XXI. Em linguagem cotidiana, podemos enunciar a mensagem geral de que "esse pessoal não presta mesmo". As nuances têm impacto diferencial na aceitação dos produtos culturais e na notoriedade dos seus produtores, além de revelarem os capitais que estão sendo postos a trabalhar pelos intelectuais que os utilizam.

Eles podem ser aceitos por públicos diferentes ou por diferentes motivos pelo mesmo público, mas o importante aqui é a reiteração da mensagem central: os diversos caminhos levam todos à mesma constatação, aquela que diz que os novos agentes políticos que emergiram no período petista não são dignos de ocupar os lugares que ocupam. E uma vez esse resultado geral estabelecido, as desqualificações podem ser diferenciais e seguem as especializações, os investimentos culturais anteriores de cada detrator e mesmo as limitações oriundas de cada relação pessoal com o mundo acadêmico constituído, essa também diferencial.

Mas é necessário frisar que a própria concorrência interna no grupo é funcional na construção do espaço discursivo, já que a competição açula a virulência de cada um deles que, para se destacar, é instigado a ser mais ainda contundente do que seu colega na crítica ao que consideram ser o descalabro dos "tempos petistas". A concorrência não só aumenta o tom da crítica como também "descobre" novos aspectos a serem criticados, os quais poderão ser também utilizados pelos colegas-concorrentes. Temos então uma mecânica que torna funcionais e ao mesmo tempo claras a concorrência entre os novos agentes e a sua solidariedade básica no sentido de construir, reiterar e ampliar o novo espaço que eles constituíram e que os alimenta.

As nuances podem ser explicadas, em grande parte, pelo pertencimento diferencial deles ao espaço acadêmico constituído. Alguns estão totalmente alheios, outros mantém pertencimentos parciais, outros tentam acumular a atividade mas polemista que os caracteriza como neocons com uma inserção de tempo integral no espaço universitário.

É difícil deixar de correlacionar a aplicação cada vez mais sistemática da cientometria na avaliação do mérito acadêmicos dos in-

Da pizza ao impeachment 199

telectuais com a "descoberta" e desenvolvimento das vocações neocons. A tendência ao uso da cientometria assinala, evidentemente, uma institucionalização mais aprofundada da atividade acadêmica, diminuindo o espaço para as mais diversas formas de multiposicionalidade, inclusive da atividade polemista neocon. Mas também pode deflagrar tentativas regressistas, de volta a tempos em que as atividades intelectuais e científicas tinham menos autonomia em relação à política e à mídia.

Retórica e divisão do trabalho intelectual

Em termos de procura, no espaço midiático e sua fronteira com o da política há também razões estruturais para demandar os produtos culturais que os agentes acima estão mais qualificados e propensos a engendrar. De um lado a crença de que eles têm boa aceitação. Do outro, e por efeito circular com a primeira, a retroalimentação de um antiintelectualismo que justifica a desenvoltura jornalística no trato desconstrangido dos mais diversos assuntos, por menor que tenha sido o investimento intelectual de redator no tópico em questão.

A ilegitimidade erudita é mais do que compensada pela crença compartilhada de que o jornalista pode não ter conhecimento pleno das nuances do assunto em questão, mas conhece o seu público leitor e sabe o que ele gostaria de ler a respeito, bem como a maneira de interessa-lo pelo tema (Manoff and Schudson, 1986). O antiintelectualismo que fertiliza o terreno para os neocons é assim produto ao mesmo tempo de uma tendência antiga e internacional do espaço cultural do ocidente e também é um reflexo do estágio atual da organização do trabalho na profissão jornalística.

A oposição "jornalista x intelectual" é antiga, fundamental e recorrente nos espaços culturais das sociedades ocidentais que praticam democracias de massas. Ela foi diagnosticada por diversos autores, a partir de várias sensibilidades intelectuais e começou a ficar

200 Roberto Grün

clara nas análises dos desdobramentos do caso Dreyfus da França na passagem do século XIX para o XX. Ali os jornais e seus profissionais foram progressivamente se alinhando na tese da culpabilidade do capitão de origem judia, qualquer que tenha sido a inclinação pessoal de seus jornalistas ou responsáveis. No tópico, a mudança de posição do Figaro é caso exemplar dos condicionantes dessa tendência. O já grande jornal dirigido às elites mais inclinadas à direita daquele espaço político, inicialmente perfilado entre os defensores de Dreyfus, acabou tendo sido obrigado a aderir à maioria hostil ao Capitão por pressão do seu próprio leitorado (Charle, 2004). Nesse realinhamento, diversos intelectuais inferiorizados no seu espaço de origem quando da substituição das explicações biologistas pelo primado das relações sociais, acabam encontrando no "anti-dreyfusianismo" uma excelente plataforma de reconversão e de revalorização de seus trunfos culturais,[2] agora nos espaços da mídia e da política (Noiriel, 2009).

Dos "improdutivos" aos neocons

As cronologias específicas da sociedade brasileira, que podem ser diretamente nacionais ou segmentadas por temporalidades e outras especificidades regionais talvez ainda estejam por serem feitas. Mas, numa primeira análise, retomemos o episódio da denúncia na FSP dos "improdutivos da USP" (FSP, 21/02/1988) pois, aos nossos olhos, este foi um fenômeno de características estruturantes, que provavelmente pautou a microcronologia do período que se abriu com a descompressão política e cultural observada a partir do ocaso da ditadura militar. A partição internacional a que nos referimos,

---

2 Noiriel chama a atenção para a desvalorização do capital cultural dos "racialistas" no espaço da sociologia nascente e a ocupação do espaço pelos durkheimianos "culturalistas" (p.275).

Da pizza ao impeachment 201

teórica até o momento no Brasil, adquire cor e gosto nacionais e irá se inscrever como oposição durável nos anos seguintes.

Indo além da disputa nela mesma, vemos que se trata de uma querela travada integralmente no espaço cultural. Até aquele momento, as disputas do mundo da cultura como um todo contra a censura instaurada pela ditadura militar subordinavam qualquer contencioso interno. Do episódio, podemos dizer que o poder cultural se autonomiza, se diferencia e então podemos concluir que ele acaba se impondo de maneira distinta em sociedades mais democráticas quando as comparamos com os arranjos políticos explicitamente autoritários.

No esquema de análise do espaço cultural que aqui esboço o episódio dos "improdutivos da USP" é um bom marcador do fim da ditadura militar. Sua eclosão naqueles precisos tempo e espaço não deve nada ao acaso. Na linguagem sugestiva da análise das três ordens do feudalismo proposta por (Duby, 1978), e seminal para o gênero de análise aqui empreendido, podemos dizer que quando os bellatores (guerreiros, militares) afrouxam o braço, os oratores (clero, intelectuais) ampliam seu espaço e podem se ocupar mais especificamente de suas diferenças internas, mas também do trabalho coletivo, impensado, de aumentar o peso dos oratores no campo do poder diminuindo, reciprocamente, a importância dos bellatores.

No esquema acima sugerido, a geometria da transformação "neocon" é então um deslocamento dentro do mesmo eixo, que vai se autonomizando e por isso comportando cada vez mais posições diferenciadas. A fenomenologia da reconversão tem traços mais ou menos constantes os quais, evidentemente, podem variar em intensidade em cada caso. Mas podemos empalmar a dinâmica geral da semântica dessa transformação e dizer que, num átimo, "diletantismo", um termo conotado negativamente no espaço acadêmico é renomeado como "versatilidade".[3] Essa última característica é virtude inconteste nos demais espaços profissionais do mundo da cultura e ganha assim um sentido positivo. Enquanto isso, e num movimento recíproco, as virtudes acadêmicas do "aprofundamento teórico ou temático" são renomeadas como "arrogância", ou "preciosismo", intrinsecamente negativas nos mundos menos próximos do intelectual. E as diferencialidades dos indivíduos em questão se ampliam, já que suas interações sociais se fazem cada vez mais fora do espaço inicial. Em pouco tempo respondem mais às expectativas do novo espaço em que trafegam recentemente do que àquelas de seu universo de origem.

O entrelaçamento fundamental

Entretanto, nossos "neocons" não podem perder sua diferença positiva no seio do novo espaço, já que é ela que lhes confere comendas e encomendas. Diante dos jornalistas e do seu público, eles devem ser reconhecidos como intelectuais de próprio direito. Passamos assim a um entrelaçamento sutil com setores mais estabelecidos do espaço intelectual. Na temporalidade recente da sociedade brasileira contemporânea surge uma especificação quando nossos neocons se entrelaçam com acadêmicos consagrados do período imediatamente pós-ditadura e situados no grupo que sustentou FHC. Não por acaso, diversos desses agentes tiveram participação destacada nos governos FHC, aquele do "príncipe dos sociólogos", o momento de apogeu desse patriciado intelectual na sociedade brasileira. Influenciaram várias políticas públicas, e especialmente aquelas que dizem respeito à educação e cultura (Hey, 2008).

---

3   E surge na imprensa brasileira a nova categoria dos "analistas", capazes de "analisar", às vezes na mesma emissão televisiva ou de rádio, fenômenos em princípio tão díspares como as nuances das divisões étnicas do Afeganistão e a prevenção do câncer de mama.

Da pizza ao impeachment

Mesmo tendo se distanciado do mundo acadêmico mais recente, os membros do grupo acabam tendo seu prestígio, seu capital simbólico, reconhecido em perenidade por instituições como a ABC (Academia Brasileira de Ciências) e a própria mídia por um processo de histerese, o que lhes permite dispensar o reconhecimento interno nas disciplinas universitárias das quais fazem, ou fizeram parte. E esse capital banca os neocons, já que em diversas situações os primeiros reconhecem o caráter "genuinamente intelectual" dos segundos, os quais, por sua vez, os reverenciam na mídia, completando a circularidade.

Em termos das suas motivações em se alinhar com os "neo-cons", podemos dizer que os governos petistas retomam e aprofundam drasticamente o desafio que lhes foi posto pela emergência do sindicalismo universitário no período em que se afirmaram na cena intelectual e que foi sintetizado no título sugestivo, e revelador d'A "Universidade em ritmo de barbárie". A expansão do sistema federal no período petista, seguida da expansão reflexa do sistema estadual paulista e, talvez principalmente as cotas raciais e sociais, se constituíram num atentado de bombas múltiplas à meritocracia que abraçaram no seu período de ascensão (Felício, 13/03/2015), lhes conferiu uma identidade ao mesmo tempo simbólica e diretamente profissional(na medida em que diversos deles se reconverteram em especialistas nos rumos em que a educação brasileira deveria tomar) e que, tudo indica, ainda continua a conferir capital simbólico, haja vista a consagração pela ABC.

Vemos então que a atração cardinalato intelectual & neocons pode ter consistência sociológica se olharmos as razões convergentes de repúdio às novidades do tempo. E isso tanto nas trajetórias profissionais quanto nas avaliações pessimistas sobre os tempos que o Brasil viveu nos anos petistas. Uma boa pergunta subsequente é sobre a convergência especificamente intelectual. Estariam, nesse começo de segunda década do século XXI, os "jovens conservadores" do século XXI em sintonia com os "jovens turcos" dos anos 1970-80? Sob quais bases? A forma de meritocratismo brandida por uns e outros em contraposição àquela afirmada pelos recém-chegados ao campo do poder é uma pista evidente dessa convergência. Ela se afirma tanto na desqualificação dos sistemas de cotas quanto naquela da substância mesma do pessoal político petista, tido como um conjunto de indivíduos despreparados culturalmente e ainda assim, ou talvez por causa disso, ávidos de poder e de riquezas materiais.

Especialmente na esfera econômica, depois da equipe "puro sangue" de FHC (Oliveira, 20/03/2002, Grün, 2013), nossos petistas ousaram apresentar à nação duas ou três variantes de grupos inferiorizados no eixo do capital cultural e social para realizarem as mesmas, e complexas, tarefas. Mais do que isso, ousaram a disjunção entre o econômico e o social,[4] indo contra um pilar central da ortodoxia contemporânea da qual nosso alto clero é o curador zeloso (Grün 2015). E como se não bastasse as afrontas diretas, observamos também o solapamento na base do sistema, configurado no questionamento da forma de meritocratismo imperante no ingresso do sistema universitário que deve produzir as novas gerações de agentes culturais, a mudança na base das formas de reprodução social dos estratos que se ocupam da cultura.

A lógica da histerese influencia a percepção das regras do jogo intelectual, fazendo com que a hierarquia do seu interior e não necessariamente prevaleça na interface com a sociedade mais geral. Assim, títulos conferidos pelo espaço intelectual, que internamente podem ter se desvalorizado por terem perdido a raridade e cuja própria ostentação tenha se tornado sinal de histerese, são aprecia-

---

4 O início do segundo período Dilma nos induz a dizer que "desafia mas não persevera", haja vista a quantidade de "vamos fazer a lição de casa" presentes nas primeiras falas da Presidenta recém-reeleita e os primeiros discursos dos ministros da área econômica que ela nomeou em seguida, indicando a rejunção.

Da pizza ao impeachment 205

dos diferentemente na sociedade inclusiva. São aqui considerados como prova inconteste da qualidade intelectual do seu portador. Assim, se Demétrio Magnoli, Marco Villa ou Luís Felipe Pondé se declaram "doutores pela USP", eles carregam a legitimidade daquela instituição, por menos que gostem seus concorrentes internos, hoje livre-docentes, pesquisadores reconhecidos pelo CNPq e produtores culturais submetidos às regras internas do espaço científico. Afinal, o "há doutores e doutores": a especificação dos critérios de hierarquização interna que ocorreu desde a institucionalização da avaliação universitária, com a entronização dos produtos intelectuais avaliados pelos pares de acordo com critérios e métricas intrincados é inicialmente hermético para o público externo e não chegou à sociedade.

Dada o relevo contemporâneo do espaço universitário reconhecido internamente, os neocons podem olhar para o cardinalato pregresso como um atalho inesperado que os pode guindar para o ápice da pirâmide cultural, dispensando as provas internas. Seus aliados nesse espaço parecem ainda deter as chaves das portas mais cobiçadas – desde que continue a histerese. Logo, é necessário lembrar a dedução lógica, a volta do jogo acadêmico a um estágio anterior, mais personalizado e controlável pelos "mandarins" é condição de contorno para que esses personagens centrais na trama dos escândalos legitimem seus percursos diante do espaço social que os originou.

Entre um espaço e outro

Mas será que essas sensibilidades intelectuais e apetites econômicos desenvolvidos recentemente buscariam essa consagração simbólica que, no momento, reverte ganhos de notoriedade, a ascensão social representada pelo convívio com setores das elites não culturais, bem como os ganhos propriamente materiais advindos dos lucros com o engendramento de produtos de massa na indústria cultural? Talvez num cenário de restauração política, em que a autonomia do sistema universitário poderia ser flexionada e que tornasse o sistema complacente com a multiposicionalidade que esses atores então tenderiam a tentar impor ao mundo acadêmico como norma de excelência. Esse cenário não é simplesmente teórico pois corresponde a diferenciações internas que ocorrem em universos culturais de referência, como a França que notabilizou recentemente os chamados "novos filósofos" ou os Estados Unidos de após 1968 no qual, como vimos, diversos ex-esquerdistas se tornaram os primeiros neocons, intelectuais midiáticos e membros proeminentes dos *think tanks* identificados com o pensamento conservador daquele país.

Além da resposta a indagações formuladas a partir de lógicas heteronômicas em relação ao espaço científico, outro aspecto diferencial que separa estavelmente um produto acadêmico legítimo de um produto prioritariamente destinado ao consumo de massa é o essencialismo como argumento explicativo. No universo da comunicação de massa a classificação dos indivíduos e atos em bons e ruins, dotados ou não de bons propósitos, é recebida como dimensão incontornável da narrativa "profissional", aquela que pode interessar aos consumidores do produto em questão. "Julgar" é dimensão irrecusável da narrativa considerada viável e significativa nesse espaço. Ao contrário do "compreender" as circunstâncias e razões dos atores e eventos, que se tornou característica intrínseca do produto acadêmico contemporâneo (Noiriel, 2005).

Mais do que isso, no quadro cognitivo proposto, ou pelo menos sugerido pelos neocons, "compreender" vai sendo progressivamente considerada a expressão de um relativismo pusilânime dos intelectuais "tradicionais", uma prova suplementar da sua alienação e irrelevância para a sociedade. E a construção dessa imagem de irrelevância pode ser considerado um processo sociológico em si mesmo, capítulo da relação conflituosa entre jornalista e

Da pizza ao impeachment   207

intelectual, que teve no episódio da "lista de improdutivos da USP" um dos momentos mais marcantes.

Uma característica que parece intrínseca da consolidação do jornalismo como prática cultural específica é a prática da "fait-diversification" da atualidade representada nos jornais: a construção de narrativas a partir de uma retórica emocional e de proximidade, explorando principalmente as dimensões que aproximam a trama relatada (ou inventada) àquela que nos acostumamos nos relatos cotidianos dos eventos associados a práticas curiosas, criminais ou viciosas de maneira geral, especialmente relatando os eventos na chave policial (Kalifa, 2005, 2011).

Tal fenômeno midiático é considerado como dupla consequência primeiro da universalização da educação, trazendo para o público leitor camadas da população de socialização recente no universo letrado e que por isso estariam mais interessadas em curiosidades ou em enredos que se aproximem das querelas cotidianas da vizinhança do que em análises complexas de universos os quais, se postula, lhes seriam distantes e impenetráveis. Em segundo lugar a própria extensão da democracia, através do aumento da proporção da população que é eleitora e a diminuição da censura governamental estimulariam o interesse em fatos da política. Isso ainda que eles fossem tratados como se fossem da polícia. No mesmo sentido, o alívio da censura permitiria que a cobertura midiática da política se fizesse com o uso desabrido de expressões e interpretações ao gosto e conveniência dos jornais, com pouco poder de resposta dos indivíduos e coletivos atingidos. O universo de Kraus descrito por Bouveresse e Timms na faixa germânica, por Charle na França e Schudson nos Estados Unidos deixa poucas dúvidas quanto à generalidade da proposição acima (Schudson, 1978, Timms, 1986, Bouveresse, 2001, Charle, 2004, Timms, 2005).

Na especificidade da situação brasileira contemporânea, pelo menos paulista, podemos, por alusão ao finado cotidiano "Notícias

208   Roberto Grün

Populares", falar em "N-P-ização" dos mundos não originalmente considerados como contíguos ao do crime.[5] Aplicada aos eventos de natureza inicialmente política de que nos ocupamos no momento, as implicações da nossa "N-P-ização" são evidentes: a imprensa liberada da censura política tende a funcionar como uma máquina de desacreditar a própria política. Mais do que isso, a substituir a política como caixa de ressonância e, em última instância, lócus de referência no tratamento dos diferendos da sociedade.

Frutos podres da democracia?

Estamos assim diante de um interessante, inesperado e inquietante produto da democratização mais ampla da sociedade. E o acompanhamento da literatura internacional nos permite, além de perceber saliências menos evidentes na observação sem referências, a também colocar em perspectiva as evoluções brasileiras recentes. Especialmente porque vivemos num mundo jornalístico em que o "business model" de sucesso é o conglomerado anglo-saxão que tem na rede norte-americana de televisão Fox e nos seus diversos tabloides ingleses os produtos mais evidentes e copiados, e que não disfarçam sua tendência agudamente anti-intelectual e moralista conservadora (Jamieson and Cappella, 2008).

---

5   O finado jornal paulista *Notícias Populares*, conhecido pela sua abreviação "NP", editado pelo mesmo grupo que publica a Folha de São Paulo, foi um marco importante no subespaço que estamos considerando. Nela mesma e também como uma espécie de marcador simbólico, delimitador da prática jornalística, separando a produção de material de entretenimento para consumo popular, o conteúdo de "NP", do profissionalismo que se quer objetivo e dirigido à reflexão sistemática dos leitores bem educados, de qualificação intelectual pensada como semelhante à do jornalista, publicado na *Folha de São Paulo* e jornais equivalentes, como *O Estado de São Paulo*.

Da pizza ao impeachment 209

Uma especificação que parece circunstancial mas, como tentamos demonstrar ao longo do texto é mais estrutural do que se deixa observar, é justamente a construção de enredos a partir da noção popular de "conspiração". Ela é elemento central em tramas folhetinescas às quais, supõe-se, as clientelas da indústria cultural estão acostumadas e propensas a acreditar. Mas não deve frequentar argumentações acadêmicas legítimas.

A objetividade jornalística internacional também costuma refugar interpretações dessa natureza, mas os ambientes ideologicamente carregados facilitam a reintrodução da temática, que também pode ser considerada rentável em termos de audiência, e a recolocam na agenda de discussões da sociedade. No espaço acadêmico que se caracteriza por um tipo de produção lenta, em que um artigo científico demora vários meses até ser publicado e caracterizado pelo controle horizontal através dos pares, as ideias conspiratórias estão normalmente fora do horizonte dos possíveis, já que a dinâmica interna inibe o endosso ao que seria considerado um contrassenso estatístico (a possibilidade de uma entente funcional entre tão numerosos atores e interesses não perfeitamente coincidentes). Além disso, a explicação concorrente de "orquestração sem maestro" pelo efeito dos habitus, típica dos bourdieusianos, parece ser demasiadamente insular e contraintuitiva para ocupar um estatuto de veracidade que possa se expandir além desse grupo de referência (Boltanski, 2013).

Dentre os vários enredos possíveis para uma narrativa de conspiração há os mais identificáveis e deslegitimados, que são aquelas explícitas, que fazem menção a entidades e/ou articulações heterogêneas improváveis, como os OVNIs & extraterrestres, os maçons, os judeus ou os Illuminati. Chamemos essa modalidade de enredo de enredo (A). Mas há também aqueles que atribuem um outro tipo de armação crapulosa, esta fomentada por tecnologias comunicacionais ou sociais contemporâneas e assim mais verossímeis. É o caso dos trunfos atribuídos aos chamados "marqueteiros", os introdutores de técnicas de marketing no espaço político e que conseguiriam embrulhar seus candidatos/clientes em pacotes que os tornariam sedutores irresistíveis aos olhos do eleitorado, quaisquer que fossem suas características "intrínsecas". Chamemos esse enredo de enredo (B).

As narrativas baseadas em (A) costumam ser facilmente descartadas em condições normais de temperatura e pressão. Aquelas ancoradas em (B) ganham maior solidez e a sociologia do risco nos diz que estão embutidas no emaranhado de crenças sobre os perigos tecnológicos da contemporaneidade, especificamente a partir das narrativas recorrentes sobre as técnicas de manipulação mental que teriam se desenvolvido durante a Guerra Fria (Douglas and Wildavsky, 1982, Boltanski, 2012). Além disso, a sutileza reside no fato de que essas últimas são fomentadas por setores mais legítimos dos meios de comunicações, que costumam louvar as proezas dos mercadólogos no espaço comercial e facilmente podem estender essa valoração para o universo da política. E não seria lógico esperar que os profissionais da área se empenhassem profundamente em desmentir a capacidades únicas e extraordinárias que lhes são atribuídas e que rendem dividendos econômicos e simbólicos (Schudson, 1984, Schudson, 2003).

Um laço menos intuitivo é o da relação direta entre (A) e (B). O ponto é que a literatura sobre (A) considerada em geral ficcional reverbera sobre (B), aumentando a sua verossimilhança. Trata-se aqui da construção de um espaço discursivo que valoriza mais o aspecto "ação" do que a "estrutura" e, nessa zona cognitiva, enfatiza mais o uso de algum tipo de conhecimento esotérico sobre a sociedade ou alguma tecnologia que não é acessível nem compartilhado, ao invés da tradicional medida das capacidades de mobilização política ou ideológica dos grupos em disputa, considerado de domínio público.

Da pizza ao impeachment 211

O conhecimento extraordinário não precisa necessariamente ser considerado secreto, mas simplesmente de difícil alcance ou manipulação, como o resultado de uma assimetria "legítima" de capital cultural ou simbólico. Poderia ser então o par [data-mining & microtargeting], considerado o suprassumo da contemporaneidade na comunicação política ou mesmo o conhecimento tácito de algum agente ou equipe, atestado pelas proezas passadas, que devem ser devidamente aferidas (e conferidas) pela mídia política ou econômica (Edsall, 15/04/2012, Vega, 20/02/2012). Nessa narrativa o saber político tradicional e relativamente aberto, nativo do campo político, é desvalorizado em benefício de tipos de conhecimento esotéricos aos quais a sociedade confere algum tipo de propriedade intelectual ou moral além de, evidentemente, eficácia extraordinária.

Os "petralhas", o "lulo-petismo" e suas armas simbólicas

As inferências sobre o comportamento e caráter crapulosos dos petistas e, especificamente, do caráter coletivo da pretendida "quadrilha", ou "associação de malfeitores" são parte dessa construção, progressiva e inexorável. Tanto no sentido de fomentá-la quanto no de se alimentar dela. Seu uso recorrente fez "petista", ou "petralha" ou "lulopetismo" virarem entidades coletivas com vida própria e ao mesmo tempo intercambiáveis, assimilados à nossa ponta do par mitológico, o "mensalão".

Uma outra característica intrínseca desse quadrante do jogo cultural é que seus jogadores jogam de cima para baixo, têm a gravidade como sua aliada, pois operam sob a sombra de conforto cultural produzida pela aplicação da doxa (Grün 2015 no prelo) (GRÜN 2016). Sua argumentação é normalmente reiterativa do vasto repertório de pré-julgados já disponíveis no estoque de motivos para afirmar o pessimismo estrutural a partir da flexão do inesgotável arcabouço de negatividade do pensamento social brasileiro. Especificamente, eles costumam deflagrar e reiterar uma lembrança a respeito do que "já sabíamos" sobre os petistas e seus atos. Esses últimos atores (ainda) não são legítimos e assim é fácil conotar sua essência e atos pelos lados que lhes sejam menos favoráveis. O elenco de diatribes apensados aos novos personagens da política, a que nos acostumamos nos últimos anos, é então um jogo de pouco trabalho e de poucos riscos culturais no duplo sentido de ecoar pré--julgados tradicionais bem conhecidos e de encontrar mercado para escoar a produção, já que é facilmente compreendido e apreciado por um vasto público que pode, cautelosamente, ser etiquetado de "ressentidos" em geral. Mesmo o produto que num primeiro momento parece exagero ou inverossímil sempre acha um nicho de mercado em algum segmento do vasto e diversificado mundo das classes médias brasileiras. Daí então precisarmos examinar um pouco a estrutura da recepção a esses argumentos.

A análise sugere a pista da homologia de posição entre o aglomerado em que esses nossos neocons no mundo intelectual estão inseridos junto com o "alto clero" fernandista e os grupos ressentidos na sociedade em geral. Numa lógica de distinção à Bourdieu, podemos esperar que as políticas engendradas pelo governo vindo da esquerda do espectro político, que sucedeu Cardoso, especialmente nas esferas sociais e educacionais, mexerem em "vespeiros". Eles tiraram a tranquilidade de diversos segmentos médios da população, no sentido de que seus trunfos sociais, pelo menos em perspectiva, parecem estar perdendo sua raridade específica.

Além de promoverem, ou pelo menos prometerem, a ascensão social de diversos grupos, a geometria e a cinética sugerem que tais ações acabam flexionando as fronteiras sociais que fornecem a produção de identidades positivas de grupos instalados, cujas estratégias de manutenção de status e de reprodução social têm assim sua eficácia diminuída e seus portadores têm a sua autoimagem maculada. Esses fenômenos são identificados como ações dos governos petistas, ainda que possam ser simplesmente o efeito de on-

Da pizza ao impeachment 213

das longas, de mudanças morfológicas mais seculares, inevitáveis na forma, mas talvez postergáveis. Assim, o jogo está armado de maneira a que os efeitos que os agentes identificados com as políticas "petistas" consideram positivos, os atingidos pela translação social sentem como verdadeiras afrontas às posições que consideram suas por direito meritocrático. Interpretações que saiam dessa chave são descabidas e caem no vazio. E esse resultado é mais do que esperado na lógica dos espaços cognitivos segmentados que, como estamos vendo, se robustece junto com o acirramento das disputas políticas recentes.

Chocam-se concepções diferentes de mérito e um aspecto dessa contenda é que os critérios de justiça são também esquemas cognitivos divergentes, construídos segundo lógicas que constroem realidades díspares. É então previsível que as diferenças cresçam e se enrijeçam na medida em que avança a experiência política do presente. E nesse quadro, é altamente sugestivo denominarmos nossos neocons de "intelectuais orgânicos do ressentimento" pois, em vários sentidos, são os principais produtores, ou pelo menos propagadores visíveis das referências que alimentam o sentimento.

Questão de estilo

Não por acaso, a ridicularização, normalmente sob a forma popularmente chamada de deboche é utilizada com tanta frequência nos discursos dos nossos orgânicos. Ela é um instrumento previsível, o mais evidente dentre os disponíveis na prateleira da retórica, para impugnar as pretensões nos participantes recentes do jogo político e econômico. No esquema da "fait-diversification" se trata de um estilo que percorre a crítica de costumes desde os primórdios de nossa imprensa e migra para a política, já conotando seus alvos como figurantes ilegítimos dos jogos em que pretendem fazer parte. Ele se filia a diversas linhagens tanto populares como eruditas e assim é mais um investimento seguro na direção da conquista e

214 Roberto Grün

manutenção de um espaço midiático. E o uso da "forma deboche" também enquadra o conteúdo respectivo no espaço da crônica mundana, eximindo liminarmente seu autor de ter de se preocupar com as dificuldades, formais ou substantivas, da comprovação ou isenção científicas que normalmente lhes seriam cobradas quando ele se apresenta como "professor", ou "doutor".

Um dado a elucidar é como os comentários dos nossos neocons se relacionam com a enorme, e pouco conhecida, galáxia dos comentaristas de rádio que estão em sintonia principalmente com ouvintes da área de abrangência local das centenas de emissoras espalhadas pelo país. A literatura internacional sugere uma contiguidade na qual os radialistas leem os comentários e em seguida os envelopam na linguagem e temática regional e morfológica específica de seu público, capilarizando a mensagem conservadora por todo o território nacional (Jamieson and Cappella 2008, Skocpol and Williamson 2012). Assim, num certo sentido, nossos neocons apresentam pelo menos uma característica típica dos grandes intelectuais, a capacidade de alimentar a discussão pública indiretamente, no "atacado", através das repercussões de sua pregação sobre outros agentes do mesmo espaço, mas situados em pontos inferiores na escala do capital cultural os quais, por sua vez, irão especificar e propagar os conteúdos num nível de cobertura muito mais amplo do que pode ser alcançado pela palavra escrita ou nas emissões de que os neocons participam diretamente.

O investimento é também seguro para aqueles agentes econômicos que apostam na negatividade e aqui reaparece aquela questão sutil que une dois universos aparentemente apartados: a criação desse clima cultural pessimista é funcional nas relações entre o governo federal e os mercados financeiros. Quanto maior o pessimismo, mais a sociedade fica propensa a aceitar sacrifícios econômicos, especialmente a alta da taxa de juros que encarece a antecipação de consumo, individual ou social, ainda não viabiliza-

Da pizza ao impeachment   215

do economicamente. Nossos neocons são agentes privilegiados na criação e manutenção do clima cultural que ao mesmo tempo favorece a lucratividade do mercado de dinheiro e torna o espaço cultural, e por decorrência o político, adversos à implantação de diversas medidas econômicas e financeiras que se filiam à família política da qual os novos agentes governamentais são oriundos. Vimos esse filme no primeiro governo Dilma, quando a pretensão de diminuir a taxa básica de juros vigente na economia foi progressivamente laminada até ser descartada e o encarecimento da dívida pública fez retornar a forma básica de remuneração do capital financeiro aos patamares que havia atingida com Cardoso e Lula assim como, reciprocamente, fez diminuir o espaço econômico para viabilizar políticas públicas mais abrangentes (Grün, 2013).

Sua eficiência garantida e comprovada nas diversas rodadas de impugnação que assistimos nos últimos anos empurra a análise para a concorrência externa, para aqueles que são atingidos pela ação deslegitimadora dos neocons, aqueles que ascenderam ao campo do poder nos anos de predomínio petista. Considerando-se a dureza das relações de força simbólicas, responder à ofensiva político-midiática deflagrada pelos neocons é uma tarefa hercúlea. Joga-se sempre para o empate, para reduzir o dano causado pelas últimas denúncias, pois o adversário parece indestrutível. Mesmo se abatido momentaneamente, ele se alevanta e volta a fustigar os petistas. Na realidade, parece imortal porque quase indestrutível é sua posição no tabuleiro cultural no qual nossos neocons travam a batalha downhill. Suas denúncias sempre parecem verossímeis criando um regime de verdade à Foucault. E dando aos seus adversários a impressão que estão diante de uma espécie de muro cultural e político opaco e intransponível. Essa barreira impede que venha à tona a "sua" verdade: a relatividade dos seus "malfeitos" em relação às práticas corriqueiras dos anteriores ocupantes dos postos que agora estão sob seus cuidados, e mesmo os feitos benéficos que

216 Roberto Grün

foram produzidos pelos ou simplesmente aconteceram durante os governos petistas.

Jogo simbólico e a dureza da realidade eleitoral

A evidência das vitórias eleitorais sucessivas do grupamento criticado mostra que o jogo é dinâmico e sugere que a força da censura é sentida mais especificamente porque incide nos segmentos da sociedade com os quais nosso "baixo clero" convive mais frequentemente ou é oriundo e menos na base social que ele mobiliza nos processos eleitorais. E, é bom relembrar, a ação cultural eficiente politicamente é aquela que mobiliza a família ideológica que a inspira e, reciprocamente, aquela que desmobiliza seus adversários.

Numa lógica bem explorada nas análises sobre a dinâmica geral dos "novos movimentos sociais" a solidificação, robustecimento e aumento de efetivos de um grupo, a ação cultural-política deve fortalecer ou criar saliências que constroem identidades a partir dos tópicos, ênfases ou ritmos publicizados (Neveu, 1996). O "lado negro", mais estudado em contendas eleitorais e menos enfatizado nas análises sobre movimentos sociais diz respeito à chamada "propaganda negativa" que, no nosso caso, pode provocar a desmoralização dos "petralhas" e o desfazimento do "lulo-petismo" (Jamieson, 1992).

A desmobilização acontece através da desmoralização desses últimos, que assim os dispersa, fazendo esse adversário perder a força política que teve antes da ação cultural-política em questão. Reciprocamente, do outro lado do tabuleiro, a ação cultural-política defensiva eficiente faz o grupo refutar as razões da desmoralização e se manter unido ou mesmo faz retornar para ele os elementos que outrora se dispersaram e reforça seu número e determinação.

A hipótese acima é teórica mas não foi inventada nem aqui nem agora. Trata-se do efeito que a sociologia da comunicação política tem chamado de "backlash". E, de novo, a internacionalidade

Da pizza ao impeachment 217

do conceito também nos sugere que estamos lidando com problemas mais gerais, que transcendem a cena brasileira. Assim, nosso "descalabro" não pode, ou pelo menos não deveria ser classificado como manifestação da nossa singularidade negativa por mais que insistam, como vemos não por acaso, nossos intelectuais engajados (Jamieson and Waldman, 2003).

Até meados de 2016, podemos dizer que essa ação em sentido contrário tem conseguido evitar a dispersão e mesmo carrear novos contingentes quando do processo de impedimento de Dilma. Mais do que isso, se levarmos em conta todos os fatores que pesam contra ela, as mobilizações e resultados eleitorais pró-PT das quatro primeiras eleições presidenciais do século XXI representaram um êxito enorme e contraintuitivo.

Operacionalmente, se trata de construir uma narrativa contrária que desdiga as interpretações do Brasil contemporâneo avançadas pelos neocons. É assim que se consolidou o par mitológico PiG x Mensalão, que revela essa força inesperada dos petistas no eixo cultural (Grün 2014). Empiricamente, especialmente aos olhos da cultura erudita tradicional, nosso "PiG" pode parecer uma trama folhetinesca decalcada diretamente, sem as necessárias mediações, do século e do mundo de Balzac. Entretanto, operacionalmente ele é uma criação cultural robusta a qual, pelo menos até a reeleição de Dilma, amorteceu a crítica justa ou injusta e forneceu as bases para a contra-narrativa da conspiração das elites contra o povo em ascensão.

Verdadeira ou não quando enunciada pela primeira vez, nossa contra-narrativa é em realidade uma espécie de enunciado performático, que também cobra uma coerência dos seus crentes, empurrando-os para causas que afrontam as tais elites egoístas míticas, existentes ou não na constatação empírica inicial. E mais uma vez vemos funcionar a magia da homologia, empurrando os que se acham prejudicados pela mídia e pela alta cultura tradicionais a ampliar o espaço da cultura nominalmente legítima através da

218   Roberto Grün

construção de novas universidades e espaços culturais, bem como a tentar diversificar e franquear o uso e frequência desse novo espaço aos considerados menos favorecidos, através da implantação e ampliação dos usos dos sistemas de cotas raciais, sociais e de gênero.

Na lógica desse conflito cultural que extrapola diretamente para a política e para a economia, não seria exagerado dizer que estamos falando da transformação da infraestrutura cultural da sociedade, com efeitos certamente muito importantes sobre o desenvolvimento posterior dessas três esferas.

Interessante a astúcia da razão social: contextualizando a linguagem do conflito análogo ocorrido no segundo período getulista, nossos "marmiteiros" do século XXI, uma vez pressionados, ao invés de deixar cair a marmita e se dispersarem, fazem exatamente o contrário. Aumentam exponencialmente seu contingente potencial, através da alteração da escala e o escopo dos sistemas público e mesmo privado de ensino superior, que vai levar, previsivelmente, à incorporação de novas camadas de aspirantes a intelectuais e agentes políticos. E eis que nesse momento, ao contrário do anterior, eles parecem capazes de se contrapor ao castigo anunciado pela ousadia de contestar o status quo.

Atacam a base mesma de seu adversário. Objetivamente, o jogo deixa de ser defensivo e se transforma radicalmente, pois a drástica ampliação da base social e operacional para as carreiras intelectuais tem tudo para interromper as formas tradicionais de reprodução social no espaço da cultura. Ainda que a cronologia da política seja percebida na superfície do cotidiano, marcado pelo processo de impedimento de Dilma, esses movimentos subterrâneos podem não impactar diretamente a conjuntura, mas irão certamente reconfigurar os graus de liberdade da ação política nos anos que virão.

Uma pergunta adicional é sobre a inteligência e abrangência das reações dos nossos novos "bagrinhos". Olhamos, no conforto da análise a posteriori, para o feixe de iniciativas na rubrica educação

Da pizza ao impeachment 219

e enxergamos nele um potencial de alteração dos equilíbrios tradicionais na esfera da cultura e na do mundo universitário em geral. Trata-se de uma estratégia pré-concebida e executada de maneira sistemática ou apenas uma reação "populista" ou "mercadológica", visando, prosaicamente, nada mais do que amealhar votos junto a uma parcela da população que se ressente da falta de oportunidades educacionais?

A nossa análise sugere que essa é uma falsa questão engendrada pela própria illusio da configuração que estamos analisando. Estaríamos pensando em termos de estratégias explícitas um feixe de fenômenos que dizem respeito a conjuntos de interações sociais e questões identitárias que elas deflagram ou revelam. As homologias que apontamos não são só fatos pitorescos para a análise mundana. São máquinas de pensar a realidade e de agir sobre ela. Não temos porque duvidar que nossos contingentes políticos do "baixo clero" mobilizado pensam efetivamente que estão mudando para melhor o mundo social brasileiro e que as medidas que preconizam para tal têm uma transcendência que nos irá levar à Terra Prometida. Seria muito difícil explicar as intensas mobilizações políticas das eleições de 2002, 2006, 2010 e 2014, especialmente as três últimas, já transcorridas sob o chicote neocon, se não pensarmos na energia social que se produz nessa refrega, na qual são mobilizados contingentes de atores que vão muito além daqueles que têm interesse econômico direto nas vitórias petistas.

Enquanto isso, seus adversários observam a mesma cena e nela enxergam somente a existência de estratégias de ascensão social e econômica dos agentes políticos que estariam usando da retórica do bem comum simplesmente para conquistar politicamente uma população pouco instruída e facilmente manipulável e mascarar seu apetite insaciável tanto de poder quanto de dinheiro. Podemos efetivamente extrair as duas narrativas do mundo social contemporâneo, já que a ação cultural cada vez mais intensificada dos dois grupos de agentes faz transparecer, e produzir, as saliências morfológicas e políticas que dão suporte às construções. Especialmente, as recompensas materiais das atividades culturais, que em tempos normais são pouco ventiladas pelos diretamente interessados e não despertam a atenção de seus possíveis adversários. Já no ambiente exacerbado pelas disputas culturais e políticas, cada qual se esforça para provar a venalidade do seu respectivo adversário e assim perpetrar-lhe um golpe que poderíamos chamar de "ontológico", que atinge o âmago do ser social, desqualificando sua condição de intelectual.

É interessante notar que a política pública de ampliar drasticamente as unidades de educação superior pública e as vagas em graduação e pós-graduação correspondentes têm sido sistematicamente criticadas pelos membros do alto clero intelectual identificados com os governos Cardoso. Para eles o correto seria "investir primeiro na base da pirâmide", na melhoria do ensino básico, para depois alterar a paisagem universitária (Infomoney, 14/03/2014 15h22). Insinua-se, ou dependendo da posição do locutor crítico, se afirma, que a política petista é insustentável porque não há demanda qualificada para as novas vagas tanto no corpo professoral quanto uma quantidade de jovens suficientemente preparados nas novas gerações de estudantes para usufruir das novas chances. No mesmo sentido, as reações a programas pontuais do governo federal, como o "Ciência sem fronteiras" e o "Mais médicos" acentuam a diferenciação e recolocam nosso problema de maneira pontual nos seus sub-universos específicos, nos quais, não por acaso, se assiste a uma solidariedade básica entre as elites disciplinares ou locais contrárias à expansão e o bloco formado pelos mandarins tradicionais & políticos da oposição de abrangência nacional.

Assim, nas diversas unidades universitárias já em funcionamento quanto nas comunidades do pessoal de saúde em nível local assistimos à oposição forte e expressiva dos agentes estabelecidos, que mobilizam as elites e os meios de comunicação locais contra a insta-

Da pizza ao impeachment   221

lação e expansão dos desenvolvimentos que carregam virtualidades heteronômicas. Mais uma vez independentemente da qualidade intrínseca da política ou da sua crítica na questão mais abrangente da educação, importam aqui os seus impactos no jogo cultural que estamos descrevendo. As críticas as expansões que assistimos nos últimos anos acabam conotando a condição de "elitistas", como comprovações do estimado "egoísmo das elites tradicionais", que mostrar-se-iam capazes de tudo, de sobrepor seus interesses econômicos e institucionais imediatos às necessidades prementes da sociedade brasileira como um todo simplesmente para manter suas posições relativas na sociedade.

Balanço

Enquanto uns se consideram virtuosos porque estariam construindo, finalmente, o Estado do Bem-Estar social no Brasil e trazendo o país para a contemporaneidade internacional, outros olham para a mesma realidade e apontam o aparelhamento do Estado brasileiro por um bando de abutres vorazes, apenas interessados na carniça que estão encontrando. Na linguagem chula que nos acostumamos recentemente, nossos "petralhas" seriam o exemplo acabado do "gigolô dos pobres". Essa definição remete, evidentemente, à crítica conservadora tradicional contra os Estados do Bem-Estar social (Handler and Hasenfeld, 1997, Handler and Hasenfeld, 2007) mas o que está em jogo não é a originalidade intelectual da descoberta e sim a eficiência cultural e política da acusação.

Talvez ainda não tenhamos distância suficiente para perceber o alcance e as causas do possível avanço social dos anos petistas e, principalmente, do papel das políticas sociais ativas nele, quando comparadas com a simples ação de tendências seculares. Pode ser, portanto, que nossos petistas estejam exagerando tanto na escala das mudanças que ocorreram durante a vigência dos seus governos, quanto no seu peso efetivo na produção delas. Mas a imersão no

222 Roberto Grün

jogo ao mesmo tempo cultural e político nos faz crer que eles acreditam tanto na intensidade e ineditismo das mudanças, quanto no seu papel decisivo para que elas aconteçam. Nossos neocons e sua plateia desdenham, evidentemente, quaisquer desses resultados. O máximo que nossa análise poderia chegar então seria simplesmente num quadro relativista, sem saída epistemológica?

Não me parece. O nosso jogo das homologias oferece caminhos analíticos para sair do labirinto. Nesses tempos de confrontação política e ideológica agudas, vemos claramente a formação das tropas de choque de cada lado. Para isso somos ajudados tanto pela história recente do Brasil quanto pela análise de situações análogas em outros países nos momentos em que passaram por ampliações importantes ou pela incorporação de novos grupos no espaço democrático. Vale assim a pena nos debruçarmos sobre o pouco que sabemos da anatomia não só do comando, mas também da "infantaria" dessas tropas de choque que se digladiam no Brasil contemporâneo. Mais do que as constatações factuais no momento da sua primeira formulação, interessa aqui que estamos diante de enunciados performáticos. Ao serem anunciados, eles criam a condição para serem concretizados, pelo menos parcialmente, num futuro mais ou menos próximo. Em suma, a descrição do que estariam fazendo se torna a prescrição do que devem fazer. Os momentos de calmaria política esmaecem as prescrições mas os cada vez mais frequentes episódios e espasmos de confrontação direta empurram a descrição para se tornar realidade.

A lógica da análise e dos resultados eleitorais nos levam a crer que os "bagrinhos" da cultura e da política são sustentados por legiões de indivíduos recém-promovidos, ou que acreditam na promessa de que se estaria sendo criado um novo Estado brasileiro, mais inclusivo e atento às demandas populares. Na pegada que estamos empregando, essa crença é alimentada pela associação entre a ascensão social real ou prometida de cada um dos milhares que

Da pizza ao impeachment

consegue se alojar nas novas posições no universo da cultura e da economia em geral com a criação efetiva, em escala societal, das milhões de posições supostamente da "nova classe média". Real ou fictícia no momento da sua enunciação, a nova categoria social existiu primeiramente no debate e acabou ganhando contornos sociais mais precisos pela ação cultural dos nossos bagrinhos e também pela ação do Estado e mesmo da publicidade privada, que "descobriu o novo filão" e tratou de reforçar a sua imagem, ajudando a fornecer recursos culturais para aos indivíduos construírem suas novas identidades.

Nossos "exércitos" forjam suas identidades em momento de indefinição, ou revisão morfológica em relação às categorias sociais reconhecidas pela sociologia e pelas práticas culturais e políticas que dela se servem. A ninguém aparece a possibilidade de intitular os indivíduos e grupos em ascensão como sendo uma "nova classe operária", ou uma "aristocracia do trabalho", como já vimos em outros tempos.

Mesmo sob a égide do Partido dos Trabalhadores, parece que estão fechadas as possibilidades de auto-identificação pela via da posição no mercado de trabalho ou nas posições a divisão interna do trabalho nas fábricas ou ambientes de trabalho nos serviços. Por outro lado, a grande possibilidade retórica é a de marcar as novas posições como de classe média, entrando no halo do que seria um bom desenvolvimento morfológico à norte-americana ou de acordo com os organismos de cooperação internacional. Nesse contexto, ela se tornou assim mais um enunciado performático, uma profecia autor-realizante. Tudo então se passa como se os equivalentes funcionais contemporâneos dos marmiteiros dos anos 1950 tenham finalmente encontrado um eixo robusto para se apoiar na sociedade brasileira. Eixo esse que não se forma ao acaso, mas como resultado da sua ação na esfera cultural e, em última instância, política. Como seus antecessores varguistas, os petistas são atacados sem misericórdia pe-

224 Roberto Grün

los portavozes da tradição cultural e política. Mas a quarta vitória eleitoral sucessiva do grupo nas eleições presidenciais indica que agora essa experiência está enraizada na cultura política nacional.

Poderíamos pensar que se o sindicalismo de Lula reivindicou uma ruptura com a tradição varguista, logo o seu grupo no governo federal também o faria. Mas a lógica própria do espaço político impõe outra arquitetura, na qual os petistas se fazem herdeiros dos trabalhistas de Vargas e Goulart, contra inimigos que seriam justamente os continuadores das hostes antivarguistas de outrora. Nos dois grupos atuais, a busca de formas na tradição política brasileira que legitimariam suas posições atuais acaba chamando essa herança. E as formas históricas utilizadas acabam fornecendo alguma consistência ao período em que vivemos, já que as analogias são buscadas freneticamente. E não é por acaso que as ondas de choque desse presente conflituoso acabem mesmo desestabilizando o passado fazendo-nos, como no precioso exemplo citado anteriormente, questionar o sentido que prevaleceu na época sobre o atentado da rua Tonelero, que deflagrou a sequência que levou ao suicídio de Vargas (Dines, 10/04/2006, Cony, 24/08/2004).

E perspectivas

Olhando a jusante, os bagrinhos de hoje revelam assim uma enorme força no eixo cultural. Instalam novidades que chocam as elites culturais tradicionais e as obrigam a se adaptar "aos tempos sombrios em que vivemos". E nossos neocons se encaixam no esquema como uma espécie de vanguarda da reação às novidades. Sua crítica feroz os faz viver em várias esferas da vida, não só a econômica.

Possivelmente essa redução moralista que só consegue enxergar motivações econômicas e portanto baixas, na atividade intelectual que antagoniza com as posições do grupo petista, seja um dos ardis que escondem a realidade social que tentamos analisar. Nos espaços intelectuais a acusação de argentarismo é anátema, a

Da pizza ao impeachment 225

negação absoluta da própria condição de intelectual do adversário, que lhe retira qualquer razão ou mérito cultural. Não por acaso nossos tempos de oposição aguda fazem reverberar frequentemente essa acusação. Difícil imaginar que o conflito que assistimos possa "sanitizar" essa acusação mútua. Mas para a análise que se crê objetiva, ele é um problema certamente objetivo. Não avançamos nada se não entendemos as razões intelectuais de cada lado.

Tentamos mostrar como nossos neocons se encaixam objetivamente numa relação de forte complementaridade com grupamentos já tradicionais e mais bem estabelecidos do espaço cultural. Numa leitura abusada, fazendo o "trabalho sujo" da detratação absoluta do adversário, reproduzindo o papel já descrito por Lima Barreto para o jornalista Gregoróvitch do "Globo" ficcional de um século atrás (Lima, 1917). A própria evocação do personagem literário mostra a existência de uma forma sedutora para apresentar, e desqualificar, os nossos agentes. Fácil de imaginar que a associação seja usada na polêmica social, uma vez que "já sabemos" que o personagem é maléfico.

Mas e seus efeitos na análise sociológica? Aí a figura da literatura ajuda a entender a lógica da evocação, mas obscurece as nuances do objeto. Primeiramente porque é de se supor que a estrutura da república das letras deve ter se alterado nos últimos cem anos. Um ponto essencial dessa trama é justamente que o aprofundamento do espaço democrático aumenta a diferenciação interna das atividades intelectuais e assim, por mais que o uso das analogias do passado seja sedutor, ele pode ser uma grande armadilha heurística. Falamos de personagens que guardam alguma analogia com os do passado real ou literário, mas que operam num mundo completamente diferente. Especialmente quando lembramos do efeito numérico, da magnitude e diferenciação do espaço neocon do presente, produzindo a possibilidade de um espaço cognitivo, essencial para entender os

226 Roberto Grün

tempos atuais e condição estrutural diferente daquela que vigorava nos tempos que parecem, apenas parecem, se repetir na atualidade.

Olhando a jusante, surge a pergunta sobre de onde vem a força dessa versão contemporânea dos marmiteiros, do baixo clero profissional, intelectual e político. Esquematicamente, vem de uma concentração ainda pouco clara na sua arquitetura específica, na sua morfologia social. Possivelmente uma boa analogia seja justamente aquela com grupamentos que foram essenciais para o aprofundamento do espaço democrático de outros países como os professores primários franceses do final do século XIX e começo do XX, chamados de "hussards noirs de la République" por sua devoção completa ao novo regime que os havia promovido e em nome do qual combatiam incessantemente os "notables" regionais tradicionalistas dos locais onde lecionavam. Ou "os judeus de Roosevelt", que forneceram boa parte dos quadros responsáveis pela expansão dos serviços públicos nos Estados Unidos dos anos 1930, que relativizava a tradicional filantropia privada, fonte de reconhecimento social das elites tradicionais e base mesma de sua legitimação política (Muel-Dreyfus, 1983, Rieder, 1985, Handler and Hasenfeld, 2007).

Assim como os neocons, nossos bagrinhos também acham aliados na grande cultura, especialmente em grupos em oposição ao nosso alto clero fernandista. Nos oito anos de predomínio absoluto do grupo, houve aquele processo, provavelmente inédito, de instalação e instrumentação sistemáticas da violência simbólica como arma que transcendeu seus usos tradicionais no espaço cultural. Aqueles que não aceitavam os ditames do grupo no poder eram irremediavelmente confinados no "parque jurássico" das figuras ultrapassadas e essas estratégias de anatemização adquiriram força enorme porque eram bafejadas por quem tinha nas mãos muitas das alavancas do poder de Estado e político, bem como um controle quase perfeito das discussões públicas do período. Aos adversários

Da pizza ao impeachment 227

intelectuais de Cardoso só restavam o silêncio dos derrotados ou a adesão aos grupos políticos que o antagonizavam nas esferas mais amplas da sociedade.[6]

O controle da cena cultural se dava através da instalação e aferição de uma retórica economicista na qual as razões de ordem social ou ambiental eram subsumidas à lógica presumida da economia e só poderiam ser reconhecidas depois de receberem o sinal verde das autoridades econômicas governamentais e autoridades morais dos mercados, sem que houvesse limites claros entre as duas ordens de agentes. Esse era um jogo excludente, que garantiu o predomínio do grupo enquanto durou seu comando do espaço político e começou a se desvanecer quando os ventos da política passaram a soprar para outro lado. Entretanto, outro dado de realidade é a capacidade do grupo de manter parcela significativa desse controle através da administração da "lição de casa": o assujeitamento cultural, e econômico, contínuo dos seus adversários através da reiteração da hierarquia social.

Lembrando a trama do desvão achado para contornar a predominância cultural do período vimos que, para os segmentos do alto clero intelectual não alinhados com FHC, sobrava então o silêncio obsequioso durante os oito anos de predomínio absoluto do grupo e uma perspectiva de pauta de recuperação de espaços nos momentos subsequentes. Essa praticamente os joga nos braços do baixo clero petista, assumindo a tarefa de justificar os novos desenvolvimentos do espaço cultural e a eles pondo as marcas de construto de alto clero, necessário para legitimar o grupo que empalma o poder político. Esse novo alinhamento não acontece, evidentemente, no automático mas a partir das diversas chacoalhadas produzidas pelo aguçamento do conflito cultural e político que atravessa o período

---

6 E o lamento de Maria da Conceição Tavares talvez seja sua manifestação mais expressiva (Tavares, 1997).

228 Roberto Grün

petista. Mas, mais uma vez e em sentido simétrico ao alinhamento entre neocons e as autoridades culturais do período fernandista, as afinidades objetivas fazem valer a sua força, importando menos os estranhamentos nas origens.

A conexão entre as disputas internas aos altos cleros dos países que nos servem de exemplo e a necessidade imperiosa de sustentação dos recém chegados provavelmente foi análoga nos dois casos de referência. Para a França observamos um forte segmento do alto clero local, constituído pelos novos escritores como o próprio Zola, pelos cientistas de origem "meteca" como os durkheimianos, conotados como judeus, e grupos que tentavam "arejar" a cena cultural norte-americana, como os intelectuais reunidos em torno de John Dewey eram fundamentais para estabilizar minimamente.

E consequências

Num alto nível de generalização, os diversos pontos que abordamos sugerem que as disputas culturais subsomem as diretamente políticas. No contexto político polarizado do Brasil da metade da segunda década do século XXI, o resultado palpável dessa constatação irá apontar quais políticas devem ser implementadas e não quem é o melhor implementador de políticas resultantes de um consenso mínimo. As intenções políticas desveladas por Michel Temer logo após o processo de impedimento de Dilma não deixam margens para outra conclusão.

Esse é um jogo aberto, pouco influenciado diretamente por aquelas certezas costumeiras que inferem o futuro a partir do passado e assim tornam um universo social mais ordenado e previsível. A distribuição de capitais cultural e simbólico na sociedade inflete, é claro, as probabilidades dos resultados possíveis. Nossos neocons são justamente a vanguarda dos guardiões da doxa, aqueles que zelam com maior fervor pela sua aplicação e os primeiros que tocam o alarme quando enxergam transgressões. Mas vimos nesse período

Da pizza ao impeachment

que a própria evidência desses agentes excêntricos é um sinal da desarrumação da estrutura simbólica da sociedade. Não há como deixar de dizer que os desafiantes da ordem simbólica perturbam a mecânica celeste, por mais pacatos e cordatos que queiram ser ou se apresentar.

Um certo sociologismo nos induz a pensar que os desafiantes são simplesmente os agentes que operacionalizam as consequências lógicas de mudanças inevitáveis da sociedade trazidas pelas suas transformações morfológicas seculares. Não há como uma sociedade ocidental, de cultura quase integralmente compartilhada, manter o nível de desigualdade social e econômica que a sociedade brasileira ostentou no século XX. Logo as alterações propaladas pelos petistas como feitos transcendentais de seus governos não passariam da "ação da gravidade".

O ceticismo é importante para lembrar as várias formas de construção da realidade que podem dar sentido às saliências. Isso sem falar na alternativa mais radical de procurar e conceder centralidade a outros aspectos, como a nossa roubalheira de sempre, ou só de agora, ou que piorou muito agora... Falando primeiramente para aqueles setores mais tradicionais da sociedade, não os que foram contemplados pelas políticas públicas mas aqueles cuja posição relativa na sociedade foi enfraquecida pela promoção dos primeiros, fica fácil prever o sucesso comercial e simbólico dos neocons. Como a moeda simbólica, ao contrário da econômica, tem circulação limitada ao grupo dos simpatizantes, não é por acaso que os feitos estritamente intelectuais dos neocons não aparecem para quem não participa do "circuito da crença".

Conclusão

Os escândalos que observamos no Brasil contemporâneo são instrumentos de restauração da ordem tradicional. Eles "dão certo" porque se alimentam da cultura que embasa a ordem. Fácil de enunciar como argumento. O problema começa quando procuramos os "como?".

Dizer-se tradicional ou conservador não costuma dar boa publicidade no Brasil que se quer o "país do futuro". Resta então saber como o tradicionalismo se impõe sem ser enunciado diretamente. O discurso tradicionalista explícito, normalmente veiculado por autores diretamente ligados a grupos religiosos, participa da nossa trama. Mas ele se encaixa no jogo, não é por tê-lo produzido, e sim como consumidor, por nele encontrar guarida para avançar argumentos normalmente inaceitáveis na norma culta. O mesmo se pode dizer dos inúmeros comentaristas de rádio e jornais impressos e televisivos espalhados pelo país. Difícil deixar de notar que nossos neocons alargaram o espaço discursivo legítimo.

Mas eles o fizeram sozinhos? A tentação do anátema diz que sim. Mas esse argumento é incabível quando percebemos a existência do campo dos escândalos. Estamos sim diante de um jogo, no sentido de ser interativo e todos que o jogam, querendo ou não fazê-lo, contribuem para a construção do novo espaço discursivo.

Há portanto uma característica cultural que é própria desses fenômenos que estamos descrevendo. Ele tem uma espécie de costela de Adão. Por mais pedestres que sejam os seus produtos cotidianos, ele nasce de uma disputa interna ao espaço intelectual. De

232 Roberto Grün

uma adaptação, sociologicamente inteligível, aos constrangimentos do campo intelectual e especificamente acadêmico. Se não, como explicar o sucesso dessa pregação, que vai muito mais além dos grupos diretamente tocados pela pregação religiosa? Como explicar a necessidade de resposta incisiva, ou uma forma característica de desprezo "militante", por parte dos intelectuais estabelecidos no seu meio de origem?

Há um aspecto genérico, no sentido de universalizante, que é próprio do discurso leigo e praticamente impossível de ser mimetizado pelos locutores que entram no espaço da cultura sem perder seus laços com a base religiosa que os lançou no espaço social. Devemos portanto reconhecer diferenças entre o essencialismo anti-petista que é produzido e reproduzido incessantemente pelos neocons e aquele que é secretado nos ambientes fechados dos espaços religiosos.

No substantivo da argumentação empregada, o universalismo é justamente o manejo, mais ou menos exitoso de acordo com o locutor, da doxa social nomeada como bom senso. Bom senso enunciado por jornalista ou religioso dificilmente deixa de ser considerado apenas senso comum, truísmo pouco esclarecido. Nesse sentido, nossos locutores do bom senso, essa canga pessimista popularizada por Nelson Rodrigues como o "complexo de vira-latas", são alicerce indispensável da arquitetura do edifício da "racionalidade econômica" que sustenta a ortodoxia econômica e, em última instância, a corveia que o sistema financeiro subtrai da sociedade brasileira.

A "racionalidade econômica" pode ser considerada a construção suprema do edifício da dominação cultural no mundo contemporâneo. A sua dureza, a dureza da realidade simbólica da doxa da atualidade nacional e internacional afugenta e intimida aqueles que poderiam dela discordar ou desconfiar. Quando não se dobram integralmente são obrigados a engendrar estratégias de transgressão apenas laterais e sempre facilmente derrubáveis, ao primeiro abalo de qualquer construção não dóxica.

Nesse sentido, o trabalho especificamente intelectual dos nossos escandalizadores é empresa fácil. O peso da tradição empurra seus produtos goela abaixo dos seus consumidores e obriga seus adversários a jogar um jogo desigual, no qual já começam perdendo e tendo de escalar montanhas sujeitas a avalanchas constantes para ocupar espaço. O entranhado desse jogo pode ser bem visto na incorporação das pautas exigidas pelos mercados financeiros de praticamente todas as sociedades da contemporaneidade. A crise está sempre presente, como realidade ou como ameaça, e "apertar os cintos" é sempre a resposta óbvia para remediá-la ou preveni-la. E o nosso campo dos escândalos é terra fértil para fazer crescer as sensações negativas que predispõem a sociedade a aceitar os pré--julgados da "era das possibilidades diminuídas".

A força da doxa na realidade brasileira mostra claramente a existência de um poder cultural que transcende os resultados eleitorais que poderiam por seus detentores em posição de espera ou defensiva. Evidentemente eles naturalizam sua posição pessoal e política como sendo simplesmente o resultado da sua superioridade de caráter, conhecimento e inteligência, grandezas intangíveis, mas efetivas no debate público. Essa realidade factual vai contra a doutrina democrática formalmente compartilhada e por isso é relevante chamar seu poder de "trans-eleitoral".

O poder não funciona sempre e nem ninguém, efetivamente, puxa as cordas que movimentam a sociedade e seu povo. Mas o seu funcionamento normal é caldo de cultura favorável ao surgimento da mitologia robusta que analisamos. Temos então a construção de agregados ao mesmo tempo de ideias e de indivíduos e subgrupos em torno da celebração dos nossos "mensalão" e "PiG". O primeiro evocando o descalabro da corrupção, da bandalheira e da desorganização institucional e cobrando uma regeneração moral em profundidade, de maneira a livrar o Brasil de uma chaga secular, muito piorada pela instalação dos petistas no governo central. O segundo

234 Roberto Grün

chama para a argumentação e a atenção a conspiração das elites tradicionais contra o progresso social e moral do país.

Em tempos dóxicos a narrativa do descalabro se impõe. E quando ela enfraquece, é fácil robustece-la novamente. O desespero cultural dos que a ela se opõem só alimenta o enredo conspiratório. E nosso jogo ganha e permanece nas variações temporárias dessa forma original que parece não ter grandes diferenças se o examinamos no decorrer do século XX ou no início do XXI, tudo como se na sua Historia, o Brasil praticamente não tivesse se movido.

A conspiração existe? Ela é efetiva? Esse conjunto de perguntas é razoável no quadro de referência aqui empregado?

Escolhemos explicar os quadros de referência desses tempos como uma mitologia e a partir daí como fenômenos de crença analisáveis pelo lado da sociologia da religião. Não nos é pertinente o estabelecimento da "verdadeira existência" das entidades "mensalão" e "PiG". Mas sabemos que estamos enfrentando ambiguidades posicionais. De um lado, o pertencimento a um dos campos em disputa predispõe os indivíduos a acreditarem nas entidades. Do outro, os universos cultos, especialmente o acadêmico, mas também o jornalístico em períodos menos polarizados, repelem explicações conspiratórias. Sobra-nos que "mensalão" e "PiG" são entidades que se enraizaram na cultura do país e devem permanecer como formas de enquadramento da realidade e, dessa forma, como construtoras de sentido para os fatos.

Mas a dualidade entre as entidades não pode mascarar a hierarquia entre elas na nossa dura realidade simbólica. Acreditamos automaticamente no descalabro, o genérico do mensalão, uma vez que em nossa sociedade todos os dispositivos culturais previamente existentes nos ajudam a confirmar essa crença. A conspiração das elites tem vida mais difícil. Ela sempre ressurge, mas é fortemente refugada em tempos menos polarizados. Abre-se assim uma pergunta sobre sua permanência nesses períodos. Mas, como o samba,

Da pizza ao impeachment

ela agoniza, mas não morre. É da lógica desses sistemas mitológicos que a negação da entidade sobreviva em estado latente e seja despertada sempre que estimulada.

A entidade "descalabro" não é uma categoria precisa, no sentido de ser mensurada, como seriam os índices de corrupção e transparência avocados pelas ONGs, agências multilaterais e órgãos de fomento. Antes, ela é uma construção cultural que tem dono, ainda que ele possa, muito raramente, se voltar contra seu patrão. A hierarquia da sociedade concede a alguns o direito de nomear o descalabro, a corrupção e a roubalheira. E não é surpresa, pelo menos na sociologia, que a corrupção dos petistas seja apontada ou exagerada ou mesmo imputada pelos seus adversários, inclusive com as consequências jurídicas correspondentes. Por outro lado, a "corrupção dos outros", imputada aos políticos legítimos, é muito mais facilmente descaracterizada e, principalmente, esquecida.

Normalmente, funciona aí a nossa "montée en généralité", essa capacidade das classes dominantes de justificar e legitimar seus atos duvidosos como necessários à consecução do bem comum, que elas enxergam melhor do que nossos "metecos". E nosso "baixo clero" se rebela contra a hierarquia social. Mas as janelas em que essa rebelião tem chance de se viabilizar são muito raras. Entretanto, elas surgem e deixam marcas na sociedade. As cotas sociais e raciais para o ingresso nas universidades públicas e em alguns concursos, por exemplo. Seriam reversíveis? Um governo conservador conseguiria, ou "ousaria", retirá-las em nome de uma noção tradicional de mérito? Ou o conceito de mérito já estaria irremediavelmente colado às circunstâncias da estrutura social?

Então, nossa montée en généralité também pode funcionar no sentido inverso, registrando um novo entendimento compartilhado, a partir de iniciativas explicitamente do nosso baixo clero e, inicialmente, não compartilhadas e mesmo combatidas pelos setores tradicionalmente dominantes. Na configuração brasileira que assistimos nos anos de governo petista, esse fenômeno ganha a denominação de "progresso civilizatório", a expressão que registra que o novo entendimento está, ou deveria estar, pacificado. Verifica-se assim a existência de um poder simbólico específico do nosso "baixo clero" petista. Mas, caracteristicamente, ele aparece como um evolução natural da sociedade, escondendo seu motor inicial.

E o que revela esse poder simbólico incapaz de se nomear a céu aberto? Um conjunto de transformações na morfologia social tanto dos espaços do poder quanto, em estrita homologia, da estrutura social do Brasil em sua totalidade. Quando os petistas escavaram seu lugar no campo do poder, a teodiceia do grupo mobilizou e, efetivamente, entraram na pauta as políticas sociais ativas. Não foi uma reconfiguração completa do espaço, apenas uma ampliação, o que não é novidade em sociedades democráticas. As novidades não poderiam ser totalmente questionadas pelos grupos dominantes tradicionais. Assim, as políticas sociais, como o bolsa-família promovem a ideia tradicional de família e a ampliação de oportunidades no ensino superior flexionam a ideia da melhora da sociedade pela educação.

A nomeação dessas transformações não foi completa e foi mesmo questionável: estaríamos diante de uma nova classe média? De uma simples extensão da mesma classe C das análises mercadológicas? Da emergência desses "batalhadores" reconhecidos após a proposição de Jessé de Souza? As transformações estritamente na distribuição de renda seriam facilmente reversíveis através dos processos inflacionários e mudanças nas políticas públicas, que comem rendimentos de maneira altamente discricionária.

Mas o quê dizer das mudanças na distribuição dos capitais culturais? Essas são mais difíceis de evaporar. Parcelas cada vez mais significativas de grupos antes excluídos liminarmente do ensino superior e mesmo médio aumentam drasticamente a escolaridade e passam a reivindicar o status, os rendimentos econômicos e também a autoestima que costuma vir junto com os títulos acadêmicos.

Da pizza ao impeachment 237

Certamente um primeiro movimento dos grupos antes monopolizadores desses recursos seria de negar a isonomia. Grande parte da energia conservadora deflagrada pelos nossos escândalos têm sua origem nessa negação militante.

Acusa-se e recusa-se as pretensões dos petistas no campo do poder como proxi para a pretensões sociais dos grupos que emergem na sociedade como um todo. Ainda que formalmente iguais, os petistas pelos votos amealhados e os novos diplomados pelo valor nominal de seus títulos, eles não seriam verdadeiramente iguais e as barreiras e chamamentos à ordem tradicional surgem a todo momento. Mas essas pretensões poderiam ser duravelmente contidas? Só com a instalação de algum apartheid social e racial. Estaria ele no horizonte?

Pouco provável, pois vivemos numa era em que as exclusões legitimadas são as probabilísticas e informais, não as determinísticas e formais. Podemos mesmo dizer que um dos motores da dinâmica social do futuro imediato será justamente a luta dos novos setores para fazer valer seus trunfos formais na sociedade que tenta retroagir depois da derrocada petista. Nesse sentido, a realidade das novas mídias, que nos damos conta, e nomeamos, a partir de sua dimensão tecnológica, está apontando as transformações na morfologia social, mas as mascara no envelope "internet". "Calar a internet" e as formas de mobilização cultural e política que usam esse meio é uma utopia regressista e um ato quixotesco, pelo menos num ambiente de democracia formal.

Por fim, o que dizer dos escândalos como mecanismo de discussão e decisão da sociedade? Recuperando o início da discussão, lembramos a existência de escândalos conservadores e outros, que tentam estabelecer novas causas e sensibilidades, como as da ecologia e das abordagens contemporâneas para as questões de gênero. Os primeiros foram nosso objeto do livro. Mas o que dizer da relação entre os primeiros e os segundos? A prevalência e reiteração dos primeiros diminuiria a eficácia potencial de eventos como os segundos? Faz realmente sentido chamar as duas famílias de eventos de "escândalos"? Por fim, que tipo de sociedade que emerge e funciona normalmente quando os escândalos são os principais mecanismos de agendamento e de decisão social?

Não é necessário lembrar que novas sensibilidades sociais, ambientais e morais estão se instalando na sociedade e escândalos são uma forma consagrada de produzi-las. Mas há realmente paralelo entre nosso lutador solitário e estoico que arrisca tudo na consecução de uma utopia altamente improvável no seu início e nossos neocons, que investem na segurança da doxa e no amparo do poder econômico e cultural constituídos? Há na sociologia, pois ambas estratégias são formas de adaptação pessoal e profissional à sociedade contemporânea através de reconversões sociais. Mas e no âmbito moral e doutrinário? Ambos merecem o mesmo respeito? A simples colocação já prepara a resposta...

Finalmente, os escândalos nos deixam anos-luz de distância de uma sociedade esclarecida que delibera pesando científica e moralmente todos os argumentos e possibilidades e chega a soluções próximas do ótimo ou do consenso construído através da argumentação racional. É claro que essa sociedade é utópica. Mas ela é doutrinariamente aquela que a democracia nos promete fazer viver. Devemos então evitar os escândalos, reprimir na gênese as manifestações que poderiam desembocar nessa forma distrófica de apresentar os dilemas sociais? Essa pretensão esclarecedora seria possível numa sociedade democrática?

Vimos que os escândalos se nutrem de diversas janelas abertas pela democratização progressiva da sociedade e fazem parte de uma galáxia que se justifica como forma de atrair o interesse popular na ágora recém-ampliada. É possível atrair a atenção da maioria da sociedade para a política sem "essencializar" seus operadores?

Da pizza ao impeachment 239

Sem lhes imputar sórdidas agendas ocultas por trás das cândidas intenções de servir o bem comum?

A união de diversos grupos de agentes sociais, todos movidos por pautas entre pessimistas e pragmáticas, no sentido de imaginarem-se operando na linha de menor resistência às suas ações e pretensões, aposta na impossibilidade de alterações importantes na configuração atual. Nos campos político, jurídico e midiático atuais, é difícil imaginar de onde surgiria uma pauta alternativa. Mas a morfologia talvez nos ajude. A sociedade está produzindo muito mais agentes com qualificações e pretensões de adentrar nesses espaços do que o número de posições que os campos oferecem automaticamente. No afã de entrar no espaço restrito, a única solução passa a ser arrombar a porta. Praticamente isso significa inventar e produzir novas posições e sensibilidades. E essas têm necessariamente que destoar do status quo exíguo.

Quem viver verá!

Posfácio

O impeachment, o campo e a sociologia dos escândalos no Brasil contemporâneo

O essencial desse livro foi escrito entre o final de 2015 e os quatro primeiros meses de 2016. Tempo tenso, no qual se desenhava cada vez mais nítida a deposição de Dilma Rousseff da Presidência da República. No esquema explicativo da sociologia dos escândalos que proponho, vimos o espaço cultural se estreitar cada vez mais para os adeptos do governo, aqueles que creem no PiG e, correlativamente, se expandir e ocupar toda a cena para os seus adversários, adeptos do Mensalão. Tudo indica que a população brasileira acreditou na imprensa que culpabilizava o governo petista e seu partido de maneira cada vez mais direta e avassaladora.

A partir da ideia que a inércia cultural, e política, pende a favor dos que destronaram o governo, a pergunta lógica não é "porque Dilma foi destituída? ", mas sim "como o experimento petista durou tanto tempo? ". Fenomenicamente, a ideia de "roubalheira" se fortaleceu enormemente com as ondas de choque produzidas pela "operação Lavajato" e propagadas pela imprensa *mainstream* e no campo político, levando à desmoralização dos adeptos dos governos petistas e à consequente deslegitimação do mandato de Dilma, que se viu indefesa diante da união de praticamente todo o espectro político contra os petistas.

242 Roberto Grün

Retomando um ponto que vem da análise da dominação financeira, poderíamos dizer que o clima cultural de 2016 fez reviver, com uma intensidade nunca vista, a ideia basilar do Brasil ideal da tradição bacharelesca, segundo a qual é a falta de um marco legal preciso e totalmente respeitado que impede o desenvolvimento do país.[1] Assim, a luta contra a corrupção deve preceder quaisquer considerações econômicas, políticas e mesmo "firulas" jurídicas garantistas. Uma vez conquistado esse respeito às normas legais, o "Brasil real" iria ser idêntico ao "Brasil legal" e o desenvolvimento iria acontecer de maneira automática, sem a necessidade de nenhum artificialismo que, em verdade, vicia o jogo econômico e com ele o jogo político. Esse conteúdo sempre existiu nas disputas cognitivas que contrapunham a utopia de Brasil dos comerciantes – o respeito absoluto aos contratos firmados, inclusive o da estabilidade da moeda e da estrutura social - ao mundo desejado pelos industrialistas (não necessariamente os industriais) e corresponde à lógica político-cognitiva da ordem de grandeza comerciante exposta por (Boltanski and Thévenot, 1991). Ela ganha a intensidade que exibe no Brasil contemporâneo porque é em torno dela que podemos observar a convergência e sintonia de movimentos nos diversos subespaços do campo do poder (jurídico, político, cultural e financeiro). Produziu-se então a chamada "tempestade perfeita" que se abateu sobre o governo Dilma. Sociologicamente, um fenômeno que pode ser explicado a partir justamente da teoria das crises políticas desenvolvida por Bourdieu e Dobry (Bourdieu, 1984, Dobry 1986, Roger 2015). Uma sintonia, rara, entre as lógicas e velocidades de transformação dos campos político, cultural e jurídico. As fricções internas de cada um dos campos levando estratos deles

---

1   Esmiuçada por (Martins, 1976). Tentei prolongar essa digressão para explicar a dominação financeira em (Grün, 2015).

Da pizza ao impeachment 243

a engendrarem artefatos, os mais variados, que forneçam verossimilhança à culpabilidade imputada aos "metecos" petistas.

Além das moralidades contrastantes, o fio do texto desvela as lógicas sociais que produzem a predisposição ao engajamento absoluto na busca da "bala de prata", ou do "batom na cueca", a prova última e definitiva da culpa de Lula e de seu partido, conforme o vocabulário da época. Mas, nos momentos anteriores, um espaço profissional de cada vez e, por isso, com efeitos culturais e políticos mitigados pela não continuidade. Pizzas, e não tsunamis, muito menos um impeachment. Mas a confrontação incessante fez as lógicas de cada um dos campos se adequar às dos demais. Progressivamente se afinam as comunicações entre os espaços previamente apartados por lógicas de funcionamento originalmente diversas e que, por isso, produziam dissonâncias cognitivas permanentes. E, ainda por ser aclarado nos detalhes, podemos dizer, mais uma vez a jusante, que a lógica dos escândalos se impôs sobre as demais.

Em termos estritamente científicos, vimos diminuir a autonomia que cada um dos campos tinha adquirido em relação ao meio ambiente. Nos perguntaríamos como esse movimento inesperado pode ter acontecido e constataríamos que a lógica dos escândalos é uma espécie de buraco negro que engole tudo e subordina as lógicas de funcionamento interno dos diversos setores do campo do poder. Tudo parecendo supor que o campo dos escândalos teria subsumido o próprio campo do poder. Tudo se passando como se estivéssemos diante da exibição de um habitus primevo, de classe, anterior ao profissional, que se revelou na situação de confrontação direta. Estamos diante de uma nova situação perene ou, ao contrário, de uma maneira ou de outra, os diversos espaços encontrariam caminhos para voltar a se autonomizar e as sensibilidades, a se diferenciarem?

Daí, em paralelo, emerge uma pergunta normativa sobre, justamente, os efeitos dessa sintonia sobre a continuidade da vida democrática. Afinal, são as lógicas parcialmente divergentes que

244 Roberto Grün

produziam o cimento mesmo para os contrapesos que garantem a democracia, pelo menos com a cláusula do respeito às minorias que caracteriza o "modelo ocidental" desse experimento.[2]

Questão normativa à parte, o fio do argumento do livro insiste na dissociação parcial entre a agenda, ou as preocupações da sociedade como um todo, aferida pelos resultados das eleições gerais, e as agendas das elites, pautadas pelos escândalos. É claro que os escândalos expandem seus efeitos para além do campo do poder, mas o decisivo dos tempos anteriores à LavaJato e ao impeachment é que essa corrente deslegitimatória não foi suficiente para evitar as reeleições sucessivas dos presidentes petistas e, nem mesmo as "surpreendentes" performances de Lula nas sondagens eleitorais que aparecem no início de 2017, apontando-o vitorioso tanto nos confrontos parciais quanto num eventual segundo turno, por mais que o impeachment e a não cessação da sequência de denúncias deflagradas pela LavaJato e mantidas pela imprensa mainstream façam imaginar uma tendência ou um resultado contrário (http:// politica.estadao.com.br/noticias/geral,lula-lidera-com-30-5-dos-votos-em-eventual-disputa-em-2018-diz-pesquisa, 70001666636). Nesse quesito, somos levados a crer que a lógica das oscilações num sentido e no outro, apresentada no texto, continua operando. O impeachment teria então sido um ponto fora da curva, que assinala o final da disputa encetada pelos escândalos ou, ao contrário, um ato extremo que aumenta a amplitude das oscilações, mas que não invalida o jogo que estamos assistindo?

---

2 Contrapondo assim a uma série de situações, ditas de regimes majoritários cujo caráter democrático é controverso, que estão sendo observadas nesse início de segunda metade da segunda década do século XXI em países como a Rússia, Turquia, Hungria, Polônia e outros, especulando sobre se a vitória de Trump nos Estados Unidos foi ou não um evento análogo. Um corolário suscitado pela sociologia dos escândalos é justamente se a democracia "tradicional" pode sobreviver nesse clima cultural e político polarizado que nosso fenômeno produz (Dabène, 2008).

Da pizza ao impeachment 245

O "decoupling" assinalado no livro e uma visão mais politista nos levaria a crer que o jogo foi irremediavelmente desfeito com o impeachment. Não mais uma guerra cultural "metafórica", mas uma guerra "total", no sentido estrito, em que os contendores não aceitam nenhuma norma comum de convívio, um dos lados pretendendo aniquilar o outro. Mas será que a população como um todo seria efetivamente levada de roldão nesse contencioso entre as elites? Finalmente, o povo brasileiro teria "aprendido de uma vez por todas" que os petistas nada mais são do que lobos disfarçados de cordeiros; indivíduos atravessados por interesses e apetites nefandos que se aproveitavam da credulidade popular para comprar votos da maioria humilde com essas pequenas esmolas que finalmente foram denunciadas e desmascaradas, assim como seus perpetradores? Ou, ao contrário, as elites tradicionais, pautadas pela mídia antidemocrática e conservadora até a medula teriam sido capazes de derrubar o governo que os brasileiros elegeram e continuavam querendo apesar do impeachment, e ao qual eles voltarão se as próximas eleições forem realmente democráticas?

A concretização do impeachment fez valer a construção da realidade baseada na doxa prevalecente. O problema do Brasil é a roubalheira e todo o esforço para coibi-la é correto e deve ser apoiado. Inclusive a propalada desorganização da economia nacional, causadora de recessão e desemprego profundos, deplorada como um contrassenso pelos adeptos dos governos petistas, se justifica como uma necessária "arrumação da casa", uma pausa provisória que seria recuperada rapidamente quando a economia puder "andar sobre chão sólido", e não sobre o terreno pantanoso do mundo da maracutaia e do jeitinho brasileiro. Como mencionado no capítulo sobre o advento da blogosfera brasileira, é praticamente impossível se contrapor diretamente a esse argumento, feito verdade evidente. A ideia de que o essencial é criar alguma engenharia social que permita alçar um voo mais amplo do que a simples continuidade do status quo nasce e renasce sempre coberta de suspeitas quanto à sua exequibilidade e, mais do que isso, sobre as verdadeiras intenções de quem fere a lógica prevalecente.

Mas a história está e esteve: o Brasil da primeira década do século XXI teve uma fase otimista, de crescimento e melhora no padrão de vida e, principalmente, de expectativas de boa parte da população mais humilde. Essa constatação pode ser reinterpretada e ter sua significação invertida? Nosso operador a jusante mostra que, pelo menos no curto prazo, pode sim. A realização da Copa do Mundo de 2014, que deveria iniciar o coroamento e provável perenização desse arranque foi justamente apropriado no sentido contrário,[3] como mostra o repúdio a Dilma na abertura do evento e a subsequente apropriação das cores verde e amarela do uniforme da seleção pelos seus opositores.

Mantendo o fio da análise, a sequência de eventos aparentemente intrigantes revela bem a trama sociológica e sua relação com a dominação cultural. Numa lógica "objetivista", a simples realização bem-sucedida tecnicamente dos eventos tidos como marcadores da grandeza contemporânea (além da Copa do Mundo de futebol, a ainda mais complexa organização da Olimpíada de 2016) desambiguaria a seu favor qualquer contencioso sobre a competência dos petistas no poder, especificamente da equipe da Presidenta Dilma. Assim, a melhor resposta aos críticos seria a própria realização dos eventos. Mas, pelo contrário, a sequência de micro-eventos descritos pela sigla VTNC, percebida publicamente a partir da abertura da Copa, mostrou a total apropriação, negativa, dos eventos por parte dos adversários de Dilma e do PT. E, mais do que isso, sugerindo o espaço político existente para vôos mais ousados, incluindo o impedimento.

---

3 Ensaio uma periodização do "espírito do tempo" brasileiro a partir da interpretação das Copas do Mundo de futebol em Grün, 2015, cap. 1.

Da pizza ao impeachment 247

Tecnicamente, assistimos a mais uma prova da capacidade de extensão de significados por parte das elites tradicionais, mesmo em uma situação em princípio extrema: que, no papel, pareceria totalmente favorável ao governo. Os estádios ficaram prontos, a chegada e acolhida massiva de turistas se deu com poucos incidentes, os jogos transcorreram normalmente, mas o significado da configuração foi apropriado pelos críticos, que fizeram prevalecer a narrativa atemporal da falta de qualidade dos serviços públicos de qualidade (o bordão rapidamente esquecido, mas eficaz retoricamente do "padrão FIFA") e redourar o brasão da roubalheira. Além das sutilezas, que precisam ser melhor elucidadas por pesquisas minuciosas sobre esses momentos quentes, podemos notar a clara prevalência da agenda construída em torno dos males ancestrais do país, agravados pela incúria petista, em detrimento da possível novidade de uma nação em ascensão, que poderia ter sido extraída do "sucesso técnico" da realização dos eventos.

Uma decorrência lógica dessa digressão é que a própria crença na relação direta entre "sucesso no evento" e legitimidade realçada ou recomposta de propostas não-dóxicas é um sinal da dominação cultural que pesa sobre os desafiantes da doxa. Surge aí uma suspeita de reducionismo economicista por parte dos petistas no governo. Tolice? Erro político? Perguntas que surgem espontaneamente do cotidiano da vida política. Mas, sociologicamente, podemos aceitar essa redução do sujeito social a um sujeito cognoscente abstrato? Por outro lado, na esfera cívica, podemos deixar de aceitar?

A narrativa do sucesso parece automática. Mas não é. Ela tem de ser reconstruída incessantemente, e para isso precisa de operadores culturais concretos, dotados de legitimidade cultural para terem seus artefatos intelectuais reconhecidos pela sociedade e que também estejam motivados para essa tarefa. Esse aspecto do jogo, paradoxalmente, foi melhor compreendido pelos adversários do que pelos apoiadores dos governos petistas. Em termos de análise estri-

248 Roberto Grün

tamente lógica, podemos acompanhar e parafrasear (Lakoff 1996), notando que as lógicas conservadoras são mais intuitivas, convergindo com a ideia de inércia da doxa. Nesse sentido, diante dos primeiros embaraços dos governos petistas no início do "mensalão" foi cunhada a expressão "silêncio dos intelectuais". As evidências de corrupção reveladas a partir do episódio do "flagrante" dos Correios revelada nos telejornais, fizeram calar os intelectuais que apoiavam o governo.

O decisivo teria sido aceitação dessa caracterização pelos próprios assinalados. De súbito, começa a espiral da associação do governo petista com a corrupção, invertendo o entendimento anterior aos governos petistas, segundo o qual esses atores seriam os principais inimigos da nossa praga ancestral. Os intelectuais ligados ao PT ou simplesmente envolvidos na sustentação do governo realmente silenciaram. Por um lapso de tempo, não houve voz audível desfazendo a espiral.[4]

Naquele primeiro episódio, a simples denominação "silêncio dos intelectuais" os fez despertar e assim fez despertar o apoio ao governo combalido. E, como vimos, a interpretação prevalecente do crescendo iniciado na campanha eleitoral de 2006 pela reeleição de Lula, com os episódios concatenados da crítica ao "descalabro previdenciário" anunciado pelos dóxicos, à não-concretização de uma política de saneamento urbano, e o episódio central da caracterização do "Aerolula" mostraram um mundo de ponta cabeça para a tradição brasileira. Posteriormente, o tratamento econômico

---

4 A construção, ou reconstrução do aparato institucional para o combate da corrupção, consubstanciada no reequipamento material e humano da Polícia Federal, da Corregedoria Geral doa União e outros órgãos de controle, ocorridas nos e pelos governos petistas poderia, logicamente, se constituir num forte argumento corroborando que os petistas pretendiam combater consequentemente a corrupção. Mas essa linha sequer foi aceita no debate público mostrando, mais uma vez, a desproporção de forças na esfera cultural.

Da pizza ao impeachment 249

e político das repercussões da crise financeira internacional pelo governo Lula são ao mesmo tempo um aprofundamento das virtualidades reveladas naquela cronologia e uma aparente consolidação do deslocamento da inércia cultural, agora favorável aos petistas. E os grandes eventos esportivos de alcance mundial iriam justamente coroar essa virada. Não mais o Brasil "que sempre nos envergonha, em que nada dá certo, que engendra o complexo de vira-latas", aquele das elites tradicionais que devem ser deixadas para trás, mas o novo Brasil pujante, puxado pela força, galhardia e generosidade de seu povo.

Mas a experiência brasileira mostra a falta de perspicácia dessa ilusão surgida no final da primeira década do século XXI. A doxa é mais forte do que parecia. Ela se insinua o tempo todo e se apresenta com força avassaladora. Assim que ela encontra uma pequena fresta, ela escancara, como mostra a sequência que construímos a partir da "vacilo de Dilma" em relação à taxa básica de juros.

Outro ponto forte da conjuntura que determinou o impedimento foi a questão do déficit fiscal produzido, ao que parece, pelo excesso de benesses do governo federal às empresas, as isenções fiscais para diversos ramos. Em boa lógica desenvolvimentista, o resultado esperado seria uma nova onda de investimento das empresas em aumento das capacidades produtivas, com consequente recuperação fiscal através da aceleração da economia. Mas vimos que não foi isso que aconteceu: Dilma e petistas lamentam que os empresários não usaram as isenções para investir e sim para embolsar (Chade 12/03/2017) http://economia.estadao.com.br/noticias/geral,dilma-eu-errei-ao-promover-uma-grande-desoneracao,70001696541 . Lamento justo na esfera cívica, mas pouco arguto sociologicamente.

Mais uma vez o economicismo atrapalha a reflexão. Que os empresários exibam essa propensão, não se pode descartar, já que o chamado "rentismo" é uma doença secular das burguesias brasileiras, conforme diagnostico referendado sistematicamente pela

250 Roberto Grün

própria literatura desenvolvimentista. O decisivo seria que outras forças da sociedade os induzissem a utilizar os recursos com a finalidade esperada pelo governo. Mas essas possíveis forças estavam pouco atentas, dispersas e desmotivadas. Aqui retornamos à nossa trama explicativa.

O ponto é que a economia é incapaz de normalizar a política: enquanto a política econômica dóxica é autoexplicativa e funciona por ela mesma, aquela que atenta contra os fundamentos metapolíticos só pode chance de obter algum sucesso na sociedade se obtiver sustentação ativa e contínua de setores importantes dos produtores culturais. Assim, o que os petistas enxergavam como uma grave subversão contra suas propostas de crescimento econômico autossustentado que permitiria a continuidade das políticas sociais equalizadoras ou distributivistas, o resto da sociedade enxergava apenas como o comportamento normal e esperado por parte de empresários racionais. E temos aí mais um enredo para fomentar ideias conspiratórias, com o consequente caudal que o texto tenta desvelar.

O raciocínio econômico que deflagra a sequência pretendida a partir de uma finalidade social, como a melhoria da distribuição de renda e especialmente do salário mínimo, é tratado fundamentalmente com desconfiança. Já aquele que predica que a possibilidade de qualquer medida em benefício de setores menos aquinhoados da população só pode ser obtida como corolário da criação de folga na execução estritamente econômica, esse é intuitivo e aceito automaticamente. Primeiro precisamos fazer o bolo, para depois poder distribuí-lo e consumi-lo. Delfim Neto nega ter dito essa frase. Mas ela sintetiza a lógica cotidiana. Conservadora, certamente. Mas principalmente automática.

Daí se depreende que o sucesso econômico, ou social, neles mesmos, não bastam para criar uma inflexão da doxa. É necessário construir uma narrativa que a referende e esse é um fenômeno estritamente cultural. Mais do que isso, instituir essa narrativa como

Da pizza ao impeachment 251

a verdade da interpretação do Brasil contemporâneo, sem meias palavras, a construção da realidade não só no sentido mais comum da expressão, mas também de torna-la canônica, institucionalizada. Só assim é possível coordenar as expectativas dos agentes econômicos e ...fazer os empresários investirem ao invés de embolsarem os recursos que lhes foram disponibilizados pelo governo. Os próprios condutores das políticas alternativas não parecem reconhecer essa dimensão. E esse é um dos maiores ardis dessa dominação contemporânea.

Na verdade, é a narrativa do sucesso que é condição necessária para a realização do sucesso. Não se trata simplesmente de celebrar um sucesso econômico através da narrativa do triunfo, que se daria como uma espécie de constatação do feito econômico, realizada após a sua conclusão. Mas antes, de construir o sucesso através da narrativa. Numa analogia forte, na construção de novos edifícios sociais e culturais, a narrativa é o cimento que mantém os tijolos unidos. Sem ela, a parede desmorona diante do primeiro vento contrário. Sucessos dóxicos, que são evidentemente os mais frequentes, obscurecem essa característica, já que neles a narrativa flui automaticamente, pois não agridem o senso comum. Mas um governo que age contra as habitualidades dos agentes econômicos, como foi o caso dos governos petistas principalmente durante a gestão dos impactos iniciais da crise financeira internacional, necessitaria de uma legião de apoiadores dotados de muito capital cultural e simbólico, capazes de impor a narrativa de sucesso para o resto da sociedade. Especialmente, para os segmentos majoritários e tradicionais das elites dos diversos campos.

Possivelmente foi a incapacidade de fornecer esse produto cultural que possibilitou a solda da narrativa de que "Dilma, ou o PT, não dá" – precisam ser alijados do poder para que o país, como quis o sucessor de Dilma "volte aos trilhos" http://www2.planalto. gov.br/acompanhe-planalto/noticias/2016/12/medidas-economicas--colocarao-o-brasil-de-volta-aos-trilhos-diz-temer. Um profundo in-

252 Roberto Grün

cômodo em relação à doxa sem apoio de uma tentativa consistente de transformação das percepções dos grupos que disputam o controle das formas e conteúdos de argumentação nos diversos campos sociais que compõem o campo do poder do Brasil contemporâneo.

É bastante provável que essa narrativa vá ser construída na História, destilada aos poucos pela ativação da memória social, inclusive através da pesquisa científica, como já nos deixa antever as marcas de Lula nas pesquisas eleitorais do início de 2017. Mas o decisivo na conjuntura foi o desfazimento do cordão sanitário construído principalmente a partir de 2006, conforme assinala o capítulo sobre a criação social da blogosfera brasileira. Pode ter sido momentâneo, sob o efeito da pressão concentrada dos dóxicos e da doxa, mas seus efeitos foram avassaladores, pelo menos no curto prazo.

O pensamento cotidiano insinua uma pergunta sobre se o impeachment poderia ter sido evitado. A resposta a partir do aparato intelectual posto em funcionamento diz que dificilmente o seria. Praticamente: uma extraordinária engenhosidade política dos petistas poderia desfazer a coalizão que se formou contra Dilma? O máximo que podermos nos aventurar como resposta é apontar a baixa, e cada vez menos provável possibilidade de uma boa resposta à conjuntura de fechamento que assistimos a partir de 2013.

O difícil, para o pensamento cotidiano, é pensar as probabilidades efetivas do vislumbre e costura da "extraordinária engenhosidade política" que poderia ter interrompido o processo de impeachment. Por exemplo, sobre como não foi possível sensibilizar os parlamentares, juízes & delegados e a mídia hegemônica de que o sistema de representação politica se desfaria uma vez derrubada a presidenta eleita democraticamente num regime presidencialista, marcado pelo "eu quero votar para presidente" como principal marca da redemocratização recente.

Sobra então a constatação recíproca, dos dois lados do tabuleiro, que aponta as deficiências políticas pessoais de Dilma como

Da pizza ao impeachment 253

fator fundamental para o impedimento. Talvez ela realmente não reunisse o elenco de qualidades necessárias para tentar controlar o colapso do seu governo. Mas, no reino da especulação sociológica, e se tivéssemos um presidente preparado para um evento dessa natureza? Temos que ripostar que mesmo um "animal político" dotado de percepção e argúcia ímpares as perderia no ambiente que foi se formando, no qual os mitos recíprocos da roubalheira e da conspiração das elites forneciam todas as referências para o raciocínio e argumentação.

Impossível não terminar com uma tirada normativa: o ambiente produzido pelo campo dos escândalos é um péssimo caldo de cultura para resolver qualquer um dos múltiplos problemas, crônicos e agudos, do Brasil contemporâneo. Tecnicamente, ele destrói a autonomia dos diversos espaços do campo do poder, na qual viceja a base para o sistema de contrapesos que garante a democracia. Ele também faz péssima peneira, impedindo a passagem de ideias que não se coadunem com seu sistema de oposições singularmente simplório. A lógica dos escândalos nos assinala então um mundo inquietante, no qual o progresso parece sempre passageiro e inseguro, enquanto a hidra da reação a qualquer avanço social, mesmo tímido e compromissado, tende a emparedar quem quer que ouse fazer diferente.

Não há resposta simples para traçar uma estratégia de contenção da polarização que assistimos no Brasil dessas duas primeiras décadas do século XXI. Tentei mostrar que ela se constitui como a sincronização de tensões internas dos diversos espaços que se comunicam no campo do poder. Genericamente, se essas tensões pudessem ser contidas no interior de cada um deles, elas não impactariam tanto a vida social e política como um todo.

Cruamente, os escândalos que assistimos foram, e são, uma arma de que os grupos mais tradicionais do campo do poder se apossaram para apear do poder seus contestadores, quaisquer que sejam suas agendas ou interesses. Mas eles deflagram uma lógica que vai além dessa utilização focada. Na realidade a coisa vai além disso: o campo dos escândalos é também um deus Moloch, aquele que devora seus próprios filhos. Nenhum ator ou ação funcionando na complexidade do campo do poder está a salvo das condenações antecipadas que varrem a sociedade submetida a essa divindade, inclusive seus perpetradores.

A lógica do enredo conspiratório enxerga os escândalos como uma espécie de arma de fogo que pode ser usada e depois descarregada e guardada de volta na gaveta, submetida, portanto, à vontade de seu usuário. A lógica do espaço cognitivo construído no campo dos escândalos faz com que os grupos privilegiados pela ação dessa engrenagem também pensem da mesma maneira, imaginando que podem manipulá-la de acordo com seus desejos e interesses. Se a sociologia que apresento, conferindo dureza à realidade simbólica, está certa, não podem. E a generalização dessa percepção talvez seja o melhor mecanismo de controle para reduzir os danos dessa catástrofe cultural e política que se abate sobre o Brasil contemporâneo.

O outro fator de contenção é o nosso "decoupling", a dissociação constatada entre as opiniões no campo do poder, constantemente monitoradas, e aquela menos evidente do resto da população, só realmente auscultada em momentos muito particulares, como os das eleições gerais. Os resultados dos plebiscitos e das eleições gerais mostram justamente diversas situações em que essa dissociação aconteceu e se manteve. Não necessariamente no sentido de implantar mudanças que as elites do país desejavam, e muitas vezes no sentido exatamente contrário. Mas é essa a natureza dos contrapesos.

E no momento em que escrevo, a popularidade sustentada de Lula apesar da guerra santa que foi deflagrada e mantida contra ele e seu partido mostram que o esquema das oscilações continua de pé, apesar da união quase absoluta dos cruzados contemporâneos.

Da pizza ao impeachment

A dureza da realidade simbólica se manifesta mais uma vez: o campo dos escândalos produziu uma mitologia a qual, por mais inadequada que pareça para tornar racionais os debates na sociedade brasileira, ela teima em se manter. Para desespero daqueles que creem e desejam uma sociedade menos entrecortada por ódios viscerais e mais atenta às nuances dos problemas que deve enfrentar e das possibilidades que podem se abrir. Na lógica aqui apontada, uma vitória eleitoral de Lula não anula o campo dos escândalos. Pelo contrário, o reaviva. O que significa uma imensa dificuldade de fazer passar uma pauta que aponte para a continuidade de alguns progressos alcançados nos seus dois primeiros governos e, muito menos, para experimentos mais ousados.

Mais do que isso, a permanência do clima de pessimismo social e pessoal instilada pela escandalização permanente impede qualquer voo minimamente ousado rumo a experimentos que tenham por finalidade um futuro melhor do que o presente para a imensa maioria dos brasileiros colocados em posição subalterna. Se o espaço anterior dos escândalos foi um bom ambiente para alavancar as posições do progresso social no campo do poder, o campo dos escândalos que lhe sucedeu fechou esse caminho. Desarmar essa maquinaria social e cultural que impõe o conservadorismo como estado de equilíbrio e pune severamente qualquer transgressão é tarefa vital para qualquer proposta que pretenda recolocar o otimismo no centro da agenda política e cultural do país.

Bibliografia

BOLTANSKI, L. (2013). *Inégalités et classes sociales. Quelles entités pour quelles sociologies? L' injustice sociale, quelles voies pour la critique ?* Paris: Presses Universitaires de France: 102.

BOLTANSKI, L. and L. Thévenot (1991). *De la justification : les économies de la grandeur.* Paris: Gallimard.

BOURDIEU, P. (1984). *Homo academicus.* Paris: Editions de Minuit.

CHADE, J. (12/03/2017). "Dilma: 'Eu errei ao promover uma grande desoneração': Segundo presidente cassada, a redução de impostos era para garantir maiores investimentos, mas empresas teriam aumentado 'a margem de lucro'." *O Estado de S.Paulo.*

DABÈNE, O., V. Geisser, G. Massardier, I. d. r. e. d. é. s. l. m. a. e. musulman and C. d. s. p. comparative (2008). *Autoritarismes démocratiques et démocraties autoritaires au XXIe siècle convergences Nord-Sud mélanges offerts à Michel Camau.* Paris: la Découverte.

DE BLIC, D. e. L., C. (2005). "Le scandale comme épreuve: éléments de sociologie pragmatique." *Politix* 18(31): 9-38.

DOBRY, M. (1986). *Sociologie des crises politiques la dynamique des mobilisations multisectorielles.* Paris: Presses de la Fondation nationale des sciences politiques.

DUBY, G. (1978). *Les trois ordres ou L'imaginaire du féodalisme.* Paris: Gallimard,.

GRÜN, R. (2013). "A vingança do baixo clero: o desafio ao "PiG" e o estado do conflito cultural no tratamento da crise financeira." *Mana* 19: 303-340.

GRÜN, R. (2015). *Decifra-me ou te devoro: o Brasil e a dominação financeira*. São Paulo: Alameda Editorial.

GRÜN, R. (2016). "Capital cultural, conhecimento e dominação social: as pistas e os problemas levantados pela dominação financeira contemporânea." *Sociedade e Estado* 31: 403-431.

JAMIESON, K. H. (1992). *Dirty politics : deception, distraction, and democracy.* New York: Oxford University Press.

LAKOFF, G. (1996). *Moral politics : what conservatives know that liberals don't.* Chicago: The University of Chicago Press.

MARTINS, L. (1976). *Pouvoir et développement économique : formation et évolution des structures politiques au Brésil.* Paris: Anthropos.

MÜLLER, H.-P. (2013). "Société, morale et individualisme. La théorie morale d'Emile Durkheim,,, Textes traduits en français, mis en ligne le 28 février 2013, consulté le 26 septembre 2016. URL : http://trivium.revues.org/4490." *Trivium* [En ligne] 13 (1).

OLIVEIRA, R. (20/03/2002). "Chega ao fim a hegemonia da PUC." *Valor Econômico.*

OPPENHEIMER, D. (2016). *Exit right : the people who left the Left and reshaped the American century.* New York: Simon & Schuster.

ROGER, M. A.-A. A. (2015). *La logique du désordre : Relire la sociologie de Michel Dobry.* de Michel Dobry (Postface), (Auteur), Collectif (Auteur), Presses de SciencePo.

PRIOR, M. (2013). "Media and Political Polarization." Annual *Review of Political Science* 16(1): 101-127.

GROELING, T. (2013). "Media Bias by the Numbers: Challenges and Opportunities in the Empirical Study of Partisan News." Annual Review of Political Science 16(1): 129-151.

IYENGAR, S., et al. (2012). "Affect, Not Ideology: A Social Identity Perspective on Polarization." Public Opinion Quarterly 76(3): 405-431.

Da pizza ao impeachment

SKOCPOL, T. and V. Williamson (2012). The Tea Party and the remaking of Republican conservatism. Oxford ; New York, Oxford University Press. (Editor), J.-P. M. (2010). Bourdieu et la littérature, suivi d'un entretien avec Pierre Bourdieu. Nantes, éditions Cécile Defaut.

ACCARDO, A. (2007). *Journalistes précaires, journalistes au quotidien.* Marseille: Agone.

ADUT, A. (2004). "Scandal as norm entrepreneurship strategy: Corruption and the French investigating magistrates." *Theory and Society* 33: 529-578.

ALDRIN, P. (2005). *Sociologie politique des rumeurs.* Paris: Presses universitaires de France.

ALENCAR, K. (30/10/2006). "Durante crise, ministros sugeriram renúncia." *Folha de São Paulo.*

ALMEIDA, A. M. F. (2008). "O assalto à educação pelos economistas." *Tempo Social* 20: 163-178.

AMORIM, P. H. (19/10/2006 11:39h) COMO GOVERNAR QUANDO TODA A IMPRENSA É CONTRA. Blog *Conversa Afiada*

ANDERSON, B. R. O. G. (1983). *Imagined communities : reflections on the origin and spread of nationalism.* London: Verso.

AZEVEDO, F. A. (2006). "Mídia e democracia no Brasil: relações entre o sistema de mídia e o sistema político." Opinião Pública 12: 88-113.

BADENES, P. T. e. H. (17/10/2006). "FH diz que cacoete gerou mal-entendido sobre a venda da Petrobrás e do BB." O Globo.

BALZAC, H. d. and D. Mortier (1991 (orig. 1838)). Illusions perdues. [Paris], Presses Pocket.

BBC (09/07/2012). "Brasileiros são os mais otimistas em pesquisa global sobre rumos da economia." Site BBC, Atualizado em 9 de julho, 2012.

260 Roberto Grün

BECKER, H. S. (1963). Outsiders; studies in the sociology of deviance. London,, Free Press of Glencoe.

BERGAMO, M. (22/08/2006). Lula afirma a artistas que elite quis fazê-lo "sangrar". Folha de São Paulo.

BICHOFFE, A. C. (2013). *Escândalos, mídias e finanças. Um estudo sobre as disputas culturais e políticas que balizaram o governo Lula e seus desdobramentos nos campos democrático e econômico.* Mestrado, Universidade Federal de São Carlos.

BIRNBAUM, P. (1979). Le peuple et les gros : histoire d'un mythe. Paris: B. Grasset.

BLOCH, M. L. B., et al. (1997). Ecrits de guerre (1914-1918). Paris: A. Colin/Masson.

BOHN, C. (2006). La societé mondiale. Les concepts de société opératoires dans les théories sociales de Bourdieu et de Luhmann Pierre Bourdieu, théorie et pratique : perspectives franco-allemandes. H.-P. Müller and Y. Sintomer. Paris La Découverte: 101-124.

BOLTANSKI, L. (1982). Les cadres : la formation d'un groupe social. Paris: Editions de Minuit.

BOLTANSKI, L. (2007). *Affaires, scandales et grandes causes: de Socrate à Pinochet.* Paris: Stock. FR FR-751131015 AFNOR intermrc

BOLTANSKI, L. (2009). *De la critique : précis de sociologie de l'émancipation.* Paris: Gallimard.

BOLTANSKI, L. (2012). *Enigmes et complots: Une enquête à propos d'enquêtes.* Paris: Gallimard.

FR FR-751131015 AFNOR intermrc

BOLTANSKI, L. and E. Chiapello (1999). Le nouvel esprit du capitalisme. Paris: Gallimard,.

BOLTANSKI, L., et al. (2007). Affaires, scandales et grandes causes de Socrate à Pinochet. Paris: Stock.

BOLTANSKI, L., DARRE Y. E SCHILTZ M.-A.: (1984). "La dénonciation." Actes de la recherche en sciences sociales(51): 3-40.

BOLTANSKI, L., DARRE Y. E SCHILTZ M.-A.: (1984/51). La dénonciation.

BOURDIEU, P. (1958). *Sociologie de l'Algérie*. Paris: Presses universitaires de France.

BOURDIEU, P. (1974). "Avenir de classe et causalité du probable." *Revue française de sociologie* Jan.-Mar.n.1(15): 3-42.

BOURDIEU, P. (1979). *La distinction : critique sociale du jugement*. Paris: Éditions de Minuit.

BOURDIEU, P. (1980). Le sens pratique. Paris: Éditions de Minuit.

BOURDIEU, P. (1981). "La représentation politique. Eléments pour une théorie du champ politique." *Actes de la recherche en sciences sociales* 36-37: 3-24.

BOURDIEU, P. (1984). *Homo academicus*. Paris: Editions de Minuit.

BOURDIEU, P. (1989). *La noblesse d'Etat : grandes écoles et esprit de corps*. Paris: Minuit.

BOURDIEU, P. (1990). "La domination masculine." Actes de la recherche en sciences sociales: 2-31.

BOURDIEU, P. (1992). Les règles de l'art : genèse et structure du champ littéraire. Paris: Editions du Seuil.

BOURDIEU, P. (1993). *La Misère du monde*. Paris: Ed. du Seuil.

BOURDIEU, P. (1994). *Raisons pratiques : sur la théorie de l'action*. Paris: Seuil.

BOURDIEU, P. (1997). *Méditations pascaliennes*. Paris: Seuil.

BOURDIEU, P. (1998). La main droite et la main gauche de l'Etat. Contre-feux I. P. Bourdieu. Paris: Liber-Raisons d'agir: 9-17.

BOURDIEU, P. (2002). La domination masculine : suivi de Quelques questions sur le mouvement gay et lesbien. Paris: Seuil.

BOURDIEU, P. (2004). "La précarité pour tous: Racisme de l'intelligence." Le Monde diplomatique(Avril).

262 Roberto Grün

BOURDIEU, P. (2012). Sur l'Etat: cours au Collége de France 1989-1992. Paris: Raisons d'agir & Seuil.

Bourdieu, P. and L. Boltanski (1976). "La production de l'idéologie dominante." Actes de la recherche en sciences sociales: 3-73.

BOURDIEU, P. and J. Bouveresse (2000). "L'actualité de Karl Kraus." Actes de la recherche en sciences sociales: 119-126.

BOURDIEU, P. and R. Chartier (2010). Le sociologue et l'historien Marseille Paris: Agone

BOURDIEU, P. and H. Haacke (1994). Libre-échange. Paris: Seuil.

BOURDIEU, P., et al. (2002). Interventions, 1961-2001 Texte imprimÂe science sociale & action politique textes choisis et prÂesentÂes par Franck Poupeau et Thierry Discepolo. Marseille

MontrÂeal, Agone

BOURDIEU, P. a. S.-M., M. de (1982). "La sainte famille. L'épiscopat français dans le champ du pouvoir. 1982/, p." Actes de la recherche en sciences sociales(44-45): 2-53.

BOUVERESSE, J. (2001). Schmock ou le triomphe du journalisme : la grande bataille de Karl Kraus. Paris: Seuil.

BOUVERESSE, J. (2001). Schmock ou le triomphe du journalisme : la grande bataille de Karl Kraus. Paris: Seuil.

BRASÍLIA, S. D. (25/09/2004). Deputados receberiam verba para votar em favor de projetos do governo: Câmara vai apurar suposto 'mensalão'. Folha de São Paulo.

BRASS, P. R. (2000). "FOUCAULT STEALS POLITICAL SCIENCE." Annual Review of Political Science 3(1): 305-330.

BROWN, D. (2004). O código Da Vinci. Rio de Janeiro, Sextante.

BUENO, S. (09/10/2006). Ibsen e Collor voltam juntos ao Congresso. Valor Econômico.

BURGUIÈRE, A., et al. (1996). A history of the family. Cambridge: Polity Press,.

CALMES, J. R. a. J. (13/08/2009). "False 'Death Panel' Rumor Has Some Familiar Roots." The New York Times.

CAMARGO, J. M. (05/11/2006). Por que o Brasil cresce pouco. *Folha de São Paulo.*

CASTELLS, M. (1996). *The rise of the network society.* Cambridge: MA, Blackwell Publishers.

CASTELLS, M. (1997). *The power of identity.* Cambridge: Mass, Blackwell.

CHAGAS, C. (07/07/2005). "Novos Gregórios?" *Tribuna de Imprensa.* Rio de Janeiro.

CHAMPAGNE, P. (1984). "La manifestation. La production de l'événement politique." *Actes de la recherche en Sciences Sociales* (52-53): 18-41.

CHAMPAGNE, P. (1990). *Faire l'opinion : le nouveau jeu politique.* Paris: Editions de Minuit,.

CHAMPAGNE, P. (1996). Le journaliste, acteur de société. Lille, Centre de recherche de l'Ecole supérieure de journalisme de Lille,.

CHAMPAGNE, P. e. D. M. (1994). "L'information médicale sous contrainte. A propos du «scandale du sang contaminé»." *Actes de la recherche en Sciences Sociales* (101-102): 40-62.

CHANTAL, F. V. d. (2001). *Moralité privée, morale publique. l'exception américaine. Juger la politique: Entreprises et entrepreneurs critiques de la politique.* J.-l. B. A. P. Garraud. Rennes, Presses Universitaires de Rennes: 287-301.

CHARLE, C. (1990). *Naissance des "intellectuels", 1880-1900.* Paris: Editions de Minuit,.

CHARLE, C. (2004). *Le siècle de la presse 1830-1939.* Paris: Ed. du Seuil.

CHARTIER, R. (1982). "Espace social et imaginaire social : les intellectuels frustrés au XVIIe siècle." *Annales.Économies*, Sociétés, Civilisations 37(2): 389-400.

264 Roberto Grün

CHARTIER, R. (2000). *Les origines culturelles de la Révolution française*. Paris: Seuil.

CHICO DE GOIS, C. J. E. L. D. (06/01/2007). Lula sanciona lei do saneamento e abre caminho para investimentos: ao aprovar o marco regulatório do setor, Presidente faz críticas à privatização. *O Globo*. Rio de Janeiro.

CHUECA, M. (2012). "Les attentats du 11 mars 2004 à Madrid et les « théories de la conspiration »." Agone 47: 105-143.

COHN, N. R. C. (1967). *Warrant for genocide; the myth of the Jewish world-conspiracy and the Protocols of the elders of Zion*. New York, Harper & Row.

COLLINS, R. (2004). Interaction ritual chains. Princeton, N.J., Princeton University Press.

CONY, C. H. (24/08/2004). "História mal contada." *Folha de S. Paulo*.

CORRÊA, A. M. H. (16/09/2006). "PF prende petistas acusados de comprar dossiê anti-Serra." *Folha de São Paulo*.

COSTA, B. (25/11/2010). "Em entrevista a blogs pró-governo, Lula faz críticas à imprensa: Presidente diz que mídia praticou "leviandades" e "inverdades" contra ele e diz que vai virar blogueiro. Dos 10 blogs escolhidos para sabatina, 8 apoiam governo; petista critica Serra por agressão na eleição, e tucano revida " *Folha de S. Paulo*.

COSTA, C. T. (16/5/2006). O RELÓGIO DE PASCAL: O primeiro ombudsman da imprensa brasileira. *Observatório da Imprensa*.

COSTA, L. M. (Por 25/7/2005). A inexorável desconstrução de Lula. *Observatório de Imprensa*.

COTTA, E. (22/03/2006). "A economia segundo Alckmin: Escolhido pelo PSDB, Alckmin promete choque de gestão, menos impostos e acena com um BC independente. O mercado comemora." *Istoé Dinheiro*.

CURTIS, M. H. (1962). "The alienated intellectuals of early stuart art england." *Past & Present* 23(1): 25-43.

DARNTON, R. (1982). *The literary underground of the Old Regime*. Cambridge: Mass., Harvard University Press.

DARNTON, R. (1986). "Dialogue à propos de l'histoire culturelle. Entretien avec Pierre Bourdieu et Roger Chartier. ." *Actes de la recherche en sciences sociales* (59): 86-93.

DARNTON, R. (1991). *Edition et sédition : l'univers de la littérature clandestine au XVIIIe siècle*. Paris: Gallimard.

DARNTON, R. (2010). *The devil in the holy water or the art of slander from Louis XIV to Napoleon*. Philadelphia: University of Pennsylvania Press.

DE BLIC, D. (2003). *Le scandale financier. Naissance et declin d'une forme politique*. Paris: ESSEC.

DE BLIC, D. A. L., C. (2005). "Le scandale comme épreuve: éléments de sociologie pragmatique." *Politix 18* (31): 9-38.

DE BLIC, D. e. L., C. (2005). "Le scandale comme épreuve: éléments de sociologie pragmatique." *Politix 18* (31): 9-38.

DE GOEDE, M. (2005). *Virtue, fortune, and faith : a genealogy of finance*. Minneapolis: University of Minnesota Press.

DESROSIÈRES, A. (2008). *L'argument statistique 2 Gouverner par les nombres*. Paris: Mines ParisTech-Les Presses.

DIMAGGIO, P. (2001). The twenty-first-century firm : changing economic organization in international perspective. Princeton, N.J., Princeton University Press.

DIMAGGIO, P. (2003). The Myth of Culture War: The Disparity between Private Opinion and Public Politics. The fractious nation? : unity and division in contemporary American life. J. a. S. S. Rieder. Berkeley, University of California Press: 79-97.

DIMAGGIO, P., et al. (2001). "Social implications of the internet." Annual Review of Sociology 27(1): 307-336.

DINES, A. (10/04/2006). RESCALDO DOS ESCÂNDALOS: Em defesa da opinião pública. Observatório da Imprensa.

DINES, A. (28/06/2005). Editorial. Observatório da Imprensa.

DINIZ, L. (09/08/2012). "A mídia e o julgamento do mensalão." JORNAL DE DEBATES(706).

DOBRY, M. (1986). Sociologie des crises politiques la dynamique des mobilisations multisectorielles. Paris: Presses de la Fondation nationale des sciences politiques.

DONADONE, J. C. and R. GRÜN (2001). "Participação é necessária! Mas como?" Rev. bras. Ci. Soc. 16(47): 111-126.

DOUGLAS, M. (1996). Thought styles : critical essays on good taste. London ; Thousand Oaks, Calif., Sage.

DOUGLAS, M. N., Steven (1998). Missing persons: a critique of the social sciences. Berkeley, New York, University of California Press; Russell Sage Foundation.

DOUGLAS, M. T. (1986). How institutions think. Syracuse, N.Y., Syracuse University Press.

DUBY, G. (1978). Les trois ordres ou L'imaginaire du féodalisme. Paris: Gallimard,.

DUBY, G. (1997). Les "jeunes" dans la societé aristocratique dans la France du Nord-Ouest au XII siècle. Feodalité. G. Duby. Paris: Gallimard: 1383-1398.

EISENSTEIN, E. L. (1992). *Grub Street abroad: aspects of the French cosmopolitan press from the age of Louis XIV to the French Revolution*. Oxford; New York, N.Y: Clarendon Press.

ERNER, G. and P.-A. Taguieff (2005). *Expliquer l'antisémitisme le bouc émissaire autopsie d'un modèle explicatif*. Paris: Presses universitaires de France.

FAGUER, J.-P. (1995). *Khâgneux pour la vie. Une histoire des années soixante*. Paris: Centre d'Etudes de l'Emploi.

FARGE, A. (1992). *Dire et mal dire l'opinion publique au XVIIIe siècle*. Paris: Ed. du Seuil.

FAUCONNIER, G. (1984). *Espaces mentaux : aspects de la construction du sens dans les langues naturelles.* Paris: Editions de Minuit.

FINLEY, M. I. (1976). Démocratie antique et démocratie moderne. Paris: Petite Bibliothèque Payot,.

FLECK, L. (1979, orig. 1935). *Genesis and development of a scientific fact, edited by Thaddeus J. Trenn and Robert K. Merton ; foreword by Thomas S. Kuhn.* Chicago, University of Chicago Press.

FOUCAULT, M., et al. (2001). *Dits et écrits*, 1954-1988. Paris: Gallimard,.

FRAGA, P. (19/08/2010). "Serra acusa governo de financiar 'blogs sujos' e perseguir jornalistas." *Folha de S. Paulo.*

GAMSON, W. A. (1992). *Talking politics.* Cambridge [England] ; New York, NY, USA: Cambridge University Press.

GANGNEUX, G. (1959). "Le bas Clergé sous l'Ancien Régime : l'exemple d'une cure aux XVIIe et XVIIIe siècles." *Annales.* Économies, Sociétés, Civilisations: 745-749.

GANS, H. J. (2004). Deciding what's news : a study of CBS evening news, NBC nightly news, *Newsweek,* and *Time* / Herbert J. Gans. Evanston, Ill., Northwestern University Press.

GARRIGOU, A. (1992). "Le boss,la machine et le scandale. La chute de la maison Médecin " Politix(17).

GARRIGOU, A. (1992). Le Président à l' épreuve de le scandale. Désestabilisation apparente et consolidation fonctionelle. Le Président de la République. B. e. L. Lacroix, J. Paris: Presse de la F.N.S.P.

GARRIGOU, A. (1993). Le scandale politique comme mobilisation. Action collective et mouvements sociaux. F. Chazel. Paris: Presses universitaires de France: 267.

GAUBERT, C. (2009). "Genèse sociale de Pierre Rosanvallon en "intellectuel de proposition" " Agone(41-42): 123-147.

268 Roberto Grün

GIANNOTTI, J. A. (1986). Universidade em ritmo de barbárie. São Paulo-SP, Brasiliense.

GINZBURG, C. (1989). Clues, myths, and the historical method. Baltimore, Md., Johns Hopkins University Press.

GINZBURG, C. (1991). "Représentation : le mot, l'idée, la chose." Annales ESC: 1219-1234.

GINZBURG, C. and M. Rueff (2010). Représenter l'ennemi: Sur la préhistoire française des Protocoles. Le fil et les traces: Vrai faux fictif, traduit de l'italien par Martin Rueff. Lagrasse, Verdier: 275-304. FR FR-751131015 AFNOR intermrc

GIRARDET, R. (1986). Mythes et mythologies politiques. Paris: Ed. du Seuil.

GLOBO, O. (04/10/2006). De volta à cena nacional: Ibsen Pinheiro e Alceni Guerra são eleitos deputados federais. O Globo.

GLOBO, O. (06/10/2006). Tucano denuncia central de boatos do PT: Alckmin diz que petistas, e até ministros, estariam espalhando rumores para desestabilizá-lo. O Globo.

GLOBO, O. (22/01/2007). Lula anuncia pacote e antecipa resposta aos críticos. O Globo.

GLOBO, O. (18/10/2006). "FH defende privatizações e compara Lula a Maluf: A decepção que tenho com o presidente é muito grande porque ele virou um político comum, banal', diz ex-presidente." *O Globo*.

GOODY, J. (1997). *Representations and contradictions : ambivalence towards images, theatre, fiction, relics, and sexuality.* Cambridge: Mass., Blackwell Publishers.

GRABER, D. (2003). "The media and democracy: Beyond Myths and Stereotypes." *Annual Review of Political Science* 6(1): 139-160.

GRUN, R. (1999). Modelos de empresa, modelos de mundo: sobre algumas características culturais da nova ordem econômica

Da pizza ao impeachment 269

e da resistência a ela. *Revista Brasileira de Ciências Sociais*. 14: 121-140.

GRÜN, R. (1997). "A forca do conservadorismo." *Estudos feministas* 5(1): 233-235.

GRÜN, R. (2003). " Fundos de pensão no Brasil do final do século XX: guerra cultural, modelos de capitalismo e os destinos das classes médias." *Mana* 9(2): 7-38.

GRÜN, R. (2003). "A promessa da "inserção profissional instigante" da sociedade em rede: a imposição de sentido e a sua sociologia." *Dados - Revista de Ciências Sociais* 46(1): 5-37.

GRÜN, R. (2004). "A evolução recente do espaço financeiro no Brasil e alguns reflexos na cena política." *Dados* 47: 5-47.

GRÜN, R. (2004). "A evolução recente do espaço financeiro no Brasil e alguns reflexos na cena política." Dados - Revista de Ciências Sociais 47: 5-47.

GRÜN, R. (2005). "Apagão cognitivo: para uma sociologia da crise energética." *Dados - Revista de Ciências Sociais* 48(4): 891-928.

GRÜN, R. (2005). "Convergência das elites e inovações financeiras: a governança corporativa no Brasil." *Revista Brasileira de Ciências Sociais* 20: 67-90.

GRÜN, R. (2005). "O "nó" dos fundos de pensão." *Novos Estudos - CEBRAP*: 19-31.

GRÜN, R. (2005). "O "nó"dos fundos de pensão e os dilemas da sociedade brasileira." *Novos Estudos Cebrap* 73: 19-31.

GRÜN, R. (2007). "Da plutocracia à dominação do capital financeiro." *Rev. bras. Ci. Soc.* 65: 85-107.

GRÜN, R. (2007). "Decifra-me ou te devoro: as finanças e a sociedade brasileira " *Mana - Estudos de Antropologia Social* 13(2): 381-410.

GRÜN, R. (2007). "Entre a plutocracia e a legitimação da dominação financeira." *Revista Brasileira de Ciências Sociais* 22: 85-107.

270 Roberto Grün

GRÜN, R. (2008). "Escândalos, marolas e finanças: para uma sociologia da transformação do ambiente econômico." *Dados 51*: 313-352.

GRÜN, R. (2008). "Guerra cultural e transformações sociais: as eleições presidenciais de 2006 e a "blogosfera"." Sociedade e Estado 23: 621-666.

GRÜN, R. (2009). "Financeirização de esquerda? Frutos inesperados no Brasil do século XXI." *Tempo Social* 21: 153-184.

GRÜN, R. (2009). "Le Brésil et les Brésiliens dans la globalisation financière." Cahiers de la recherche sur l'éducation et les savoirs(hors-série n°2/juin 2009).

GRÜN, R. (2010). "For a Brazilian sociology of finance." Economic sociology - the european electronic newsletter 11(2): 5.

GRÜN, R. (2011). "Crise financeira 2.0: controlar a narrativa & controlar o desfecho." Dados 54: 307-354.

GRÜN, R. (2011). "Escândalos, tsunamis e marolas: apontamentos e desapontamentos sobre um traço recorrente da atualidade." Revista Brasileira de Ciências Sociais 26: 151-174.

GRÜN, R. (2013). "A dominação financeira no Brasil contemporâneo." *Tempo Social* 25: 179-213.

GRÜN, R. (2013). "A vingança do baixo clero: o desafio ao "PiG" e o estado do conflito cultural no tratamento da crise financeira." *Mana* 19: 303-340.

GRÜN, R. (Em julgamento). "A vingança do baixo clero: O desafio ao "PiG" e o conflito cultural no tratamento da crise financeira " *Mana*.

GRÜN, R. (no prelo). "Entre a plutocracia e a dominação financeira." *Rev. bras. Ci. Soc.*

GRÜN, R. (no prelo). "Escândalos, marolas e finanças: para uma sociologia da transformação do ambiente econômico." Dados - *Revista de Ciências Sociais*.

Da pizza ao impeachment 271

GUERREIRO, G. (20/09/2006). TSE aprova pedido para investigar Lula pelo caso do dossiê antitucano. *O Globo*.

GUSFIELD, J. R. (1986). *Symbolic crusade : status politics and the American temperance movement*. Urbana, University of Illinois Press.

GUZZO, J. R. (22/07/2009). "Danos Menores." *Veja*.

HACKING, I. (1983). *Representing and intervening : introductory topics in the philosophy of natural science*. Cambridge [Cambridgeshire] ; New York: Cambridge University Press.

HACKING, I. (1995). *Rewriting the soul : multiple personality and the sciences of memory*. Princeton, N.J.: Princeton University Press.

HACKING, I. (1998). *Mad travelers : reflections on the reality of transient mental illnesses*. Charlottesville, Va., University Press of Virginia.

HACKING, I. (1999). *The social construction of what?* Cambridge: Mass, Harvard University Press.

HACKING, I. (2003). "Inaugural lecture: Chair of Philosophy and History of Scientific Concepts at the Collège de France, 16 January 2001." *Economy and Society* 31(1): 1-14.

HACKING, L. (2002). "«Vrai», les valeurs et les sciences." Actes de la recherche en sciences sociales(141-142): 13-20.

HELENA CHAGAS, G. C. e. B. d. l. P. (31/07/2005). Briga empresarial ajudou a pôr Dirceu e Gushiken em campos opostos. *O Globo*.

HORWICH, P. (1993). *World changes : Thomas Kuhn and the nature of science*. Cambridge: Mass., MIT Press.

HUNTER, J. (1991). "Culture Wars: The Struggle to define America".

HUNTER, J. D. and A. Wolfe (2006). *Is there a culture war? : a dialogue on values and American public life*. Washington, D.C., Pew Research Center : Brookings Institution Press.

272 Roberto Grün

IYENGAR, S. (2005). "Speaking of Values: The Framing of American Politics." The Forum 3(3).

JAMIESON, K. H. (1992). Dirty politics : deception, distraction, and democracy. New York, Oxford University Press.

JAMIESON, K. H. and J. N. Cappella (2008). *Echo chamber : Rush Limbaugh and the conservative media establishment.* Oxford ; New York, Oxford University Press.

JANIK, A. and S. Toulmin (1973). *Wittgenstein's Vienna.* London, Weidenfeld and Nicolson.

JARDIM, M. A. C. (2005). Criação e gestão dos fundos de pensão: movimento sindical como ator relevante. XII Congresso Brasileiro de Sociologia, Belo Horizonte.

JOLY, M. (2009). *Diálogo no inferno entre Maquiavel e Montesquieu, ou, A política de Maquiavel no século XIX, por um contemporâneo.* São Paulo: Ed. Unesp.

KALIFA, D. (2005). *Crime et culture au XIXe siècle.* [Paris], Perrin.

KALIFA, D. (2007). *Qu'est-ce q'une affaire au XIXè siècle? Affaires, scandales et grandes causes : de Socrate à Pinochet. L. Boltanski.* Paris: Stock: 197-211.

KALIFA, D. (2011). *La civilisation du journal : histoire culturelle et littéraire de la presse française au XIXe siècle.* Paris: Nouveau Monde éditions.

KOTCHO, R. (01/08/1976). Assim Vivem os Nossos Superfuncionários. *Estado de São Paulo.* São Paulo.

KOTCHO, R. (2005). Mordomias. 10 reportagens que abalaram a ditadura. F. Molica. Rio de Janeiro, São Paulo, Record: 141-174.

KRAKOVICS, F. and C. GARDA (17/03/2006). Líder do PSDB diz que estabilidade política de Palocci não pode se fiar em silêncio de caseiro: Oposição pede demissão de ministro da Fazenda. Folha de São Paulo.

KRAUS, K. (1988). Ditos e desditos. São Paulo, Brasiliense.

Da pizza ao impeachment 273

KRIEGER, A. M. E. G. (17/12/2003). Mãos limpas à brasileira: Os subterrâneos das operações que colocaram juízes e políticos na cadeia revelam que polícia sabota polícia e que existe uma briga com o Ministério Público. *Época*.

LAGO, R. (04/10/2006). "O Brasil pisou no freio": À Istoé, o candidato Geraldo Alckmin defende ajustes na reeleição, bate forte no adversário e promete levar o País à liderança da América Latina. *Istoé*. 1928.

LAKOFF, G. (1996). *Moral politics : what conservatives know that liberals don't.* Chicago, The University of Chicago Press.

LAKOFF, G. (2004). *Don't think of an elephant! : know your values and frame the debate : the essential guide for progressives.* White River Junction, Vt., Chelsea Green Pub. Co.

LAWSON-BORDERS, G., Kirk, Rita (2005). "Blogs in Campaign Communication." *American Behavioral Scientist* 49: 548-559.

LEFEBVRE, G. (1988). La grande peur de 1789 suivi de Les foules révolutionnaires. Paris . A. Colin.

LEITÃO, T. (30/01/2007). Previdência não deve mais contabilizar investimento social como déficit. *Agência Brasil Brasília.*

LEITE, E. S. (2009). "Finanças pessoais, dinheiro e promessas exuberantes." I Seminário Nacional de Sociologia Econômica: GT 3: Dinheiro, finanças e cultura, 2009.

LEITE, P. M. (05/02/1997). Surgiu FHC II: Fernando Henrique aprovou a emenda da reeleição como príncipe.

LEWIS, B. (1986). Semites and anti-Semites : an inquiry into conflict and prejudice. New York, Norton.

LIMA, V. A. d. (2006). Mídia: Crise política e poder no Brasil. São Paulo, Editora Fundação Perseu Abramo.

LÍRIO, S. (30/07/2005). A ORELHA DESPONTA: Repasses milionários às empresas de Valério colocam Dantas na mira. O PFL arma a defesa do banqueiro Carta Capital.

274 Roberto Grün

LOPES, J. S. L. (1988). *A tecelagem dos conflitos de classe na "cidade das chaminés"*. São Paulo, S.P. [Brasilia], Editora Marco Zero; Editora Universidade de Brasília, em co-edição com o MCT/CNPq, Conselho Nacional de Desenvolvimento Científico e Tecnológico.

LUCIANA XAVIER, S. C., Jacqueline Farid e Wilson Tosta (31.01.2007). Guido Mantega admite reforma da Previdência Social. Agestado.

LUNTZ, F. I. (1988). *Candidates, consultants, and campaigns : the style and substance of American electioneering*. Oxford, UK ; New York, NY, B. Blackwell.

LUNTZ, F. I. (2007). *Words that work : it's not what you say, it's what people hear*. New York, Hyperion.

LUSTOSA, I. (2000). *Insultos impressos : a guerra dos jornalistas na Independência, 1821-1823*. São Paulo: Companhia das Letras.

MAIÁ MENEZES, E. B., Isabel Braga e Carolina Brigido - O (19/09/2006). TSE vai investigar dossiê contra tucanos. *O Globo*.

MALER, P. C. a. H. (2012). "Usages médiatiques d'une critique savante de la théorie du complot." *Agone* 47 167-178.

MANOFF, R. K. and M. Schudson (1986). *Reading the news : a Pantheon guide to popular culture*. New York: Pantheon Books.

MEDINA, J. (1992). "O Zé Povinho, caricatura do «Homo Lusitanus»". Estudos em Homenagem a Jorge Borges de Macedo. J. Medina. Lisboa: INIC.

MEIRELES, A. and G. KRIEGER (16/02/2004). "Bicho na campanha: Vídeo mostra homem de confiança do Planalto cobrando propina e doações de campanha de bicheiro no Rio de Janeiro." *Época*.

MELO, M. F. D. (15/02/2004). Garotinho culpa PT por assessor. *Folha de São Paulo*.

MENDONÇA, M. G. d. (2002). *O demolidor de presidentes : a trajetória política de Carlos Lacerda, 1930-1968*. São Paulo: Códex.

Da pizza ao impeachment   275

MOLICA, F. E. (2005). *10 reportagens que abalaram a ditadura*. Rio de Janeiro: Record.

MOSSE, G. L. (1985). *Nationalism and sexuality : respectability and abnormal sexuality in modern Europe*. New York: H. Fertig.

MUEL-DREYFUS, F. (1996). *Vichy et l'éternel féminin : contribution à une sociologie politique de l'ordre des corps*. Paris: Editions du Seuil.

NALINI, J. R. (06/01/2015). "A Justiça deve investir em produtividade." *O Estado de São Paulo*.

NETO, E. (22/06/2006). Lula recicla fenômeno do "populismo" no Brasil, avalia cientista político. *Folha de São Paulo*.

NETO, J. M. (02/12/2011). "O PT e os seus bons advogados." *O Estado de S.Paulo*.

NETTO, D. (12/06/2011). "Políticas públicas." *Valor Econômico*.

NOIRIEL, G. (2005). Dire la vérité au pouvoir les intellectuels en question. Marseille, Fayard.

NOIRIEL, G. (2009). Immigration, antisémitisme et racisme en France (XIXe-XXe siècle) discours publics, humiliations privées. Paris: Hachette litt*eratures.

O'BOYLE, L. (1970). "The Problem of an Excess of Educated Men in Western Europe, 1800-1850." *The Journal of Modern History* 42(4): 471-495.

OFFERLÉ, M. (1994). Sociologie des groupes d'intérét. Paris: Montchrestien.

OLIVEIRA, R. (20/03/2002). "Chega ao fim a hegemonia da PUC." *Valor Econômico*.

OMBUDSMAN, S. S. (18/12/2011). "Lixo ou notícia?" *Folha de S. Paulo*.

ON-LINE, V. (04/11/2005). Para oposição, caso BB prova a corrupção. No Planalto, notícia traz tensão e surpresa. *Veja On-line*.

276 Roberto Grün

ONLINE, F. (10/10/2006, acessado às 17h35). Coordenador de Alckmin acusa Lula de espalhar boatos; Lula alerta para privatizações. *Folha de São Paulo.*

ONLINE, F. (13/02/2003 - 16h51). "Saiba o que significa concertação, palavra-símbolo do conselho." *Folha de São Paulo.*

ONLINE, F. (30/05/2006). "Jefferson diz que foi procurado por Dantas para denunciar PT."

ONLINE, O. G. (02/10/2006) Marco Aurélio Garcia diz que postura da imprensa gerou segundo turno. *O Globo Online*

PAKULA, A. J. (1976). *All the President's Men.* EUA, Warner Bros.: 138 min.

PASSARINHO, J. (09/03/2007). Nada como o passar do tempo. *O Estado de S. Paulo.*

PAULO, O. E. d. S. (12/04/2005). O Brasil dos fenômenos editoriais. *O Estado de São Paulo.* São Paulo.

PAUWELS, L. (1975 (11a. edição)). *O despertar dos mágicos, introdução ao realismo fantástico.* 11.ed. . São Paulo: Difel.

PEREIRA, R. R. (18/10/2006). Os fatos ocultos: a mídia, em especial a Globo omitiu informações cruciais na divulgação do dossiê e contribuiu para levar a disputa para o 2o. turno. *Carta Capital*: 20-27.

POLLAK, M. (1984). *Vienne 1900 une identité blessée.* Paris: Gallimard/Julliard.

POLLAK, M. (1986). "La gestion de l'indicible. /, p." Actes de la recherche en sciences sociales(62-63): 30-53.

POWELL, W. W. (2001). *The Capitalist Firm in the Twenty--First-Century: Emerging Patterns in Western Enterprise.* The twenty-first-century firm: changing economic organization in international perspective. P. DiMaggio. Princeton, Princeton University Press. VIII, 275: 33-67.

PRETE, R. L. (06/06/2005). Contei a Lula do "mensalão", diz deputado: Jefferson afirma que foi "informando a todos do gover-

Da pizza ao impeachment 277

no" sobre a mesada a deputados paga por Delúbio e que Lula chorou ao saber do caso. *Folha de São Paulo.*

PRETE, R. L. (06/06/2005). "Jefferson denuncia mesada paga pelo tesoureiro do PT." *Folha de S. Paulo.*

RECONDO, F. and R. A. SILVEIRA (15/06/2005). Sem provas, Jefferson confirma "mensalão", poupa Lula e ataca José Dirceu. Folha de São Paulo.

REIS, F. W. (09/07/2007). Qualidade intelectual e representação política. Valor Econômico.

REUTERS (05/01/2007 - 16h20). Lula sanciona lei do saneamento e critica privatização do setor. Agência Reuters. Brasília.

REVERBEL, P. (17/02/2016). "PM usa bombas contra grupos pró e anti-Lula em fórum de São Paulo." Folha de S. Paulo.

RIEDER, J. (1990). "Rhetoric of Reason, Rhetoric of Passion: Sociolinguistic aspects of instrumental and expressive rhetorics." Rationality and Society vol.2(2): 190-213.

RODRIGUES, F. (05/11/2006 - 04h00) Lula se beneficia na situação de vítima, diz publicitário João Santana. Folha de S.Paulo

ROGER, M. A.-A. A. (2015). La logique du désordre : Relire la sociologie de Michel Dobry (Postface), (Auteur), Collectif (Auteur), Presses de SciencePo.

ROMERO, C. (31/10/2007). Carta Dilma ganha força no Planalto. *Valor Econômico.*

ROSA, V. (17/8/2006). Afago de Lula visaria a esfriar resistência do setor à reeleição. *O Estado de S. Paulo.*

ROSANVALLON, P. (2010). La légitimité démocratique: Impartialité, réflexivité, proximité. Paris: Ed. du Seuil. FR BNF AFNOR intermrc

ROSCH, E. (1977). Classification of Real-World Objects : Origins and Representation in Cognition Thinking. Readings in Cognitive Science P. C. W. P. N. Johnson-Laird. Cambridge: Cambridge UP 212-222.

278 Roberto Grün

SAFATLE, C. (10/02/2012). "O homem que se reinventou." *Valor Econômico.*

SAHLINS, M. D. (1976). *Culture and practical reason.* Chicago, University of Chicago Press.

SANTOS, V. S. D. e. C. (16/03/2006). Gustavo Franco elogia política fiscal do governador. *Valor Econômico.*

SANTOS, W. G. d. (01/10/2012) Um tribunal opiniático. Blog *O Cafezinho*

SCHUDSON, M. (1984). *Advertising, the uneasy persuasion: its dubious impact on American society.* New York, Basic Books.

SCHUDSON, M. (1989). "How culture works." *Theory and Society* 18(2): 153-180.

SCHUDSON, M. (1992). *Watergate in American memory : how we remember, forget, and reconstruct the past.* New York, BasicBooks.

SCHUDSON, M. (1992). *Watergate in American Memory: How We Remember, Forget and reconstruct the past.*

SCHUDSON, M. (1995). *The power of news.* Cambridge: Mass., Harvard University Press.

SCHUDSON, M. (1998). *The good citizen: a history of American civic life.* New York: Martin Kessler Books.

SCHUDSON, M. (2002). "THE NEWS MEDIA AS POLITICAL INSTITUTIONS." *Annual Review of Political Science* 5(1): 249-269.

SCHUDSON, M. (2003). *The sociology of news.* New York, Norton.

SEABROOKE, L. (2006). *The social sources of financial power: domestic legitimacy and international financial orders.* Ithaca, Cornell University Press.

SENADO, A. T. (21/09/2005). "Depoimento de Daniel Dantas à Comissão Parlamentar Mista de Inquérito sobre a compra de votos." Brasil.

Da pizza ao impeachment 279

SHILLER, R. J. (2003). *The new financial order: risk in the 21st century.* Princeton, NJ: Princeton University Press.

SILVA, J. C. d. (04/11/2003). Fagocitose judiciária: Operação Anaconda não faz bem algum à magistratura. *Consultor Jurídico.*

SOUZA, J. d. (02/10/2005). Lula extingue direito da sociedade ao otimismo. Folha de São Paulo.

SOUZA, L. and K. ALENCAR (23/08/2005). Deputado do PFL "clona" ação a favor do Opportunity. *Folha de São Paulo.* São Paulo.

STERNHELL, Z. (1991). *La Droite Révolutionnaire: Les origines françaises du facisme 1885-1914.* Paris: Seuil.

STF, N. (09/05/2012). "STF confirma validade de sistema de cotas em universidade pública." Site do STF (http://www.stf.jus.br/portal/cms/verNoticiaDetalhe.asp?idConteudo=207003).

SUNSTEIN, C. R. (24/02/2007). A Brave New Wikiworld. *Washington Post.*

SUNSTEIN, C. R. (24/02/2007). A Brave New Wikiworld. The *Washington Post:* A19.

Sunstein, C. R. (2006). *Infotopia: how many minds produce knowledge.* New York, Oxford University Press.

SUNSTEIN, C. R. (2007). *Republic.com 2.0.* Princeton: Princeton University Press.

SWIDLER, A. (1986). "Culture in Action: Symbols and Strategies." *American Sociological Review* 51(2): 273-286.

SWIDLER, A. (2001). *Talk of love: how culture matters.* Chicago: University of Chicago Press.

TAGUIEFF, P.-A. (2005). *La foire aux illuminés : ésotérisme, théorie du complot, extrémisme.* Paris: Mille et une nuits.

TAVARES, M. d. C. (30/03/97). Globalitarismo e Neobobismo. *Folha de São Paulo.*

280 Roberto Grün

THIESSE, A.-M. (1999). La création des identités nationales Europe XVIIIe-XXe siècle. Paris: *Le Grand livre du mois*. FR FR-751131015 AFNOR intermrc

THOMPSON, J. B. (2000). *Political scandal : power and visibility in the media age*. Cambridge: Malden, MA, Polity Press ;Blackwell.

THOMPSON, P. (1997). "The Pyrrhic Victory of Gentlemanly Capitalism: The Financial Elite of the City of London, 1945-90." *Journal of the Contemporary History*: 283-304.

TILLY, C. (2001). "Welcome to the Sventeenth Century".

TIMMS, E. (1986). *Karl Kraus, apocalyptic satirist : culture and catastrophe in Habsburg Vienna*. New Haven: Conn., Yale University Press.

TIMMS, E. (2005). Karl Kraus, apocalyptic satirist : the post-war crisis and the rise of the Swastika. New Haven, Yale University Press.

TONELERO, W. C. d. r. (09/03/07). http://pt.wikipedia.org/w/index.php?title=Crime_da_rua_Tonelero&oldid=4799738.

VARGAS, F. G. (2007). "MBA em Jornalismo Investigativo na FGV ". from http://www.cpdoc.fgv.br/jornalismoinvestigativo/.

VEJA. (13/10/2006). *O terrorismo do PT. Veja*.

VICTOR, F. (24/7/2005). "Estou convencido de que o Lula sabia", afirma Peres. *Folha de São Paulo*.

WEBER, E. J. (1999). *Apocalypses : prophecies, cults, and millennial beliefs through the ages*. Cambridge: Mass., Harvard University Press.

WEBER, M. (1995). *Economie et société*. Paris: Presses Pocket.

WILLIAMS, R. H. (1997). *Cultural wars in American politics : critical reviews of a popular myth*. New York: Aldine de Gruyter.

ZANATTA, H. G. B. e. M. (25/7/2005). "Sub-relator suspeita da integridade dos dados enviados à CPI." *Valor Econômico*.

Alameda nas redes sociais:
Site: www.alamedaeditorial.com.br
Facebook.com/alamedaeditorial/
Twitter.com/editoraalameda
Instagram.com/editora_alameda/

Esta obra foi impressa em São Paulo
no verão de 2018. No texto foi utilizada a fonte Electra LH em corpo 10,5
e entrelinha de 15 pontos.